i-MANUEL 2.0

LA SOLUTION NUMÉRIQUE

pour mettre les élèves en activité

COMMENT ACCÉDER À VOTRE i-MANUEL 2.0 ÉLÈVE

Votre enseignant souhaite travailler en classe avec le i-Manuel 2.0 :

W0342744

POUR ACTIVER VOTRE i-MANUEL 2.0

1 ▶ Transmettez votre clé d'activation imprimée ci-dessous à votre enseignant qui, en retour, vous communiquera vos identifiant et mot de passe.

VOTRE CLÉ D'ACTIVATION PERSONNELLE

BM-2-24-XPWDA-2SJCQ

L'activation des licences i-Manuel 2.0 des élèves est laissée au libre choix de l'enseignant et l'ouvrage imprimé peut toujours être utilisé seul. Il faut activer au minimum 12 clés élèves pour créer une classe.

2 ▶ **Ensuite, pour vous connecter,**
rendez-vous, selon les indications de votre enseignant :

- ▶ Sur **imanuel.nathan.fr** et connectez-vous à votre espace élève i-MANUEL 2.0 avec vos identifiant et mot de passe.

OU

- ▶ Sur la plateforme, ou l'ENT de votre établissement, et accédez directement à votre i-MANUEL 2.0.

À SAVOIR
Votre clé d'activation élève est unique et personnelle, une fois utilisée, elle ne sera plus valide.
Elle offre un accès à un seul élève pour une période de 24 mois (à compter de la première activation) et ne peut être réutilisée par d'autres élèves les années suivantes.

Pour l'enseignant : rendez-vous sur **www.nathan.fr/i-manuel2** pour contacter votre délégué pédagogique Nathan, disposer de toutes les informations pratiques pour créer vos classes, activer les licences de vos élèves.
Au-delà de 100 licences élèves à activer, vous pouvez contacter accompagnement@cns-edu.fr
Pour équiper vos élèves de nouvelles licences 100% numériques i-Manuel 2.0, connectez-vous sur cns-edu.com

Nathan TECHNIQUE

Carole BASILE
Alain BRÉLIVET
Sophie DUVERNOY
Martin FUGLER
Anne-Marie GÉRIN-GRATALOUP
Anne INGLEBERT
Isabelle JUGUET
Yves MAGOTTEAUX

Monde en marche

1re Tle
BAC PRO

Histoire Géographie

Enseignement moral et civique

NOUVEAU PROGRAMME

Nathan
TECHNIQUE

Avec ce livre, une licence i-Manuel 2.0

Le i-Manuel 2.0, un outil simple d'utilisation qui reprend l'ensemble des contenus de ce livre sous forme numérique et interactive.

Il permet d'accéder au contenu de ce manuel à tout moment et en tout lieu sur un ordinateur ou une tablette. L'utilisateur peut donc passer du papier au numérique et choisir le support qui lui convient le mieux selon le travail à faire et le lieu où il se trouve.

Une véritable interactivité entre l'enseignant et sa classe

- Piloter la classe : assurer le suivi du travail des élèves à distance et en cours (recevoir et envoyer du travail, faire des commentaires, intervenir en temps réel)
- Intégrer et envoyer à la classe, à un ou plusieurs élèves, des documents personnels
- Afficher les corrigés ou la correction individuelle du travail de l'élève
- Vidéoprojeter en classe les activités, les documents et les corrections pour animer les cours et travailler collectivement
- Télécharger la version papier pour une utilisation sans connexion
- Imprimer des documents pour mettre les élèves en situation d'examen

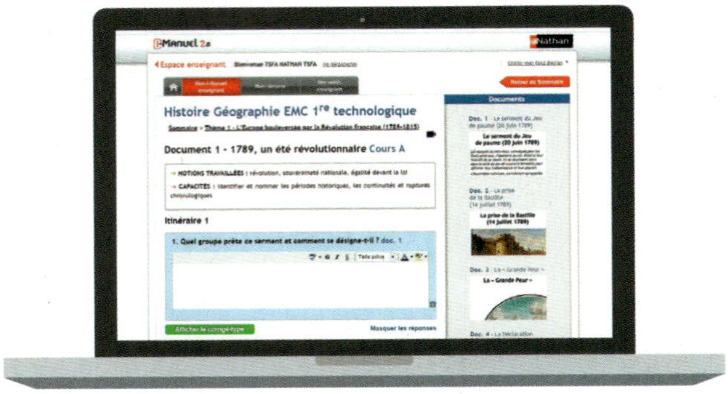

Des fonctionnalités innovantes pour favoriser l'intérêt, la motivation et l'implication des élèves

- Saisir les réponses en travaillant sur ordinateur ou tablette
- Faire les activités et les exercices, préparer ou réviser le cours en classe ou à la maison
- Accéder directement aux ressources numériques, vidéos, logiciels professionnels, fichiers élèves…
- Sauvegarder le travail effectué dans un dossier (classeur)
- Envoyer le travail à son professeur
- S'enregistrer, s'auto-évaluer et se former aux outils numériques

Toutes les infos et les tutos sur www.nathan.fr/i-manuel2

Des ressources numériques en accès direct

Flashez les QR Codes avec votre smartphone ou saisissez les mini-liens associés pour accéder à des vidéos, animations, QCM…

Sommaire

Histoire Première

États et sociétés en mutations (XIXe siècle – 1re moitié du XXe siècle)

THÈME 1

Hommes et femmes au travail en métropole et dans les colonies françaises (XIXe siècle – 1re moitié du XXe siècle)

THÈME 2

Guerres européennes, guerres mondiales, guerres totales (1914-1945)

Histoire Terminale

La France, l'Europe et le monde depuis 1945

THÈME 1

Le jeu des puissances dans les relations internationales depuis 1945

THÈME 2

Vivre en France en démocratie depuis 1945

Géographie Première

Recompositions du monde

THÈME 1

La recomposition du territoire urbain en France : métropolisation et périurbanisation

THÈME 2

L'Afrique, un continent en recomposition

Géographie Terminale

Les hommes face aux changements globaux

THÈME 1

L'accès aux ressources pour produire, consommer, se loger et se déplacer

THÈME 2

Les sociétés et les risques : anticiper, réagir, se coordonner et s'adapter

Enseignement moral et civique

Première

Égalité et fraternité en démocratie

THÈME 1

Égaux et fraternels

THÈME 2

Préserver la paix et protéger des valeurs communes : défense et sécurité en France et en Europe

Terminale

Espace public, engagement et culture du débat démocratique

THÈME ANNUEL

S'engager et débattre en démocratie autour des défis de société

Ressources numériques

Des QR codes et des liens courts pour…
- des audios et vidéos
- des cartes interactives
- des schémas à télécharger
- des sites à consulter

LE THÈME AUTREMENT
En image - Visite des canuts lyonnais
lien.nathan.fr/a0[illegible]44

Nouveau programme

Classe de première professionnelle

Histoire

États et sociétés en mutations (XIXe siècle – 1re moitié du XXe siècle)

THÈME 1

Hommes et femmes au travail en métropole et dans les colonies françaises (XIXe siècle – 1re moitié du XXe siècle)

Le monde du travail connaît de profondes transformations dans un contexte d'industrialisation, d'urbanisation, de développement de l'instruction publique et de formation professionnelle.

– Le travail de la terre constitue le premier secteur d'activité en France : l'agriculture est le secteur d'emploi dominant jusqu'aux années 1930. Fermiers, petits propriétaires, salariés agricoles, journaliers et travailleurs sans terre, domestiques composent un monde diversifié caractérisé en partie par la pluriactivité (paysans-ouvriers, paysans-artisans). Dans l'entre-deux-guerres, la mécanisation gagne progressivement les campagnes ainsi que l'usage des premiers engrais chimiques, amorçant ainsi des transformations dans le travail de la terre.

– Dans les villes comme dans les campagnes, les métiers de l'artisanat évoluent sous l'effet des nouvelles techniques et de la concurrence de l'industrie. Le développement du chemin de fer et l'amélioration des routes, la crise économique de la fin du XIXe siècle et l'essor de la domesticité dans la bourgeoisie urbaine accentuent l'exode rural.

– Le travail à l'usine apparaît au XIXe siècle. Les ouvriers connaissent de longues journées de travail, notamment dans les filatures et les mines avec des salaires très bas. Dans la seconde moitié du XIXe siècle, ils s'organisent en syndicats qui conduisent les premières luttes sociales. Dans le premier tiers du XXe siècle, le monde de l'industrie est marqué par la rationalisation du travail avec le développement du travail à la chaîne.

– Les mouvements politiques (anarchistes, socialistes, catholiques sociaux, républicains) se saisissent de la question sociale. Les salaires et les droits sociaux progressent, mais les inégalités entre hommes et femmes subsistent. Au XIXe siècle, des lois limitent le travail des enfants et établissent l'instruction primaire obligatoire. En 1906 est créé le ministère du Travail. Dans les années 1920, les lois sur les assurances sociales permettent d'améliorer les conditions de vie des salariés. Sous le Front populaire, l'État intervient plus activement dans les négociations entre salariés et patrons.

– L'accroissement du nombre de fonctionnaires, d'employés de bureau et de commerce illustre le développement des bureaux dans les entreprises, l'essor du commerce et la croissance de l'État à partir de la seconde moitié du XIXe siècle ; ces transformations contribuent à la féminisation des emplois.

– Dans les colonies françaises coexistent le travail traditionnel de la terre et celui des grandes plantations. Les chantiers entrepris par l'État colonial (entretien des routes, construction de chemin de fer, construction d'édifices…) mobilisent la main-d'œuvre locale selon différentes modalités.

THÈME 2

Guerres européennes, guerres mondiales, guerres totales (1914-1945)

De 1914 à 1945, les relations internationales sont marquées par deux guerres mondiales – la Grande Guerre (1914-1918) et la Seconde Guerre mondiale (1939-1945) – qui ont mobilisé des millions d'hommes, fait des millions de victimes et causé des destructions massives. Ces guerres ont obligé à repenser les relations internationales et ont conduit les États à privilégier le règlement pacifique des conflits.

– La Grande Guerre, née d'une crise du système traditionnel des alliances, est une guerre terrestre (fronts), maritime et pour la première fois aérienne. Européenne puis mondiale, elle mobilise des millions de soldats. Elle devient totale avec la mobilisation de toutes les forces vives en Europe, mondiale avec le recours aux empires coloniaux et l'entrée en guerre de nouveaux États (au premier rang desquels les États-Unis). Dans l'Empire ottoman, le gouvernement organise, à partir d'avril 1915, les déportations et massacres des populations arméniennes et d'autres populations chrétiennes : c'est l'un des premiers génocides du XXe siècle. Ce premier conflit mondial aboutit à une nouvelle carte de l'Europe et du monde : la création de la Société des nations (SDN) témoigne des aspirations à la paix et à la sécurité collective. Mais les traités de paix sont mal garantis tout en étant source de frustrations. La crise économique des années 1930, la renaissance de courants agressivement expansionnistes, dans un contexte marqué par l'avènement des régimes totalitaires, conduisent à une nouvelle guerre mondiale.

– Le second conflit mondial plonge le monde dans une guerre totale. Les belligérants s'appuient sur une intense propagande. Les populations civiles sont les principales victimes (bombardements, famines, travail forcé, répressions et persécutions). En Europe, le régime nazi, antisémite et raciste, et ses alliés organisent et mettent en œuvre les génocides des Juifs et des Tsiganes, et prévoient de réduire en esclavage les populations slaves de l'est de l'Europe.

– En France, le régime de Vichy né de la défaite de 1940 suscite diverses réactions : attentisme, collaboration, résistance. Les colonies françaises d'Afrique sont, avec la résistance intérieure, l'assise de la France libre du général de Gaulle.

– La guerre qui a fait environ 60 millions de morts s'achève en Europe le 8 mai et en Asie le 2 septembre 1945. La fin de la guerre aboutit à de nouveaux rapports de force dans lesquels les États-Unis et l'URSS jouent les premiers rôles. L'affaiblissement des puissances européennes favorise les mouvements anticolonialistes. Une nouvelle instance internationale, l'Organisation des nations unies (ONU), est fondée pour garantir la sécurité collective et la coopération entre les nations.

Géographie

Recompositions du monde

THÈME 1

La recomposition du territoire urbain en France : métropolisation et périurbanisation

– Depuis 2007, la moitié de la population mondiale vit en ville ; cette part ne cesse de progresser. L'urbanisation s'accompagne d'un processus de métropolisation : concentration des populations, des activités et des fonctions de commandement. En France, plus de 80 % de la population vivent dans des aires urbaines, dont 60 % au sein d'un pôle urbain. La France compte 14 unités urbaines de plus de 400 000 habitants. L'unité urbaine de Paris rassemble plus de 20 % de la population urbaine française (y compris les départements et régions d'outre-mer). Plus de la moitié de la population française vit dans les villes petites et moyennes. Un nombre croissant d'actifs travaille dans les pôles urbains tout en résidant à l'extérieur de ceux-ci. Ce mouvement, choisi ou subi, lié en partie à l'essor de l'automobile et à l'accroissement des prix de l'immobilier dans les centres-villes, touche toutes les villes depuis les années 1960.

– Situé dans l'aire urbaine, au-delà des banlieues, aux frontières de l'espace rural, l'espace périurbain – marqué notamment par la discontinuité du bâti – est une interface évolutive entre le monde rural et le monde urbain. En 2014, selon l'INSEE, 30 % de la population française habitent dans l'espace périurbain, dans des communes urbaines (plus de 2000 habitants agglomérés) ou des communes rurales (moins de 2000 habitants agglomérés).

– La périurbanisation est caractérisée par une grande diversité de réalités territoriales et de modes de vie. Le mode de vie des habitants des espaces périurbains est fortement marqué par la question des mobilités (pour le travail, les loisirs, les achats) : ces déplacements se font en direction de la ville-centre et/ou des territoires de proximité, selon les équipements et les services disponibles. Les formes d'habitat y sont multiples. Les activités sont le résultat du desserrement urbain et/ou

d'implantations ex nihilo (surfaces commerciales, centres de recherche, zones d'activités diverses, notamment de logistique, espaces de loisirs), et d'aménagements. La prédominance de l'habitat individuel dans des zones résidentielles, l'extension des zones d'activités, le développement d'espaces de loisirs sont source de conflits d'usage avec les activités agricoles et les espaces « naturels » (espaces forestiers, parcs naturels régionaux, etc.). La nécessaire transition écologique questionne ce modèle de développement urbain.
– Les dynamiques urbaines en France sont contrastées, entre des villes petites et moyennes caractérisées par la fermeture de commerces et la diminution des services de proximité (services de santé par exemple) accueillant des populations fragilisées par la crise, et des espaces en croissance démographique bénéficiant de la dynamique des pôles urbains.
– À leur échelle, certaines communes périurbaines peuvent proposer une manière d'habiter répondant à des objectifs sociaux (vie associative, mixité sociale…) et de développement durable (agriculture de proximité, circuits courts…).

THÈME 2

L'Afrique, un continent en recomposition

– Composée de 54 pays, l'Afrique est un continent confronté au défi démographique. Caractérisé par une forte croissance démographique (41 % de la population ont moins de 15 ans), une urbanisation rapide et une forte littoralisation, le continent est aussi marqué par des flux migratoires complexes, liés pour partie aux conflits ethniques et de frontières entre les États africains. L'Afrique doit aussi répondre au double défi du développement et de la démocratie. Bien que l'Afrique soit riche en ressources, de nombreux pays africains restent néanmoins confrontés à de grandes difficultés économiques et aux enjeux du développement durable : la moitié de la population pauvre dans le monde se trouve en Afrique. Dans de nombreux pays africains, l'amélioration des conditions de vie et de la situation économique est soumise à la mise en place d'une meilleure gouvernance des États. Si les pays africains participent au commerce international, notamment en exportant une partie de leurs ressources agricoles, minières et énergétiques, ces ressources ou leurs rentes contribuent inégalement à leur développement, attisent les conflits et accroissent l'insécurité.
– De multiples acteurs économiques, publics ou privés, contribuent à l'émergence de nouvelles dynamiques spatiales pouvant conduire à des recompositions territoriales : les corridors de développement et les zones franches en lien avec les ports maritimes sont le fruit de politiques de coopération entre les États africains et avec de nouveaux partenaires commerciaux et investisseurs (Chinois ou Indiens par exemple). Aux côtés d'acteurs anciennement présents (Français, Britanniques, Américains), la Chine joue un rôle croissant en Afrique, où elle est devenue le premier investisseur et créancier. Elle participe à la construction d'infrastructures et développe les zones économiques spéciales depuis 20 ans ; elle cherche à intégrer le continent africain dans son projet d'expansion des « nouvelles routes de la soie ». Ces évolutions engendrent une Afrique à plusieurs vitesses : alors que ces puissances économiques émergent, comme le Nigéria (État de la rente pétrolière en essor) et l'Afrique du Sud (la première puissance économique du continent africain, membre du G20), d'autres États sont davantage en difficulté économique. Nombreux sont les pays en proie à l'instabilité politique, à la corruption et aux conflits.

Enseignement moral et civique

Égalité et fraternité en démocratie

PREMIER THÈME

Égaux et fraternels

Le projet construit par le professeur conduit les élèves à acquérir les connaissances suivantes :
– L'égalité et la fraternité sont des principes républicains inscrits dans la constitution.
– L'égalité juridique et l'égalité politique sont le résultat de conquêtes historiques : elles sont inscrites dans la Constitution et dans les lois de la Ve République. L'égalité juridique a été acquise à la Révolution avec la Déclaration des droits de l'homme et du citoyen (26 août 1789). Cependant, si l'égalité politique a elle aussi été proclamée dans la Déclaration, il a fallu attendre 1848 pour l'instauration du suffrage universel masculin, et 1944 pour le suffrage universel. Les discriminations sont sources d'injustices et la lutte contre les discriminations se fait au nom de l'égalité.
– À l'égalité politique et à l'égalité juridique s'ajoutent, au nom de la fraternité, la revendication et la quête de la solidarité et de la justice sociale. La fraternité est un idéal commun qui associe solidarité et tolérance, dimension collective et dimension interpersonnelle : comme l'égalité, elle est au fondement du lien social. L'égalité et la fraternité forment, avec la liberté, le socle de la démocratie : elles contribuent à la cohésion nationale et mettent en jeu les responsabilités individuelles et collectives.
– L'État républicain se porte garant de la justice sociale : il met en place des compensations pour réduire les inégalités individuelles, sociales et territoriales, afin d'assurer la dignité de tous. L'impôt permet notamment de financer les politiques publiques et les services publics, et de réduire les inégalités. Depuis 1945, la sécurité sociale offre une protection sociale aux Français. Aux côtés de l'État et des collectivités territoriales, des citoyens et des associations contribuent au développement d'actions solidaires. Toutefois, l'action publique suppose de concilier la réduction des inégalités avec la liberté et la responsabilité des individus.
En démocratie, les politiques visant à réduire les inégalités et les discriminations ont une place importante dans le débat public.
– L'histoire récente offre l'exemple d'acteurs engagés pour l'égalité et la fraternité. Au sein du lycee, l'implication des élèves dans des projets est un moyen de les rendre acteurs de leur parcours éducatif et scolaire. Le service national universel offre la perspective d'un engagement civique.

SECOND THÈME

Préserver la paix et protéger des valeurs communes : défense et sécurité en France et en Europe

Le projet construit par le professeur conduit les élèves à acquérir les connaissances suivantes :
– Le modèle de défense républicain s'est construit sur les idéaux de la Révolution française, qui reposaient sur l'idée de la nation citoyenne et qui ont conduit à l'institution de la conscription universelle et obligatoire. Mais la défense a connu des évolutions importantes qui en ont redéfini les missions et qui ont conduit, en 1997, à la suspension du service national. L'ancien modèle reposait sur l'idée classique de conflits armés opposant des États de force comparable s'appuyant sur une mobilisation importante des populations. Ce modèle a perdu progressivement de sa pertinence au profit d'un modèle fondé sur une armée de métier hautement professionnalisée, susceptible d'effectuer des interventions complexes et rapides.
L'évolution ultérieure a conduit à nouveau à redéfinir la problématique de la défense. Face aux attentats terroristes, l'État se dote de nouveaux dispositifs et outils, de nouvelles instances de sécurité et de renseignement, y compris dans le domaine de la cybersécurité. Aujourd'hui, les processus qui poussent certains au terrorisme posent la question des modalités selon lesquelles on peut faire appel à la vigilance des citoyens sans remettre en cause les libertés. Par ailleurs, les préoccupations liées à la défense et à la sécurité se mêlent à d'autres préoccupations civiques, pour poser la question d'une renaissance du service national sous une forme nouvelle avec le service national universel.
– Dans ce contexte nouveau, les questions de défense se posent de plus en plus au niveau européen. Ainsi, depuis les années 1990, l'approfondissement de la construction européenne conduit à introduire les questions de sécurité puis de défense dans l'agenda européen : c'est la création de la politique européenne de sécurité et de défense (PESD) en 1998. Dans les années 2000, les pays européens sont touchés par le terrorisme, qui est un phénomène international dans ses sources et dans ses cibles et qui affecte potentiellement tous les pays européens. L'existence d'une défense et d'une sécurité européennes suppose un rapprochement entre les États européens (définition des priorités, convergences diplomatiques, efforts budgétaires, etc.), en renforçant les politiques de coopération en matière de police, de justice et de défense comme cela a été fait à l'initiative de la France à la suite des attentats de 2015. En 2017, les Européens créent le Fonds européen de défense.

Classe de terminale professionnelle

Histoire

La France, l'Europe et le monde depuis 1945

THÈME 1

Le jeu des puissances dans les relations internationales depuis 1945

Depuis 1945, le jeu des puissances domine les relations internationales. D'abord organisé autour des États-Unis et de l'URSS, le monde connaît l'émergence de nouveaux États issus de la décolonisation et du non-alignement, et l'affirmation de nouvelles organisations régionales : la guerre froide n'empêche pas une certaine multipolarité.

– De 1947 à 1991, la guerre froide se caractérise par un affrontement Est-Ouest organisé autour de deux superpuissances et de deux idéologies dans un contexte d'« équilibre de la terreur » par l'arme nucléaire. Les relations entre les deux puissances dominantes sont caractérisées par des crises et des conflits (dont des guerres par États interposés qui peuvent être meurtrières et coûteuses). La période de la guerre froide est marquée par un développement important de la propagande et par la menace de l'affrontement nucléaire. Le conflit paralyse partiellement le fonctionnement de l'Organisation des nations unies (ONU).

– Dans ce contexte, se structurent et s'affirment des organisations régionales. L'Europe de l'Ouest est partie prenante de l'Alliance atlantique dont l'organisation militaire, l'OTAN, assure depuis 1949 sa sécurité. Après les débuts de la coopération économique (CECA, 1951) et l'échec de la fondation d'une armée européenne (CED, 1954), six pays choisissent d'accroître leurs échanges économiques et de collaborer dans le domaine de l'énergie en fondant la Communauté économique européenne (1957).

– Dans les années 1950 et 1960, de nouveaux États émergent en lien avec le processus de décolonisation et plusieurs pays s'efforcent de définir une troisième voie, « le non-alignement ». Charles de Gaulle ne parvient pas à convaincre ses partenaires d'accroître la coopération entre États membres de la Communauté économique européenne pour aboutir à une diplomatie indépendante (échec du plan Fouchet, 1961-1962), mais il donne un tour solennel à la réconciliation franco-allemande (Traité de l'Élysée, 1963).

– Dans les années 1970, la Chine populaire, puissance nucléaire, joue un rôle important sur la scène internationale grâce à sa participation au groupe des membres permanents du Conseil de sécurité de l'ONU (1971). Le monde est peu à peu confronté à de nouveaux enjeux internationaux (les droits de l'Homme, le développement et l'environnement) et à l'émergence de nouveaux acteurs (entreprises transnationales, ONG…). Les années 1970 voient les premiers élargissements de la Communauté économique européenne et l'élection du Parlement européen au suffrage universel.

– Avec la chute du mur de Berlin (1989) et la fin de l'Union soviétique, la puissance hégémonique des États-Unis paraît d'abord incontestable, alimentant l'illusion d'une domination sans partage. Mais dès les années 1990, de nouvelles formes de conflit se font jour et des puissances régionales s'affirment sur la scène internationale. La construction européenne s'approfondit : l'Union européenne (1993) initie l'union monétaire et s'élargit à des pays de l'ancienne Europe communiste. Cependant, elle échoue à se donner une constitution (2005).

THÈME 2

Vivre en France en démocratie depuis 1945

– Une démocratie reconstruite face aux défis de l'après-guerre.

Les années 1944-1946 marquent le retour durable de la démocratie sur les bases définies par le Conseil national de la Résistance : une démocratie libérale élargie avec le suffrage féminin et l'affirmation d'une démocratie sociale qui prend la forme de l'État-providence. La France se reconstruit et se modernise avec notamment le concours du Plan Marshall et s'engage dans la construction européenne.

La IVe République est confrontée aux aspirations des peuples colonisés à l'indépendance, et y répond de manière inégale. La Tunisie et le Maroc obtiennent leur indépendance, alors que l'Indochine est quant à elle le théâtre d'une guerre de décolonisation. C'est une autre guerre en Algérie qui entraîne une crise politique majeure et emporte la IVe République.

– Une République stabilisée et renouvelée pour une société en mutation.

Le retour au pouvoir du général de Gaulle aboutit à la mise en place de la Ve République. La nouvelle constitution, puis l'élection du président de la République au suffrage universel direct, stabilisent le pouvoir exécutif et conduisent à la bipolarisation de la vie politique.

Le nouveau régime achève la décolonisation, maintient l'engagement de la France dans la construction européenne et scelle la réconciliation franco-allemande. Dans le contexte de la guerre froide, le général de Gaulle s'attache à faire entrer la France dans le jeu des puissances.

Avec les « Trente Glorieuses », les Français entrent dans la société de consommation. La transformation de l'économie conduit à la baisse de la population active agricole et au développement de l'emploi industriel et tertiaire. L'essor industriel accroît la part de l'immigration extra-européenne. Les modes de vie changent avec la démocratisation de l'automobile, le développement de la grande distribution, du tourisme, des loisirs et de la culture de masse, l'extension des banlieues et des espaces périurbains.

La place des femmes évolue avec l'essor du salariat féminin et la conquête de nouveaux droits. L'accès à l'enseignement secondaire et supérieur se démocratise tandis que la formation professionnelle se développe. La jeunesse exprime de nouvelles aspirations, qui s'affirment de manière aiguë pendant la crise de mai 1968.

– Une République en évolution face aux défis de la mondialisation.

La Ve République connaît à partir de 1981 des alternances politiques et des phases de cohabitation. Elle se réforme, avec la décentralisation (1982), l'adoption du quinquennat pour le mandat présidentiel (2000), la loi sur la parité (2000) et l'adoption de la charte de l'environnement (2004).

Le monde du travail se transforme avec la désindustrialisation du territoire national et la naissance de nouveaux métiers liés au développement de la robotique et des outils numériques. Les relations au sein de l'entreprise sont modifiées au début des années 1980 avec les Lois Auroux sur le droit du travail. Confrontée à la crise économique et sociale (chômage de masse, pauvreté, exclusion), la France s'appuie sur ses atouts (système éducatif, infrastructures, transports, protection sociale…) et sur plusieurs dispositifs liés à l'intégration européenne (marché unique, partenariats industriels européens…). En 1985, la création du baccalauréat professionnel est l'aboutissement d'une longue histoire de l'enseignement technique marquée par la volonté d'accroître le niveau de formation.

Géographie

Les hommes face aux changements globaux

THÈME 1

L'accès aux ressources pour produire, consommer, se loger et se déplacer

– À l'échelle mondiale, dans un contexte de croissance démographique, d'urbanisation et de développement social et humain, la pression sur les ressources (ressources minérales, énergétiques, forestières, hydrauliques par exemple) s'amplifie et explique certains conflits d'usage. Ce phénomène de pression sur les ressources pose la question de leur disponibilité en quantité et en qualité, et de leur accessibilité à court, moyen et long termes. L'utilisation croissante de ressources non renouvelables et leur raréfaction, l'accélération de l'érosion de la biodiversité et le changement climatique conduisent à des changements globaux.

– De nouvelles formes d'habiter sont nécessaires afin d'adapter les modes de vie à ces changements qui ont des conséquences sur l'organisation des territoires. Penser de nouveaux modes de vie et de mobilités, inventer de nouveaux modes de production et de consommation, imaginer de nouvelles infrastructures imposent de concevoir différemment l'aménagement des territoires dans une logique de développement durable. Il s'agit de concilier entre eux les enjeux économiques, sociaux, culturels, environnementaux et civiques, tout en garantissant un développement satisfaisant pour les générations futures. Les 17 objectifs de développement durable (ODD) des Nations unies portent sur l'éradication de la pauvreté, l'accès équitable aux ressources et donnent des clés pour relever le défi des changements globaux.

– De l'échelle mondiale à l'échelle locale, les politiques publiques intègrent encore inégalement les engagements internationaux en matière de développement durable (objectifs de développement durable, conférences sur le climat, sommets sur l'environnement…) qui mobilisent différents acteurs (États, citoyens, ONG, entreprises…). L'Union européenne s'est saisie des questions liées aux transports et à la consommation. En France, l'État et les collectivités territoriales déploient leurs engagements à travers des politiques territoriales. En parallèle, l'État s'engage dans une politique d'éducation au développement durable (EDD) à partir de la maternelle. Les diplômes professionnels intègrent les enjeux du développement durable.

THÈME 2

Les sociétés et les risques : anticiper, réagir, se coordonner et s'adapter

– Les sociétés sont confrontées à des risques divers et systémiques : risques naturels et technologiques, mais aussi sanitaires, économiques, géopolitiques, militaires et environnementaux. Ces risques diffèrent selon leur nature et le territoire concerné. Ainsi, le risque climatique se traduit sous des formes différentes en divers lieux du monde. Les aléas naturels se combinent à des risques technologiques, industriels et sanitaires, accroissent le risque pour les populations et peuvent favoriser l'instabilité politique.
– Les acteurs des territoires (puissances publiques, citoyens, ONG, entreprises) peuvent renforcer leurs capacités à anticiper, réagir, s'adapter, quelles que soient les perturbations auxquelles ils doivent faire face. Ces différents acteurs développent des systèmes de surveillance, de prévention, d'éducation aux risques et de gestion de crise. Les hommes, les sociétés et les territoires témoignent ainsi de leur capacité d'adaptation en faisant des choix d'aménagement des territoires.
– Les sociétés humaines sont différemment exposées et préparées aux risques. Selon leurs ressources disponibles et l'intensité de l'aléa, l'aide internationale (ONU, États et ONG) peut être mobilisée pour la gestion et la résolution des crises. En France, l'État (préfets, préfets maritimes, officiers généraux des zones de défense) partage la responsabilité de la gestion des risques avec les collectivités territoriales. Avec différents acteurs publics et privés, l'État participe également à l'aménagement des territoires exposés à divers risques qui sont analysés et appréhendés de manière systémique. Des plans de prévention des risques (PPR) réglementent l'utilisation des sols à l'échelle communale. L'État développe également des systèmes d'information et d'éducation des populations aux risques.

Enseignement moral et civique

Espace public, engagement et culture du débat démocratique

THÈME ANNUEL

S'engager et débattre en démocratie autour des défis de société

Le projet construit par le professeur à partir des questions des élèves les conduit à acquérir les connaissances suivantes :
– Changements environnementaux, révolution numérique et essor des biotechnologies interrogent l'avenir des hommes en société qui doivent s'adapter aux grandes mutations engendrées par leurs modes de développement et par les progrès technologiques. Ces défis de société se posent à toutes les échelles de territoire et appellent des réponses locales, nationales et internationales. Ils mettent à l'épreuve la capacité des démocraties à conduire le changement dans l'intérêt général et le respect des droits fondamentaux.
– En démocratie, ces défis suscitent des débats dont les enjeux sont politiques, économiques et sociaux, et sont abordés dans tous les espaces de la vie démocratique : assemblées représentatives élues, réunions publiques, médias (presse, radio, télévision), réseaux sociaux et forums en ligne. Les débats prennent des formes diverses : débats électoraux, débats parlementaires, débats d'experts, référendums, manifestations citoyennes, pétitions, consultations, négociations… Ils ne mobilisent pas seulement les militants (syndicats, associations, partis politiques), mais également les citoyens qui s'engagent dans l'espace public. Ils sont l'expression du pluralisme démocratique et de la liberté d'expression. La responsabilité des citoyens est donc engagée à titre individuel comme à titre collectif. À la démocratie représentative s'ajoute la demande des citoyens de prendre part directement aux débats de société. Au sein des établissements scolaires, les conseils de vie lycéenne permettent l'expression des élèves relayée aux échelles académique et nationale.
L'étude des formes du débat en démocratie prend appui sur les trois transformations qui sont étudiées, par ailleurs, dans le cadre des autres enseignements :
– Changements et risques environnementaux (changement climatique, dégradation de la biosphère, diminution de la biodiversité animale et végétale par exemple) : produire, consommer, habiter, se déplacer conduisent à consommer des ressources non renouvelables et posent la question de la durabilité des modes de développement des sociétés au regard des besoins humains. Cela suppose également de recourir à de nouvelles ressources. Pour mener le projet, il est possible de s'appuyer, par exemple, sur la loi relative à la protection de la nature (1976), sur la Charte de l'environnement (2005) et sur les Accords de Paris sur le climat (2015).
– Biotechnologies et éthique : le recours aux biotechnologies et à la génétique – pour la santé humaine, l'alimentation humaine et l'agriculture, la production industrielle afin d'améliorer ou de réparer le vivant – interroge notre rapport à la nature et la conscience de nos limites. Ces évolutions technologiques posent des problèmes de bioéthique qui s'invitent ainsi dans le débat autour de leurs potentialités, de leurs risques et de leurs dérives éventuelles. Pour mener le projet, il est possible de faire référence, par exemple, à la création du Comité consultatif national d'éthique (1983), à la loi relative au don et à l'utilisation des éléments et produits du corps humain, et à l'assistance médicale à la procréation et au diagnostic prénatal (1994).
– La révolution numérique et l'essor de l'Internet : ils ont d'abord été perçus comme facteurs d'une plus grande liberté de communication et comme des outils d'une démocratisation des savoirs. Mais leur inégal accès dans les territoires et leur inégale maîtrise par la population créent une fracture numérique au sein de la société. La digitalisation présente des risques pour les libertés et la sécurité des États et des individus. Pour mener le projet, il est possible de faire référence, par exemple, à la loi relative à l'informatique, aux fichiers et aux libertés (1978), à la création de l'Agence nationale de la sécurité des systèmes d'information (2009) et à la loi pour une république numérique (2016).

BO spécial n° 1 du 6 février 2020

Histoire

Première

THÈME 1

Hommes et femmes au travail (XIXe et XXe siècles)

Ouvriers fondeurs au travail.
Les grandes usines métallurgiques qui concentrent des centaines d'ouvriers témoignent d'un travail de plus en plus intense fourni par les hommes. Les corps sont marqués par les charges lourdes à déplacer, la chaleur du métal en fusion, la précision des gestes à effectuer. (Peder Severin Kroyer, *La fonderie de fer*, 1885)

➘ Comment le peintre met-il en scène le travail en usine qui se généralise à la fin du XIXe siècle ?

LE THÈME AUTREMENT
En image - Visite des canuts lyonnais
liennathan.fr/a0nz44

PLAN DE TRAVAIL

Le travail de la terre occupe au XIXe siècle une majorité d'hommes et de femmes. Cette main-d'œuvre est également engagée dans une production industrielle à domicile. À la fin du XIXe siècle, le modèle de la grande usine s'impose : le rythme et l'intensité du travail s'accélèrent pour tous, en France comme dans les colonies.

Cours

CHEF-D'ŒUVRE

• Construire sa culture professionnelle
• Situer le métier choisi dans une histoire

Hommes et femmes au travail en métropole et dans les colonies (XIXe siècle – 1re moitié du XXe siècle)

Au XIXe siècle, la vie des hommes et des femmes est dominée par l'activité agricole, artisanale et industrielle. Avec le développement de l'industrie, au début du XXe siècle, le travail des ouvriers est lié aux machines. Des syndicats représentant le monde ouvrier structurent peu à peu les luttes et les revendications. Dans les colonies, l'exploitation de la main-d'œuvre locale est la règle.

1. Le travail au village

Le travail de la terre. Au XIXe siècle, le travail agricole nécessite une main-d'œuvre nombreuse car il s'accomplit essentiellement à la main. Les machines agricoles, comme les moissonneuses-batteuses, apparaissent dans la première moitié du XXe siècle.

Des campagnes industrieuses. Au XIXe siècle, les paysans sont aussi des ouvriers. En effet, les hommes et les femmes travaillent dans de multiples activités industrielles (textile, forge), jusqu'à l'apparition des machines dans les années 1880.

2. Le travail en col bleu ou en col blanc

Le modèle usinier. La grande usine concentre machines et travailleurs. Les hommes et les femmes sont soumis à de longues journées. Au début du XXe siècle, l'organisation scientifique du travail (taylorisme) parcellise le travail en gestes répétitifs et chronométrés. Dans les colonies, la main-d'œuvre des exploitations minières ou agricoles est le plus souvent sous le régime du travail forcé.

Les activités nouvelles. Dans les entreprises, de nouveaux métiers naissent : ceux de la comptabilité, du secrétariat, de la vente, de l'encadrement. Ce travail en « col blanc » utilise une main-d'œuvre parfois largement féminine : la figure de la secrétaire dactylo s'impose au cours du XXe siècle.

3. Les solidarités et les luttes au travail

Les solidarités au travail. Le lieu de travail est aussi un espace d'entraide et de parole. On y prépare des actions collectives, on organise une caisse de soutien pour un ouvrier victime d'un accident ou lors d'une grève.

Le syndicalisme et les luttes ouvrières. En 1884, le droit syndical est reconnu. La Confédération Générale du Travail (CGT) naît en 1895 et structure le mouvement ouvrier. Un moyen d'action comme la grève est parfois utilisé pour appuyer des revendications. Des lois sociales sont votées à la fin du XIXe siècle. En 1936, sous le Front Populaire, les ouvriers obtiennent la semaine de 40 heures et les congés payés.

1 Le battage des blés dans les années 1920
Une batteuse mécanique apporte, au moment de la moisson, une aide au travail des hommes et des femmes.

2 Le travail dans une ferme du Jura
Gravure publiée dans *Le Tour de France par deux enfants*, de G. Bruno, publié en 1877. Une famille paysanne est occupée à divers travaux industriels, comme le tissage, la fabrication de ressorts pour l'industrie mécanique.

3 Central téléphonique à Paris dans les années 1920

La diffusion du téléphone, les besoins en communication créent de nouveau métiers.

5 Usine Citroën quai de Javel à Paris en 1926

L'usine automobile est la vitrine de la rationalisation du travail. La chaîne de montage fait défiler les châssis devant les ouvriers qui ont une tâche à accomplir.

4 Les grèves de 1936

Après la victoire du Front populaire (alliance des partis de gauche), un mouvement de grèves spontanées se diffuse dans tous les secteurs. Les ouvriers occupent les usines pour faire aboutir des revendications anciennes.

Chez Citroën, quai de Javel à Paris.

« Nous traversons la grande allée, puis voici les ateliers d'une propreté exemplaire [...]. Tout est parfaitement organisé, çà et là, on fait une belote, on se presse autour d'un accordéoniste, on joue à saute-mouton. Le sentiment et le désir de vaincre n'excluent pas la gaieté. Une rumeur lointaine nous parvient ; bientôt nous nous trouvons devant près de 5 000 ouvriers et ouvrières. Une délégation est auprès du patron. Alors on attend patiemment [...]. Cette foule respire l'enthousiasme, la joie et l'espoir. »

Quatre jours après avoir cessé le travail, les ouvriers de Citroën obtiennent une augmentation de 10 % du salaire horaire et un salaire horaire minimum de 4 francs pour les hommes comme pour les femmes.

Reportage paru dans le journal *L'Humanité*, 31 mai 1936.

Notions clés

Industrialisation : processus long qui fait passer d'une économie reposant sur l'agriculture et l'artisanat à une économie reposant sur la production industrielle de masse.

Syndicat : association professionnelle ayant pour but de défendre les droits et les intérêts de ses membres.

Taylorisme : organisation du travail qui divise une tâche en différentes opérations simples. Chaque ouvrier réalise le même geste.

Questions

Le travail au village

1. Comment s'effectue le travail agricole ? (doc. 1)
2. Pourquoi peut-on parler de pluriactivité dans les campagnes ? (doc. 2)

Le travail en col bleu ou en col blanc

3. À partir de la photographie, décrivez les caractéristiques du travail en usine. (doc. 5)
4. Quels nouveaux métiers se développent ? Pourquoi parle-t-on de féminisation de la main-d'œuvre ? (doc. 3)

Les solidarités et les luttes au travail

5. Dans quel type d'entreprise se déroule la grève ? Que se passe-t-il en 1936 ? (docs 4 et 5)
6. Quels sont les acquis obtenus par les ouvriers ? À quelles revendications cela correspond-il ? (doc. 4)

Dossier 1

CHEF-D'ŒUVRE

- **Construire sa culture professionnelle**
- **Évoquer les évolutions d'un métier**

Le travail des ouvriers et des ouvrières de la chocolaterie Menier

Dès le milieu du XIXe siècle, la famille Menier développe une production massive de chocolat. À Noisiel, en Seine-et-Marne, des ouvrières et des ouvriers travaillent au sein d'une vaste usine et vivent dans une cité comprenant de nombreuses commodités.

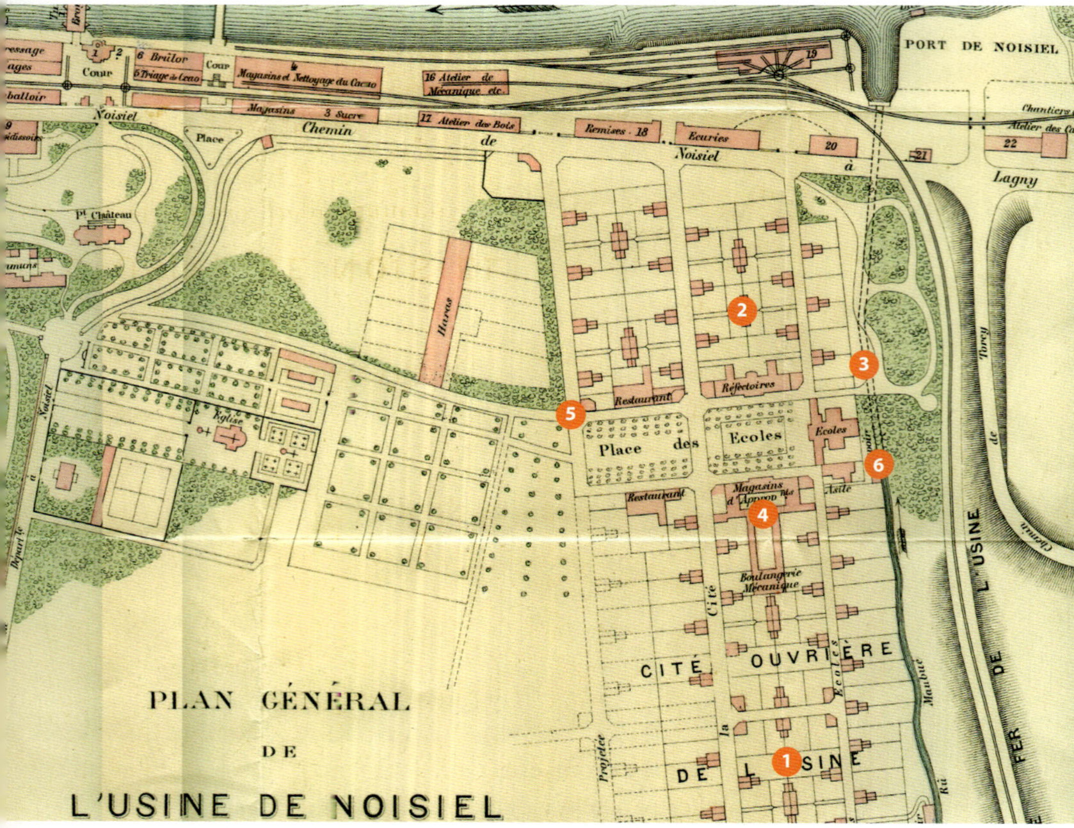

1 Plan de la cité ouvrière en 1889

La cité ouvrière comprend :
- 145 maisons de un à quatre logements avec jardin, potager et aire de jeux (1) ;
- un réfectoire pour le déjeuner, le panier repas étant apporté par le salarié (2) ;
- une école gratuite pour enfants de 6 à 13 ans et une maternelle (3) ;
- une épicerie et une boulangerie (4) ;
- deux cafés-restaurants-hôtels (5) ;
- une maison de retraite qui est aussi un hôpital (6).

2 Vue générale de l'usine et de ses dépendances en 1889

Sur un bras de la Marne, le moulin, modernisé par Saulnier en 1871, sert au broyage des fèves de cacao et au malaxage du cacao. Sur la rive gauche, se trouvent les ateliers où est produit le chocolat. Puis, à partir de 1871, à proximité de l'usine, se développe la cité ouvrière.

Effectif total	1 927 ouvriers, dont : – 867 femmes ; – 1 060 hommes.
Temps de travail	– Journée de travail de 11 heures (7 h à 18 h) pour les femmes de plus de 16 ans – Journée de travail de 10 heures pour les 13 à 16 ans – Semaine de travail : 6 jours sur 7
Salaires	Environ 2,2 francs par jour en 1914

3 La situation des salariés vers 1900

4 **Affiche publicitaire de 1894**

Le célèbre illustrateur Firmin Bouisset réalise la première affiche publicitaire de l'entreprise Menier. C'est la propre fille de l'artiste qui sert de modèle.

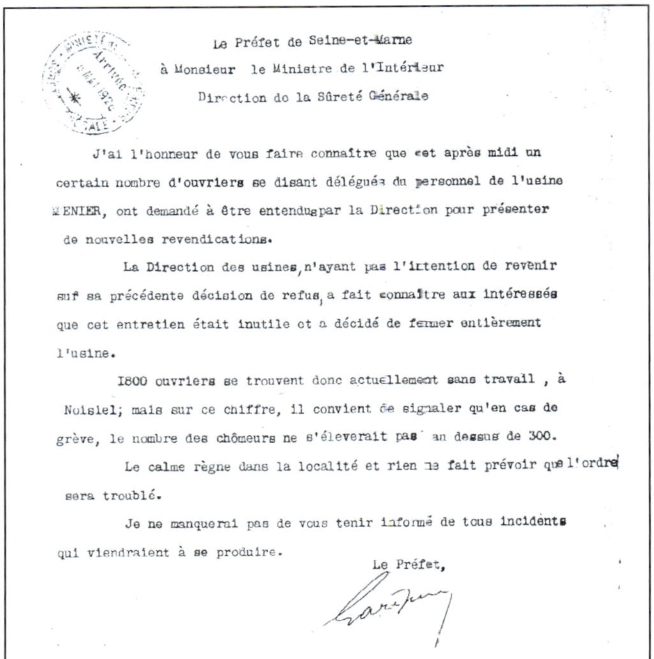

Le Préfet de Seine-et-Marne
à Monsieur le Ministre de l'Intérieur
Direction de la Sûreté Générale

J'ai l'honneur de vous faire connaître que cet après midi un certain nombre d'ouvriers se disant délégués du personnel de l'usine MENIER, ont demandé à être entendus par la Direction pour présenter de nouvelles revendications.

La Direction des usines, n'ayant pas l'intention de revenir sur sa précédente décision de refus, a fait connaître aux intéressés que cet entretien était inutile et a décidé de fermer entièrement l'usine.

1800 ouvriers se trouvent donc actuellement sans travail , à Noisiel; mais sur ce chiffre, il convient de signaler qu'en cas de grève, le nombre des chômeurs ne s'éleverait pas au dessus de 300.

Le calme règne dans la localité et rien ne fait prévoir que l'ordre sera troublé.

Je ne manquerai pas de vous tenir informé de tous incidents qui viendraient à se produire.

Le Préfet,

6 **L'agitation ouvrière et les revendications salariales à l'usine de Noisiel en mai 1926**

Compte rendu du préfet pour le ministre de l'intérieur, le 6 mai 1926.

5 **Atelier d'emballage des tablettes vers 1920**

Les ouvrières emballent chacune 600 à 700 tablettes par jour.

Itinéraire 1

› Quelle est la vie d'un ouvrier de l'usine Menier au début du XXe siècle ?

Capacité **Caractériser un espace industriel**

1. Sur le plan de la chocolaterie en 1895 et sur la vue générale de l'usine, repérez la zone de production industrielle et celle destinée à la vie privée des ouvriers et ouvrières. (docs 1 et 2)

2. Expliquez en quoi la chocolaterie Menier à Noisiel est à la fois un lieu de travail et un lieu de vie. (docs 1 et 2)

Capacité **Analyser une situation**

4. Comment le chocolat Menier devient-il un produit de grande consommation ? (doc. 4)

4. Dans la chocolaterie, quel est le travail des ouvriers et quelles sont leurs conditions de vie ? (docs 3, 5 et 6)

5. Quels moyens de pression peuvent être utilisés sur un salarié en cas de grève ? (doc. 6)

Itinéraire 2

Raconter le quotidien d'une ouvrière

Décrivez comment s'organise la vie quotidienne d'une ouvrière, mère d'un enfant âgé de sept ans. Identifiez ses horaires, ses déplacements et les lieux qu'elle fréquente. Précisez ses conditions de travail.

Dossier 2

CAPACITÉ

Construire un récit historique

Le travail dans les colonies : l'Indochine

Après la phase de conquête, l'exploitation économique de l'Indochine se met rapidement en place à la fin du XIXe siècle. De grandes entreprises investissent pour y produire du riz, du caoutchouc, et pour extraire du charbon. Les habitants servent de main-d'œuvre à bas coût dans les plantations, dans les ateliers de transformation ainsi que dans les mines.

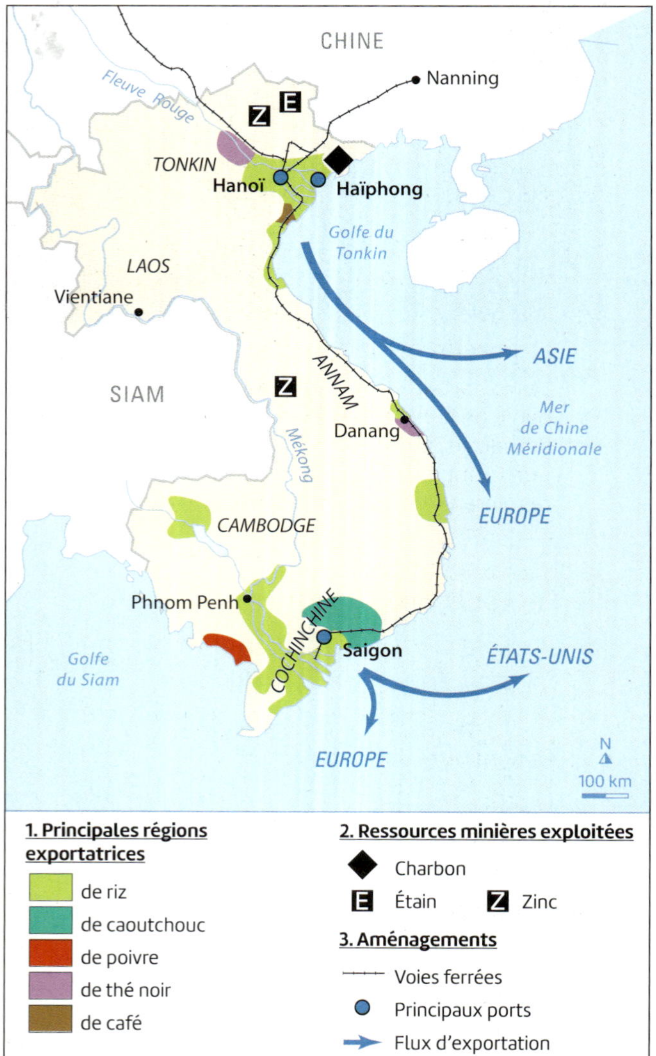

1 Les activités économiques de l'Indochine

Carte interactive
liennathan.fr/n41t3p

2 **Affiche de 1920**

Depuis la fin du XIXe siècle, l'Indochine est une colonie qui rassemble quatre territoires. C'est, jusqu'en 1954, dans l'empire colonial français, la région la plus riche et la plus peuplée.

3 **Le travail des paysans du Tonkin dans les rizières**

Andrée Viollis est journaliste. En 1932, elle se rend en Indochine et publie à son retour un livre témoignage.

J'ai vu ces malheureux paysans du Tonkin… Le matin à l'aube, on vient les chasser des tanières où ils sont entassés. À midi comme au soir, quand on leur distribue leur ration de riz souvent allégée d'une centaine de grammes, ils doivent, la dernière bouchée avalée, se remettre à la corvée, même couverts de plaies à mouches, mêmes grelottants de fièvre. Tout cela pour 1,20 franc à 2 francs par jour…

Andrée Viollis, *Indochine SOS*, Gallimard, 1935.

Recherche WEB

→ Marguerite Duras, Roland Dorgelès, André Malraux : ces trois écrivains français sont liés à l'Indochine. Faites une recherche web sur leur vie, leurs œuvres pour mettre en évidence ce qui les a rapprochés de l'Indochine.

4 **Mines à ciel ouvert de Hongay**
L'extraction du charbon est une activité économique essentielle en Indochine. La main-d'œuvre connaît de très dures conditions de travail.

5 Le témoignage d'un écrivain

Il a fallu des années pour les décider à s'engager dans les fabriques de Nam-Dinh et de Haïphong, pour les attirer dans les mines et les plantations. On ne peut savoir ce qu'un racoleur doit déployer de ruses avant de lever cent coolies dans ce Delta où l'on meurt de faim. Un matin, j'ai croisé une colonne de ces misérables ; c'était pitoyable comme un défilé d'émigrants ou de forçats.

Roland Dorgelès, *Sur la route mandarine*, Albin Michel, 1925.

6 Les conditions de travail dans les plantations d'hévéas

À côté d'un hôpital magnifique et d'installations industrielles remarquables, la Société Michelin a complètement négligé de procéder à des installations procurant un minimum de bien-être aux coolies. Elle a été la dernière à transformer les campements collectifs d'habitation de la main-d'œuvre en petites maisons individuelles. […] Je n'entends pas dire par là que des sévices ou des brutalités aient été exercées contre les coolies d'une manière épidémique ou endémique. Non. Mais je veux signifier ainsi que de tout temps, les coolies de Dau Tieng m'ont apparu être traités comme des prisonniers, comme de pauvres loques que les assistants accablaient de leurs mépris.

Rapport du gouverneur de la Cochinchine au gouverneur général de l'Indochine, 1937.

7 **Le port de Saïgon dans les années 1930**
Les exportations de riz et de caoutchouc passent par le port de Saïgon, 6e port français en 1937. Les grandes maisons de commerce y sont présentes ainsi que l'administration coloniale. Les activités portuaires requièrent une main-d'œuvre locale nombreuse.

Itinéraire 1

› Quelles sont les conditions de travail en Indochine ?

Capacité **Rechercher des informations dans les documents**

1. Quelles sont les activités développées en Indochine ? (docs 1, 3, 4, 6 et 7)
2. Pourquoi l'entreprise Michelin est-elle implantée en Indochine ? (docs 1 et 6)

Capacité **Analyser une situation historique**

3. Quel écart relevez-vous entre l'affiche et le témoignage ? (docs 2 et 3)
4. Décrivez les conditions de travail dans les mines, les rizières et les plantations d'hévéas. (docs 3, 4, 5 et 6)
5. Confrontez les analyses de la journaliste et du gouverneur. (docs 5 et 6)

Itinéraire 2

Construire un récit historique

En utilisant les documents et vos connaissances, racontez la vie au travail des habitants d'une région sous domination coloniale.

Dossier 3

CHEF-D'ŒUVRE

Construire sa culture professionnelle

L'État et le monde du travail

Depuis le XIXe siècle, l'État est un acteur majeur des évolutions de la société et du monde du travail. Sous la pression des luttes syndicales, les lois ont progressivement encadré le travail, la protection sociale, la formation professionnelle.

1841	Interdiction du travail des enfants de moins de 8 ans
1864	Reconnaissance du droit de grève
1884	Reconnaissance des syndicats
1892	Limitation du temps de travail (journée de 12 heures pour les hommes, 10 heures pour les femmes et les enfants)
1906	Journée de repos hebdomadaire obligatoire (dimanche)
1919	Journée de 8 heures
1936	Semaine de 40 heures (deux jours de repos)
	Deux semaines de congés payés
1945	Mise en place de la Sécurité sociale (maladie, vieillesse)
1946	Abolition du travail forcé dans les territoires d'outremer
1956	Trois semaines de congés payés
1969	Quatre semaines de congés payés
1982	Semaine de 39 heures
	Cinq semaines de congés payés
	Retraite à 60 ans
1998	Semaine de 35 heures
2015	Loi instaurant des dérogations à l'interdiction du travail le dimanche
2019	Ordonnances travail

1 Chronologie des grandes lois sociales

2 **Le 1er mai 1891 à Fourmies**

Les soldats tirent sur des manifestants qui réclament la journée de 8 heures. La fusillade fait 9 morts. Journal *Le Petit Parisien*.

3 **Les accords de Matignon, 7-8 juin 1936**

Signés entre le gouvernement et les représentants des ouvriers et du patronat, ils portent notamment sur les libertés syndicales.
Une de *L'Œuvre* du 8 juin 1936.

4 **Des apprentis carrossiers dans un Centre d'apprentissage de Nice en 1951**

La loi Astier a instauré le Certificat d'Aptitude Professionnelle (CAP) en 1919. Le Brevet d'Études professionnelles a été créé en 1967, le Baccalauréat professionnel en 1985.

5 **Le travail du dimanche**

Dessin de Deligne. La loi de 2015 a établi des dérogations à l'interdiction du travail le dimanche, notamment dans les zones touristiques. Néanmoins le travail dominical doit être effectué sur la base du volontariat.

Recherche WEB

→ Effectuez une recherche sur l'évolution de la formation professionnelle en France depuis la loi Astier (types d'établissements, diplômes).

6 **La réforme de l'assurance chômage en 2019**

Itinéraire 1

} Comment la loi encadre-t-elle le travail depuis le XIXe siècle ?

Capacité **Questionner des documents**

1. Quelles sont les deux lois fondamentales concernant la grève et les syndicats ? (doc. 1)
2. D'après ce document, identifiez des acteurs des transformations sociales et caractérisez leurs modalités d'action. (doc. 2)
3. Que se passe-t-il pour la première fois avec la signature de l'accord de Matignon en 1936 ? (doc. 3)
4. Quel est l'objectif de ce centre d'apprentissage ? (doc. 4)

Capacité **Décrire une situation**

5. D'après ces documents, quelles transformations récentes ont été apportées à la législation du travail ? (docs 5 et 6)

Itinéraire 2

Construire une frise chronologique

À partir des documents du dossier, vous établirez une chronologie des principales lois concernant le monde du travail depuis le XIXe siècle. Vous distinguerez par des couleurs différentes les lois concernant le travail et celles portant sur la vie personnelle des hommes et des femmes.

Capacité

Questionner une image

1 **Une chaîne de montage à l'usine Citroën, quai de Javel à Paris, 1926**
Document 5 de la page 15.

Méthode

1 Identifier l'image

Pour identifier une image, cinq éléments sont essentiels : le lieu, la date, le contexte, le thème, et l'auteur si celui-ci est connu.

Le lieu	Où est prise la photographie ? ....
La date et le contexte	À quelle date ? .... À quelle période de l'industrialisation ? ....
Le thème	À quel thème se rattache la photographie ? ....

2 Repérer la construction de l'image

a. Le cadrage : s'agit-il d'un plan large, plus resserré ou d'un gros plan ?

b. Les personnes : s'agit-il d'un groupe ou d'une seule personne ? Que font-elles ? Quels vêtements portent-elles ?

c. Les objets, les éléments matériels : quels types d'objets ? quel lieu ?

3 Interpréter et donner du sens à l'image

Pour donner du sens à cette image, vous remplirez le schéma suivant après l'avoir recopié.

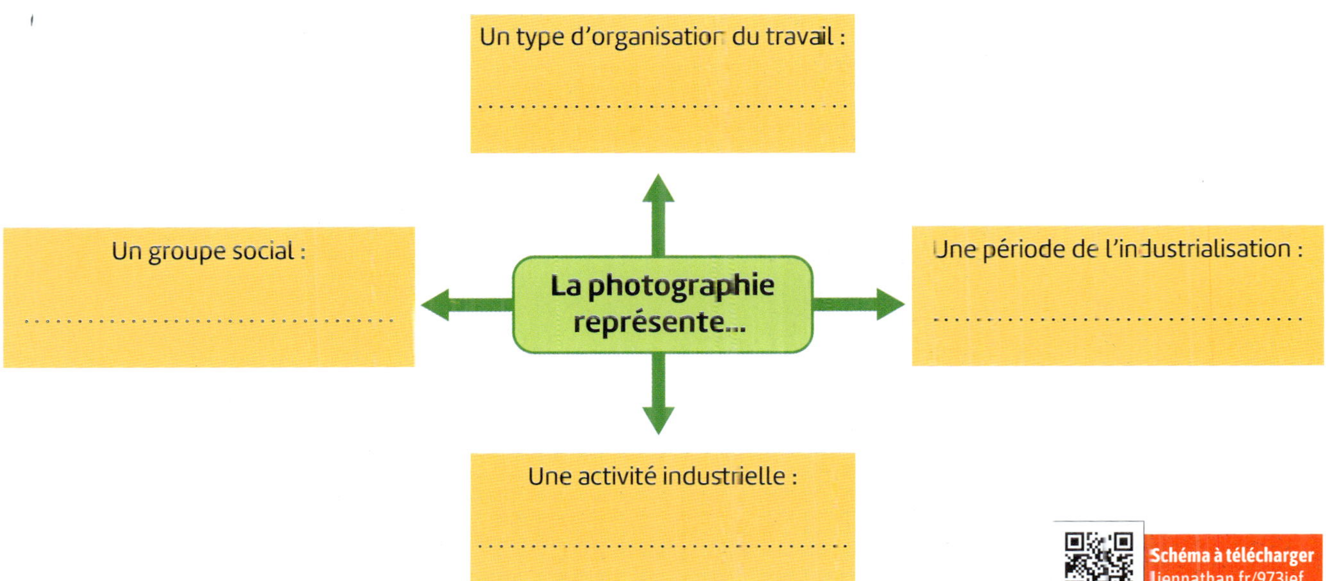

Schéma à télécharger
liennathan.fr/973jef

Sujet bilan

Le travail des ouvriers et des paysans dans la 1re moitié du XXe siècle

1 Affiche de la CGT, 1912

2 Moisson dans la Sarthe vers 1900

3 | Témoignage d'une « manœuvre à la machine » en 1934

C'est ma première journée dans cette usine. Me voici sur une machine. Compter cinquante pièces... les placer une à une sur la machine, d'un côté, pas de l'autre... manier à chaque fois un levier... ôter la pièce... en mettre une autre... encore une autre... compter encore... je ne vais pas assez vite. La fatigue se fait déjà sentir. Il faut forcer, empêcher qu'un instant d'arrêt sépare un mouvement du mouvement suivant. Plus vite, encore plus vite ! Allons bon ! Voilà une pièce que j'ai mise du mauvais côté. Qui sait si c'est la première ? Il faut faire attention. Cette pièce est bien placée. Celle-là aussi. Combien est-ce que j'en ai fait les dernières dix minutes ? Je ne vais pas assez vite. Je force encore, peu à peu, la monotonie de la tâche m'entraîne à rêver. Pendant quelques instants, je pense à bien des choses. Réveil brusque : combien est-ce que j'en fais ? Ça ne doit pas être assez. Ne pas rêver. Forcer encore. Si seulement je savais combien il faut en faire ! Je regarde autour de moi ! Personne ne lève la tête, jamais. Personne ne sourit. Personne ne dit un mot. Comme on est seul ! Je fais 400 pièces à l'heure. Savoir si c'est assez ? Pourvu que je tienne à cette cadence, au moins... La sonnerie de midi, enfin. Tout le monde se précipite à la pendule de pointage, au vestiaire, hors de l'usine. Il faut aller manger. J'ai encore un peu d'argent, heureusement. Mais il faut faire attention. Qui sait si on va me garder ici ? Si je ne chômerai pas encore des jours et des jours ?

Simone Weil, philosophe, *Journal d'usine*, 1934-1935.

1 Je date des faits importants (2 points)

La semaine de 40 heures et les congés payés sont instaurés en :

☐ 1906 ☐ 1936 ☐ 1884

2 J'utilise une notion (2 points)

L'industrialisation transforme le travail salarié. En effet, ...

3 Je dégage l'intérêt d'un document (6 points)

1. Qu'est-ce que la CGT ?
2. D'après cette affiche, quelle revendication porte-t-elle ? (doc. 1)
3. Comment l'affiche met-elle en scène cette revendication ? (doc. 1)

4 J'écris à la manière d'un historien (10 points)

Écrivez, à la manière d'un historien, un paragraphe qui caractérise le travail des femmes.
Comme un historien, vous prendrez appui sur les documents-sources 2 et 3 pour établir des faits.
Vous généraliserez en utilisant vos connaissances.
Pour commencer, vous pouvez utiliser cette phrase : « Les femmes ont toujours travaillé… »

Recherche web

Faire une revue de presse sur le thème du temps de travail hier et aujourd'hui

La question du temps de travail est l'objet de débats et de revendications de la fin du XIXe siècle jusqu'à aujourd'hui. Les syndicats de salariés, les gouvernements, les représentants du monde de l'entreprise, les économistes, tous interviennent dans les discussions sur la diminution du temps de travail.

Vous allez rechercher individuellement ou en groupe des informations sur le web autour de la question du temps de travail. Vous identifierez différents acteurs et points de vue et présenterez votre résultat sous forme de tableau.

1 Affiche de la CGT, 1919

2 Affiche de 1968 qui revendique la semaine de 40 heures

1 Recherchez des informations sur le web

a. Utilisez un moteur de recherche, par exemple Qwant.
Tapez les mots de votre recherche : « temps de travail », puis « histoire du temps de travail ». Comparez les résultats.

b. Utilisez toutes les fonctionnalités du moteur de recherche :
La rubrique Actualités du moteur de recherche Qwant, le paramètre périodes, pour trouver des informations récentes. Ciblez vos réponses en utilisant des guillemets pour rassembler histoire, temps et travail.

2 Complétez en consultant d'autres sites web

a. Validez le thème. Le site parle-t-il de mon sujet de recherche ? Puis-je faire confiance à ce site ?

b. Vérifiez la fiabilité du site. S'agit-il d'un site institutionnel ? d'une encyclopédie en ligne ? d'un blog ? du site d'une association ? d'un particulier ? Quelle est la date de création du site ou sa dernière mise à jour ?

3 Validez les informations

Complétez le tableau à l'aide des informations après les avoir validées.

Type de site sélectionné	Adresse et date de mise à jour	Informations relevées	Arguments utilisés Point de vue défendu
Le site d'une institution :			
Le site d'un syndicat ou d'un parti politique :			
Le site d'un journal quotidien, hebdomadaire ou mensuel :			
Le site d'une association, d'un particulier :			

4 Construire son chef-d'œuvre

a. Situez l'évolution de votre métier dans l'histoire du temps de travail.
Recherchez à partir du mot-clé de votre spécialité les différentes réformes qui ont accompagné son histoire.

b. Construisez une frise chronologique.
Elle associe temps de travail et évolution du métier (mécanisation, informatique…).

THÈME 2

Guerres européennes, guerres mondiales, guerres totales (1914-1945)

Berlin en 1945.

La capitale du Reich allemand est le point de convergence de toutes les offensives alliées de 1944 à 1945. Quelques années auparavant, ce sont les troupes allemandes qui traversaient l'Europe.
Les bombardements aériens participent à la stratégie d'anéantissement et à la guerre totale.

- Que veut-on provoquer avec ces bombardements ?
- En quoi cette stratégie relève-t-elle de la guerre totale ?

LE THÈME AUTREMENT
Vidéo - La Pologne pendant la Seconde Guerre mondiale
liennathan.fr/0mv62t

PLAN DE TRAVAIL

Entre 1914 et 1945, le continent européen a connu deux guerres étendues au monde entier. Elles provoquent des millions de morts, des déplacements de population, des territoires en ruine. Seulement deux décennies séparent ces deux conflits durant lesquels la crise économique brise des élans de paix.

Carte La Seconde Guerre mondiale

Carte interactive
liennathan.fr/5phm71

1939-1945 : un conflit sur plusieurs continents

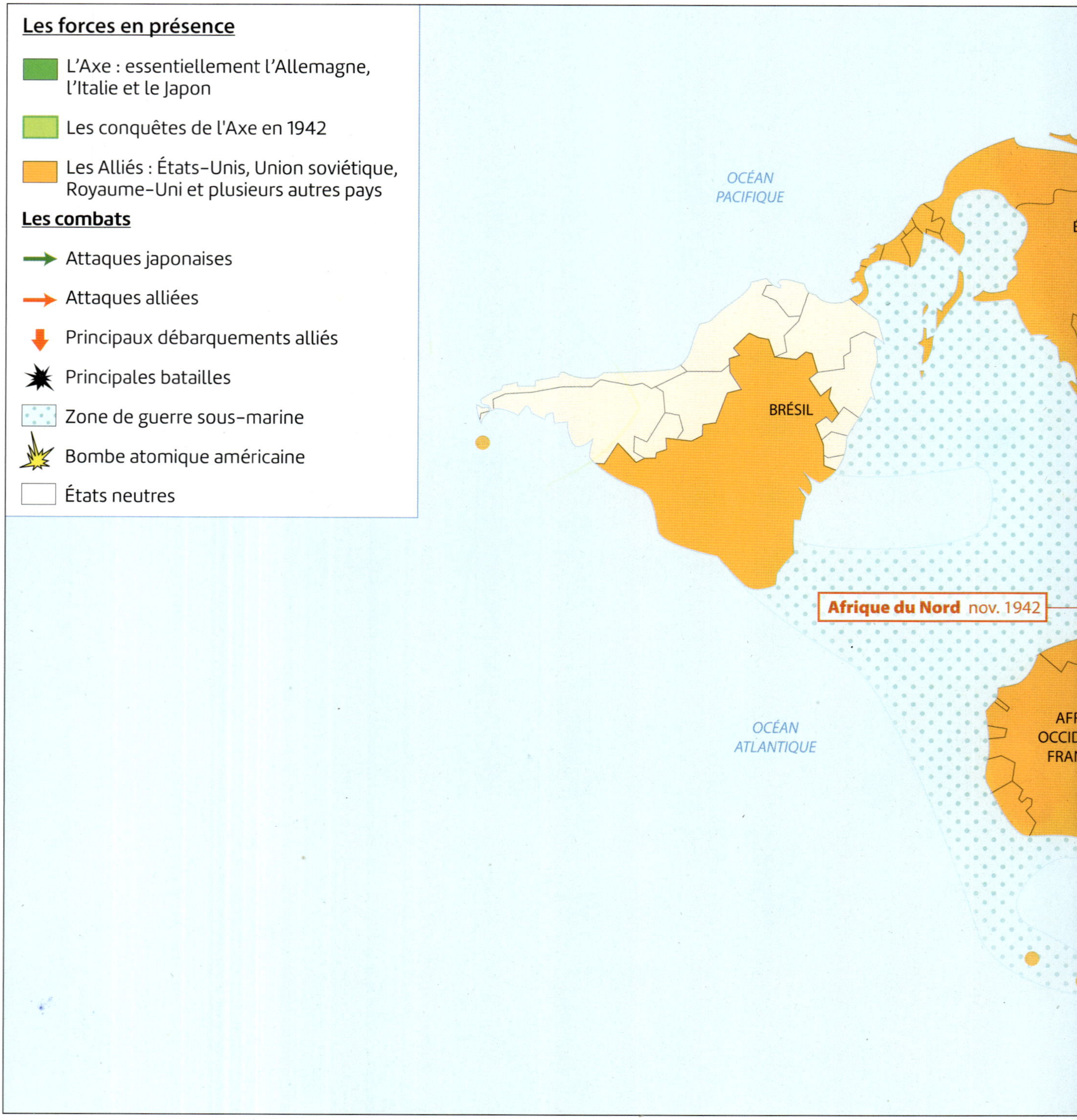

❯ Découverte de la carte

1. Relever des informations sur une carte
De quelle guerre s'agit-il ? Quelles sont les forces en présence ?

2. Décrire une situation historique
Sur quels continents les forces de l'Axe ont-elles fait le plus de conquêtes ? Citez sur chacun d'eux au moins trois pays conquis.

3. Expliquer les enjeux d'une situation géographique
Quelle stratégie permet aux Alliés de faire reculer l'Allemagne entre 1942 et 1945 ? Ce conflit est-il uniquement terrestre et aérien ? Nommez des zones précises.

Cours

CAPACITÉ

Identifier et nommer les périodes historiques, les continuités et les ruptures chronologiques

Guerres européennes, guerres mondiales, guerres totales (1914–1945)

Les populations européennes vivent deux guerres dont les répercussions militaires et politiques sont mondiales. La notion de guerre totale, liée au second conflit mondial, apparaît lors de la Grande Guerre en 1914–1918.

1. 1914-1918 : la Première Guerre mondiale

Une nouvelle forme de conflit. 70 millions de combattants sont incorporés de 1914 à 1918. Ils connaissent des conditions inhumaines dans les tranchées. Des armes nouvelles sont utilisées : le gaz, les bombardements aériens, les chars d'assaut.

Le front et l'arrière. À l'échelle mondiale, on dénombre plus de 10 millions de morts et disparus en 1918. Les femmes, mobilisées dans les usines, fabriquent des armes et effectuent le travail des hommes partis au front. Les villes proches des combats sont bombardées.

2. 1918-1939 : la paix inachevée

La paix des vainqueurs. L'armistice du 11 novembre 1918 marque la fin des combats. Le 18 janvier 1919, la conférence de la Paix s'ouvre à Paris. Les vaincus en sont écartés. Le pacte de la Société des Nations adopté le 28 avril 1919 est intégré aux traités de paix et celle-ci, installée à Genève, prône la sécurité collective.

Des traités lourds de tensions. L'Allemagne est contrainte d'accepter le traité de Versailles du 28 juin 1919 qui la rend responsable du conflit avec des conditions très dures. Le traité est perçu comme un Diktat injuste, par l'opinion allemande. L'Autriche-Hongrie est séparée en deux États, l'Empire ottoman réduit et sept nouveaux États sont créés. C'est la fin des empires multinationaux. L'Italie n'obtient pas les territoires promis.

3. 1939-1945 : la Seconde Guerre mondiale

Une guerre idéologique féroce. Les deux camps défendent des valeurs opposées. Les puissances de l'Axe sont des dictatures. Les nazis veulent imposer un ordre nouveau fondé sur une idéologie raciste et une guerre de conquête. En face, les Alliés défendent les valeurs de liberté, de démocratie et de droits de l'homme.

Une guerre d'anéantissement. L'extermination méthodique des Juifs et des Tsiganes est organisée par l'Allemagne nazie. Les populations civiles subissent des bombardements massifs. Pour la première fois, l'arme atomique est utilisée sur Hiroshima et Nagasaki au Japon. En 1945, on compte plus de 50 millions de morts dans le monde ; l'Europe est en ruine.

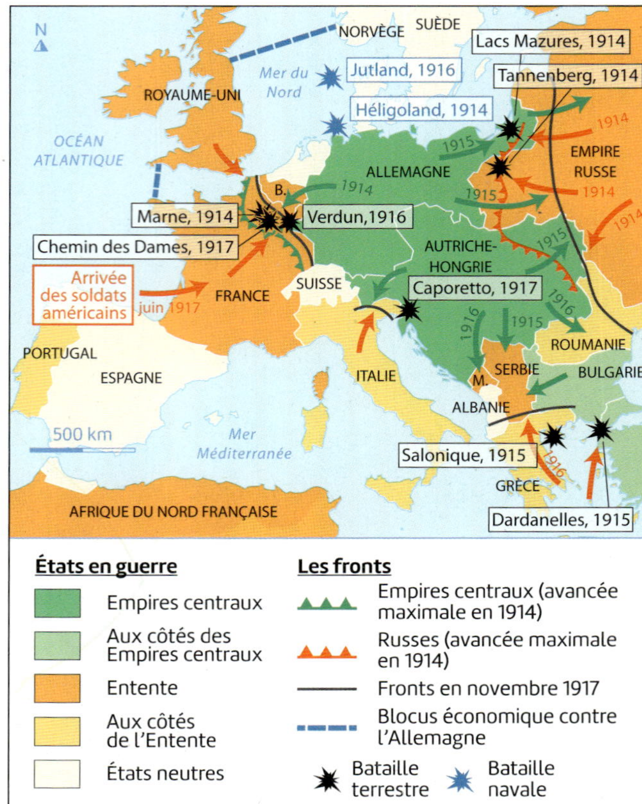

1 Les fronts de 1914 à 1917

2 Soldats français dans les tranchées en 1916

Sur des centaines de kilomètres, une ligne de tranchées sépare les deux armées. Les soldats y vivent dans des conditions terribles.

3 Discours de Winston Churchill en juin 1940

Nous défendrons notre île, peu importe ce qu'il en coûtera, nous nous battrons sur les plages, nous nous battrons sur les terrains de débarquement, nous nous battrons dans les champs et dans les rues, nous nous battrons dans les collines ; nous ne nous rendrons jamais, et même si, bien que je n'y croie pas un seul instant, cette île ou une grande partie de cette île était asservie et affamée, alors notre Empire au-delà des mers, armé et gardé par la flotte britannique, continuera de lutter, jusqu'à ce que [...] le Nouveau Monde, avec tout son pouvoir et sa puissance, vienne à la rescousse libérer l'Ancien.

Winston Churchill, Premier ministre anglais, le 4 juin 1940, à la Chambre de Communes du Parlement du Royaume-Uni.

4 Le traité de Versailles vu par un journal français

Une du *Petit Journal*, supplément illustré du dimanche 13 juillet 1919.

5 Affiche de propagande des Forces françaises libres, 1944

Notions clés

Diktat : mot utilisé par les Allemands pour désigner les clauses très dures du traité de Versailles.

Sécurité collective : organisation des relations internationales visant à maintenir la paix par l'arbitrage et non par des accords secrets.

Questions

1914-1918 : la Première Guerre mondiale

1. Quels États composent l'Entente et les empires centraux durant le premier conflit mondial ? Montrez que les soldats engagés dans ce conflit ne sont pas uniquement européens. (docs 1 et 2)

1918-1939 : la paix inachevée

2. Quelle est l'information principale de la Une de ce journal français sur le traité de Versailles en 1919 ? (doc. 4)

1939-1945 : la Seconde Guerre mondiale

3. Qui sont les Alliés durant le second conflit ? (doc. 5)
4. Relevez, dans ce discours, ce qui montre, dès 1940, une détermination contre la dictature. (doc. 3)
5. Quelles sont les conséquences de la guerre totale pour les populations civiles ? (doc. 3)

Dossier 1

CAPACITÉ

Décrire une situation historique

La France dans la Seconde Guerre mondiale

La défaite de l'armée française précipite la fin de la IIIe République et l'avènement d'un régime autoritaire installé à Vichy. Le régime de Vichy s'engage dans une politique de collaboration avec l'Allemagne nazie. La Résistance s'organise à l'extérieur avec la France libre du général de Gaulle, et à l'intérieur avec des réseaux et mouvements clandestins.

1 Le maréchal Pétain

Il est nommé Président du Conseil le 16 juin 1940. Convaincu que la défaite française est inéluctable, il demande l'arrêt des combats le 17 juin et signe l'armistice le 22. Le 10 juillet, 569 parlementaires lui votent les pleins pouvoirs à Vichy où s'est replié le gouvernement.

2 Extrait de l'appel lancé le 18 juin 1940 à la radio anglaise par le général de Gaulle

> Rien n'est perdu pour la France. Car la France n'est pas seule ! Elle a un vaste Empire derrière elle. Elle peut faire bloc avec l'Empire britannique qui continue la lutte. Elle peut utiliser l'immense industrie des États-Unis.
> Cette guerre n'est pas limitée au territoire malheureux de notre pays. Cette guerre est une guerre mondiale. Foudroyés aujourd'hui par la force mécanique, nous pourrons vaincre dans l'avenir par une force mécanique supérieure. Le destin du monde est là.
> Moi, général de Gaulle, j'invite les officiers et les soldats français, j'invite les ingénieurs et les ouvriers spécialistes des industries d'armement qui se trouvent en territoire britannique ou viendraient à s'y trouver à se mettre en rapport avec moi.
> Quoi qu'il arrive, la flamme de la résistance française ne doit pas s'éteindre et ne s'éteindra pas.
>
> Appel du général de Gaulle, 18 juin 1940.

3 La « Révolution nationale »

Pétain instaure à Vichy un régime qui supprime l'essentiel des libertés, rétablit la censure, dissout les syndicats. Sa devise est « Travail, famille, patrie ». Il lance la « Révolution nationale » qui valorise le catholicisme, la paysannerie, l'artisanat et incite les femmes à rester au foyer.

4 Les lois anti-juives

Dès octobre 1940, les Juifs sont exclus de la fonction publique et de certaines professions. À partir du 7 juin 1942, ils doivent porter l'étoile jaune. Le régime de Vichy participe à la politique d'extermination nazie en contribuant à l'arrestation de plus de 75 000 Juifs.

5 La France occupée

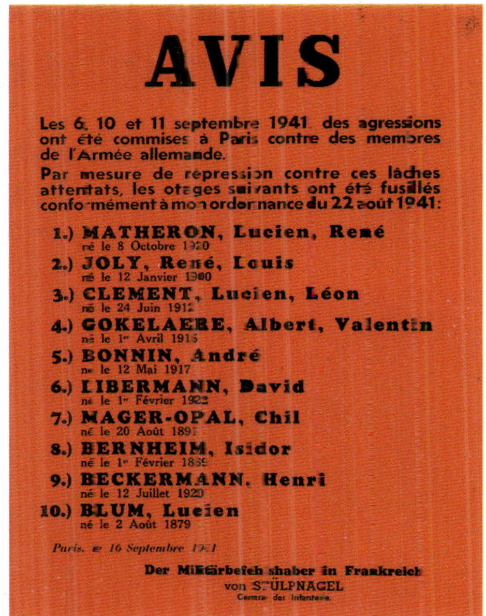

AVIS

Les 6, 10 et 11 septembre 1941 des agressions ont été commises à Paris contre des membres de l'Armée allemande.

Par mesure de répression contre ces lâches attentats, les otages suivants ont été fusillés conformément à mon ordonnance du 22 août 1941 :

1.) **MATHERON, Lucien, René** né le 8 Octobre 1920
2.) **JOLY, René, Louis** né le 12 Janvier 1900
3.) **CLEMENT, Lucien, Léon** né le 24 Juin 1912
4.) **GOKELAERE, Albert, Valentin** né le 1er Avril 1915
5.) **BONNIN, André** né le 12 Mai 1917
6.) **LIBERMANN, David** né le 1er Février 1922
7.) **MAGER-OPAL, Chil** né le 20 Août 1891
8.) **BERNHEIM, Isidor** né le 1er Février 1869
9.) **BECKERMANN, Henri** né le 12 Juillet 1920
10.) **BLUM, Lucien** né le 2 Août 1879

Paris, le 16 Septembre 1941

Der Militärbefehlshaber in Frankreich
von STÜLPNAGEL
General der Infanterie.

6 La Résistance intérieure face à la répression

7 De Gaulle descend les Champs-Élysées le 26 août 1944

Recherche WEB

→ Recherchez quel a été le rôle de Jean Moulin dans la Résistance française.

Itinéraire 1

› Comment le régime de Vichy a-t-il été instauré et combattu ?

Capacité Questionner des documents

1. Quelle image cette affiche donne-t-elle du maréchal Pétain ? Justifiez votre réponse. (doc. 1)
2. Quels arguments de Gaulle avance-t-il pour appeler à continuer la lutte ? (doc. 2)

Capacité Conduire une analyse historique

3. D'après cette affiche du régime de Vichy, à quoi la défaite de la France est-elle due ? Sur quelles bases doit-elle se reconstruire ? (doc. 3)
4. Comment se traduit la volonté de collaboration avec l'Allemagne du régime de Vichy ? (doc. 4)
5. Quelles sont les étapes de l'occupation du territoire français ? (doc. 5)
6. Quels acteurs de la résistance ces documents présentent-ils ? (docs 6 et 7)

Itinéraire 2

Décrire une situation historique

Rédigez un paragraphe argumenté présentant la France pendant la Seconde Guerre mondiale. Vous expliquerez d'abord comment le régime de Vichy a été instauré. Vous présenterez ensuite la Révolution nationale et la politique de collaboration avec les nazis. Puis vous exposerez le développement de la résistance extérieure et intérieure.

Dossier 2

CAPACITÉ

Rendre compte d'une démarche d'analyse historique

Les populations civiles dans la guerre

Les deux conflits mondiaux sont des guerres totales qui mobilisent entièrement les sociétés. Les conditions de vie de toutes les populations sont totalement bouleversées. Certains décident de tout quitter pour s'engager contre l'ennemi.

1 **1915. Une affiche de la Première Guerre mondiale**
Des affiches incitent les populations à soutenir financièrement l'effort de guerre ou à servir leur pays en s'engageant dans l'armée.

2 **1916. Une conductrice de bus britannique**
Durant la Première Guerre mondiale, il faut remplacer les hommes partis au front. De nombreuses femmes deviennent ouvrières dans l'industrie d'armement ou conductrices de bus.

3 **1916. Les bombardements à Paris vus par un écolier**
« La nuit des Zeppelins (29 janvier 1916) », dessin signé « Pérès », élève d'une école de garçons du 18e arrondissement de Paris. À partir de 1915, les dirigeables allemands, les Zeppelins, effectuent des raids aériens sur Londres et Paris. Ils provoquent des destructions et font de nombreuses victimes.

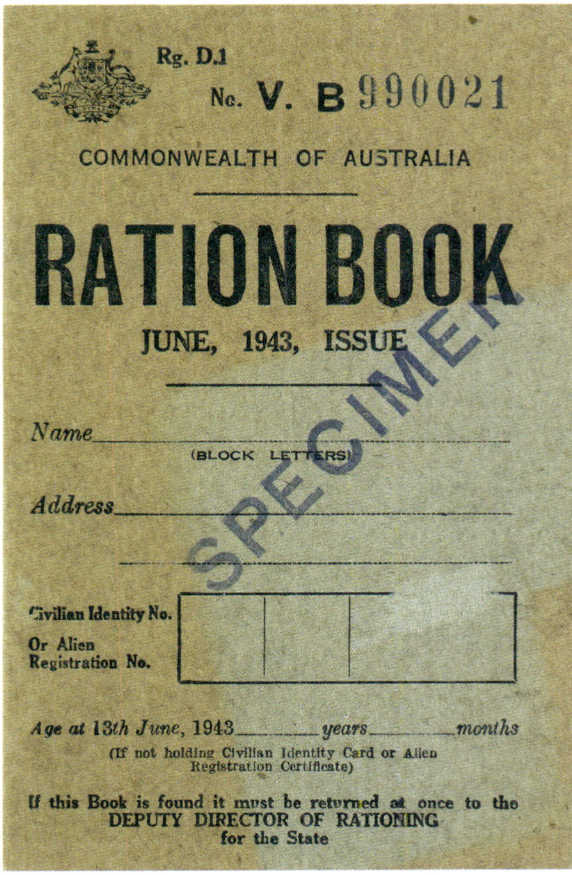

4 **1943. Un livret de rationnement d'un enfant australien**

Durant la Seconde Guerre mondiale, les États doivent faire face à la diminution de l'approvisionnement en marchandises. Le rationnement devient alors une pratique courante.

5 **1945. La libération des soldats français, prisonniers de guerre en Allemagne**

120 000 soldats français ont perdu la vie en combattant l'invasion allemande. 1 million de soldats français deviennent prisonniers dans des camps en Allemagne pendant cinq ans. Les conditions de vie sont difficiles. À leur retour, la joie de la liberté se mêle à la difficulté de retrouver une place dans une société qui a changé.

6 **1939. Les troupes malgaches embarquent dans le port de Tamatave, à Madagascar**

L'ordre de mobilisation concerne aussi les colonies. En novembre 1939, les appelés partent pour le front en métropole.

Itinéraire 1

› Quelles conséquences la guerre a-t-elle eu sur la vie des populations ?

Capacité **Situer un document dans son contexte**

1. Comment la population est-elle incitée à soutenir l'effort de guerre ? (doc. 1)
2. Quelle évolution la guerre entraîne-t-elle ? (doc. 2)

Capacité **Analyser une situation**

3. Quels témoignages sur le quotidien de la guerre ces documents apportent-ils ? (docs 1, 2, 3 et 4)
4. En quoi les deux guerres mondiales transforment-elles profondément le monde des Européens ? (docs 2, 3, 5 et 6)

Itinéraire 2

Rendre compte d'une démarche d'analyse historique

À partir de l'étude des documents, expliquez comment les deux conflits mondiaux ont transformé la vie des populations.

Dossier 3

CAPACITÉ

Mener une recherche

Les premiers génocides du XXe siècle

Plusieurs génocides ont lieu au XXe siècle. Dans l'Empire ottoman, les Arméniens sont exterminés. Dans le IIIe Reich, la politique d'exclusion a pour objectif l'extermination des Juifs et des Tsiganes.

1 Les lieux du génocide arménien

Au total, entre 1,2 et 1,5 million d'Arméniens sont exterminés, soit environ les deux tiers de la population arménienne de l'Empire ottoman en 1914.

2 Le génocide arménien en 1915

Dans l'Empire ottoman, les Arméniens sont faussement accusés de trahison lors de la défaite de Sarikamich contre la Russie en janvier 1915.

La discussion que j'ai eue avec le commandant en chef au sujet de l'expulsion des Arméniens n'a rien donné de positif. Les habitants arméniens de toutes les plaines [...] seront emmenés jusqu'à Deir-es-Zor. Un tel déplacement de foule équivaut à un massacre, car, en l'absence de tout moyen de transport, la moitié à peine d'entre eux arriveront vivants à destination, et il est probable que cette opération causera la ruine non seulement des Arméniens, mais de tout le pays. On ne peut pas justifier ces mesures par des considérations militaires puisqu'il n'est pas question de révolte chez les Arméniens de la région et que les gens que l'on déporte sont des vieillards, des femmes et des enfants.

Max Erwin von Scheubner-Richter, cité par Johannes Lepsius, *Archives du génocide des Arméniens*, 1986.

3 L'extermination des Juifs

L'extermination des Juifs est planifiée par les nazis réunis à Wannsee en janvier 1942. Himmler, en charge de l'organiser, s'adresse aux fonctionnaires de son parti.

La question des Juifs sera réglée d'ici à la fin de l'année dans les pays occupés par nous. Il ne subsistera plus que des restes de population juive qui auront trouvé abri quelque part.

Je vous demande avec insistance d'écouter simplement ce que je dis ici en petit comité et de ne jamais en parler. La question suivante nous a été posée : que fait-on des femmes et des enfants ? Je me suis décidé et j'ai là aussi trouvé une réponse évidente. Je ne me sentais pas le droit d'exterminer les hommes et de laisser grandir les enfants qui se vengeraient sur nos enfants et nos descendants. Il a fallu prendre la grave décision de faire disparaître ce peuple de la terre.

Discours du dirigeant nazi Himmler en octobre 1943 à Poznan (Pologne).

4 Un bilan effroyable

	Nombre
Les Juifs	
Morts dans les ghettos et par privation	Plus de 800 000
Morts par l'action des *Einsatzgruppen*[1]	Plus de 1 300 000
Morts dans les camps	3 000 000
Total	5 100 000 (entre 54 % et 64 % de la population juive d'Europe de 1939)
Les Tsiganes	240 000 (34 % de la population tsigane de 1939)
Les malades mentaux	70 000

1. Groupes spéciaux chargés d'assassiner les Juifs par balles.

D'après Raul Hilberg, *La destruction des Juifs d'Europe*, Fayard, 1988.

RETOUR SUR
L'intérieur du camp d'Auschwitz-Birkenau
liennathan.fr/e7k5zE

5 Le système concentrationnaire nazi

Les camps de concentration sont des camps de travail forcé où sont enfermées les populations considérées ennemies de l'État. Les camps d'extermination sont des centres de mise à mort, programmés et organisés de façon industrielle. À Auschwitz-Birkenau, l'assassinat des Juifs a été mis en œuvre jusqu'en 1944 : plus d'un million de morts, dont 865 000 Juifs gazés dès l'arrivée des convois.

6 Le procès de Nuremberg et la définition du crime contre l'humanité

Le 20 novembre 1945 s'ouvre à Nuremberg le procès intenté par les forces alliées de vingt-quatre hauts responsables nazis. Il est filmé et photographié durant les dix mois d'audiences qui définissent la notion de crime imprescriptible contre l'humanité.

Notions clés

Déportation : transfert forcé d'un individu ou d'une population

Génocide : destruction physique, intentionnelle, systématique et programmée d'un groupe en raison de ses origines ethniques ou religieuses.

Solution finale : terme utilisé par les nazis pour désigner l'extermination systématique des Juifs d'Europe.

Itinéraire 1

› Qu'est-ce qu'un génocide ?

Le génocide arménien

1. Comment l'Empire ottoman organise-t-il l'extermination des Arméniens sur son territoire ? (docs 1 et 2)

Le génocide juif

2. À qui le dirigeant nazi s'adresse-t-il ? Quelles décisions sont prises ? (doc. 3)

3. Quelles sont les caractéristiques du système concentrationnaire nazi ? (docs 4 et 5)

4. Quel est l'objectif du procès de Nuremberg ? Pourquoi les séances sont-elles filmées ? (doc. 6)

5. Le procès de Nuremberg définit la notion imprescriptible de crime contre l'humanité. À l'aide de l'ensemble des documents, expliquez cette notion. (docs 3, 4, 5 et 6)

Itinéraire 2

Mener une recherche

Construisez une chronologie de la mise en place de la destruction des Juifs d'Europe. Recherchez les dix dates-clés du génocide dans les ressources du Mémorial de la Shoah.

VERS LE SITE
liennathan.fr/y1c1n3

Analyser une affiche de propagande

1 Affiche de Jean Carlu « Entre le marteau et l'enclume », 1944

Cette affiche des Forces françaises libres est placardée en France après le débarquement allié en Normandie le 6 juin 1944.

Document 5 de la page 33.

Méthode

1 Repérer les acteurs en présence

a. Qui est l'émetteur de cette affiche ? Quel est son objectif ?

b. À quel moment du conflit est-elle émise ? Quelles réactions cherche-t-elle à provoquer ?

2 Analyser les éléments représentés

a. Une affiche de propagande utilise des éléments facilement identifiables.
Analysez les éléments qui y sont représentés.

b. Complétez le tableau après l'avoir recopié.

Éléments de l'affiche	Analyse
Marteau	
Enclume	
Insigne entre le marteau et l'enclume	
Message	
Destinataire	

3 Expliquer la portée du message dans son contexte

a. Expliquez comment est suggérée la présence du général de Gaulle, le chef de la France libre, dans cette image. Quel rôle lui est donné ? Quelles qualités lui sont attribuées ?

b. Confrontez cette affiche avec la carte des pages 30-31. Repérez les offensives alliées de 1943-1944 et précisez le message de l'affiche.

c. À l'aide de cet exemple et de vos connaissances, expliquez le rôle de la propagande dans le cadre de la guerre totale.

Sujet bilan

1919 : une paix difficile

1 Journal français, *Le Rire rouge*, 2 novembre 1918. Dessin de René Jouenne

2 **Réflexion du Premier ministre britannique pendant la Conférence de la paix à Paris, 1919**

Dès que l'Allemagne aura accepté nos conditions, particulièrement les réparations, nous lui ouvrirons l'accès aux matières premières et aux marchés du monde à égalité avec nous, et nous ferons tout notre possible pour rendre le peuple allemand capable de se remettre sur ses jambes. Nous ne pouvons à la fois l'estropier et nous attendre à être payés [...]. Il me semble que nous devons nous efforcer d'établir le règlement de la paix comme si nous étions des arbitres impartiaux, oublieux des passions de la guerre.

Lloyd George, Mémorandum[1] du 25 mars 1919.

1. Document permettant de recueillir les observations d'un responsable politique en vue d'une décision future.

3 **L'ancien chancelier allemand sur les clauses du traité de Versailles de 1919**

Jamais n'a été infligée à un peuple, avec plus de brutalité, une paix aussi accablante et aussi ignominieuse qu'au peuple allemand avec la paix honteuse de Versailles. Dans toutes les guerres des derniers siècles, des négociations entre vainqueur et vaincu avaient précédé la conclusion de la paix. [...]
Une paix sans négociations préalables, une paix dictée [...]. La paix de Versailles nous a ravi plus de soixante-dix mille kilomètres carrés et plus de sept millions d'habitants [...], tandis que notre armée, autrefois la plus forte et la plus brave du monde, était réduite à n'être qu'une force de police à peine suffisante pour maintenir l'ordre intérieur.

Prince de Bülow, *Mémoires*, tome 3, 1931.

1 J'utilise mes connaissances (4 points)

a. Que veulent régler le traité de Versailles, signé le 28 juin 1919, et la conférence de la paix à Paris ? **(docs 2 et 3)**

b. Quel est le contexte international au moment de la publication des documents ? **(docs 1, 2 et 3)**

2 Je confronte des points de vue (8 points)

a. Quels sont les différents points de vue représentés par les trois documents ?

b. Expliquez précisément le point de vue, face au règlement de la guerre, exprimé dans les dessins. **(doc. 1)**

c. Quel point de vue le Premier ministre britannique exprime-t-il sur le règlement du conflit ? Est-il différent du dessin ? **(doc. 2)**

d. Quelles clauses du traité de Versailles l'ancien chancelier allemand cite-t-il ? Quel sentiment exprime-t-il ? **(doc. 3)**

3 Je construis une analyse (8 points)

Rédigez un paragraphe argumenté. Vous présentez d'abord le contexte de l'année 1919. Vous précisez ensuite les différents points de vue sur le règlement du premier conflit mondial.

Capacités

- Confronter deux cartes en histoire
- Confronter les points de vue des États-Unis et de l'Union soviétique
- Effectuer une périodisation
- Nommer les périodes historiques et les ruptures chronologiques depuis 1945
- Nommer une période historique et identifier les dates et acteurs des grands événements
- Situer un événement dans son contexte pour l'expliquer

Capacités

- Questionner des documents pour conduire une analyse historique
- Raconter un événement en argumentant sur sa portée historique
- Situer une réforme institutionnelle dans son contexte pour l'expliquer
- Suivre une démarche d'analyse historique

Chef-d'œuvre

- Construire sa culture professionnelle
- Évoquer l'histoire et les évolutions du travail
- Évoquer sa formation, son histoire, son évolution

Histoire

Terminale

THÈME 1

Le jeu des puissances depuis 1945

Le mur de Berlin le 10 novembre 1989.
Devant la porte de Brandebourg, des Berlinois de l'Est et de l'Ouest sont installés sur le mur qui séparait la ville en deux. Il s'ouvre dans la nuit du 9 novembre, suite à la proclamation de la liberté de circulation pour les citoyens de la RDA.

➘ En quoi ce mur, construit en 1961, est-il un symbole de la guerre froide ?

➘ Quelles sont les conséquences de l'ouverture du mur de Berlin ?

LE THÈME AUTREMENT
Vidéo - Les origines du mur de Berlin
liennathan.fr/97ver7

PLAN DE TRAVAIL

Tle

Dès le lendemain de la Seconde Guerre mondiale, l'ordre international s'organise autour des États-Unis et de l'Union soviétique. Après 1991, des conflits, des choix politiques et l'affirmation de nouvelles puissances, parfois issues de la décolonisation, conduisent à un monde multipolaire.

1 Maîtriser le thème

Comment s'organisent les rapports de puissance entre 1945 et le début des années 2000 ? (p. 50)

2 Approfondir les notions et capacités

1. L'arme nucléaire : l'équilibre de la terreur. (p. 52)
2. L'émergence de nouvelles puissances. (p. 54)
3. L'Europe dans le jeu des puissances. (p. 56)
4. Les nouveaux conflits dans les années 1990. (p. 58)

3 Vérifier mes connaissances

- Capacité : confronter deux cartes. (p. 60)
- Sujet bilan. Vers le EAC. (p. 62)

Carte

Le monde de la guerre froide

Les deux blocs pendant la guerre froide (1947-1991)

États neutres

1. Le camp occidental

- États liés aux États-Unis par un accord militaire, dont l'OTAN
- Autres États liés au bloc de l'Ouest

2. Le camp communiste

- États liés à l'URSS (Union soviétique) par un accord militaire, dont le pacte de Varsovie
- Autres États liés au bloc de l'Est (vers 1980)

3. Les tensions

- Rideau de fer en Europe
- Principaux conflits ou crises liés à l'affrontement Est-Ouest

Source : Questions internationales, n°41 janvier-février 2010.

Carte interactive
liennathan.fr/t1s79c

❯ Découverte de la carte

1. Analyser les informations d'un planisphère
Quels sont les deux camps qui s'opposent durant la guerre froide ?

2. Étudier une situation
Quelle est la situation de l'Europe dans le conflit de la guerre froide ?

3. Comprendre l'organisation du monde
Quels États appartiennent au bloc de l'Ouest ?
Quels États sont liés au bloc de l'Est ?

Cours

Le jeu des puissances dans les relations internationales depuis 1945

CAPACITÉ

Nommer une période historique et identifier les dates et acteurs des grands événements

Pendant cinquante ans, le monde s'est organisé en deux blocs autour des États-Unis et de l'Union soviétique. Après 1989, la domination des relations internationales par les États-Unis s'accompagne rapidement d'une multipolarisation du monde.

1. La guerre froide divise le monde, 1945-1991

Deux modèles face à face. Dès 1947, deux modèles politiques et économiques se défient. Cette opposition provoque une bipolarisation du monde entre un bloc occidental libéral dominé par les États-Unis et un bloc de l'Est, communiste, dominé par l'Union soviétique.

Un nouveau type de conflit. Les blocs se renforcent par des alliances économiques (plan Marshall en 1947 à l'Ouest) et militaires : Organisation du Traité de l'Atlantique Nord (OTAN) en 1949, Pacte de Varsovie en 1955. En raison de l'arme nucléaire, la confrontation prend la forme de crises (Blocus de Berlin en 1948-1949) ou de guerres indirectes (Corée 1950-1953).

2. L'émergence de nouveaux acteurs, 1949-1991

L'unification de l'Europe. Dès 1950, les pays de l'Europe de l'Ouest se rassemblent. En 1957, ils fondent un marché commun : la Communauté économique européenne. Avec la fin de la guerre froide, de nouveaux États européens voient le jour. À partir de 1992, une majorité d'entre eux intègre l'Union européenne.

Une troisième voie. De nouveaux États issus de la décolonisation cherchent à s'affirmer sur la scène internationale. En 1955, vingt-neuf pays afro-asiatiques se réunissent à Bandung et promeuvent le non-alignement. La Chine s'impose comme une puissance majeure. Elle détient l'arme nucléaire depuis 1964 et entre au Conseil de sécurité de l'ONU en 1971.

3. Le monde depuis 1991

Vers l'hyperpuissance américaine. À la fin des années 1980, les pays du bloc de l'Est contestent le système communiste. Cela engendre la chute du mur de Berlin en 1989 et la dissolution de l'Union soviétique en 1991. C'est le début d'un monde dominé par les États-Unis qui interviennent dans plusieurs guerres comme au Koweït en 1991.

La multipolarisation du monde. Des conflits multiples, la prolifération nucléaire et le terrorisme international rendent le monde plus instable. Les puissances traditionnelles sont contestées, comme lors des attentats en 2001 aux États-Unis. De nouvelles puissances s'affirment telles l'Inde, le Brésil et la Russie.

1 La propagande anti-américaine des Soviétiques

En haut à gauche : « liberté de la presse » ; en dessous : « liberté d'opinion » ; sur le gratte-ciel : « Wall Street ». En haut à droite : « liberté individuelle » ; en dessous : « liberté de réunion et de manifestation ».
Liberté américaine, affiche soviétique de Dolgorouki, 1949.

2 La propagande anti-soviétique du bloc occidental

Affiche de Paix et Liberté, 1952.

3 Conférence des non-alignés, à Bandung en Indonésie, le 24 avril 1954

En 1954, vingt-neuf pays d'Afrique ou d'Asie, la plupart récemment décolonisés, se retrouvent pour affirmer leur indépendance par rapport aux grandes puissances.

Nous ne sommes pas des « béni-oui-oui » qui disent « oui » à tel ou tel pays. Nous sommes des grands pays du monde et voulons vivre libres sans recevoir d'ordres de personne. Nous attachons de l'importance à l'amitié des grandes puissances, mais […] à l'avenir, nous ne coopérerons avec eux que sur un pied d'égalité. C'est pourquoi nous élevons notre voix contre l'hégémonie et le colonialisme dont beaucoup d'entre nous ont souffert pendant longtemps. Et c'est pourquoi nous devons veiller à ce qu'aucune autre forme de domination ne nous menace. Nous voulons être amis avec l'Ouest, avec l'Est, avec tout le monde.

Discours de Nerhu, Premier ministre de l'Union indienne, 24 avril 1954.

4 La Communauté économique européenne (CEE)

Buvard distribué dans les établissements scolaires en 1957 au moment où six pays européens fondent un marché commun. Dans le contexte de guerre froide, cet ensemble européen constitue un espace démocratique de paix et de stabilité.

5 Attentats du 11 septembre 2001

Quatre avions de ligne américains sont détournés par des terroristes. Deux s'écrasent contre les tours du World Trade Center, dans le quartier des affaires à New York. Un troisième s'écrase sur le Pentagone.

Notions clés

Communisme : doctrine fondée sur une organisation sociale reposant sur la propriété collective.

Guerre froide : conflit indirect, à la fois idéologique, politique, économique et militaire.

Libéralisme : doctrine fondée sur les libertés individuelles et une intervention limitée de l'État.

Non-alignement : mouvement qui regroupe des États refusant la bipolarisation du monde en deux blocs.

Questions

La guerre froide divise le monde, 1945-1991

1. Quel moyen utilise chacun des deux supergrands pour s'opposer à l'autre ? (docs 1 et 2)
2. Quels messages les modèles américain et soviétique diffusent-ils ? (docs 1 et 2)

L'émergence de nouveaux acteurs, 1949-1991

3. Quels États et quelles organisations s'affirment sur la scène internationale après 1950 ? (docs 3 et 4)
4. Quelles raisons motivent ces États et organisations ? (docs 3 et 4)

Le monde depuis 1991

5. Que s'est-il passé le 11 septembre 2001 aux États-Unis ? (doc. 5)
6. Quels autres attentats ont eu lieu dans les pays occidentaux depuis cette date ?

Dossier 1

CAPACITÉ

Confronter les points de vue des États-Unis et de l'Union soviétique

L'arme nucléaire : l'équilibre de la terreur

Dès le lendemain de la Seconde Guerre mondiale, l'affrontement organisé autour des États-Unis et de l'Union soviétique est total. La peur de la bombe empêche tout affrontement direct, mais elle n'exclut pas la prolifération des armes nucléaires, y compris par d'autres puissances.

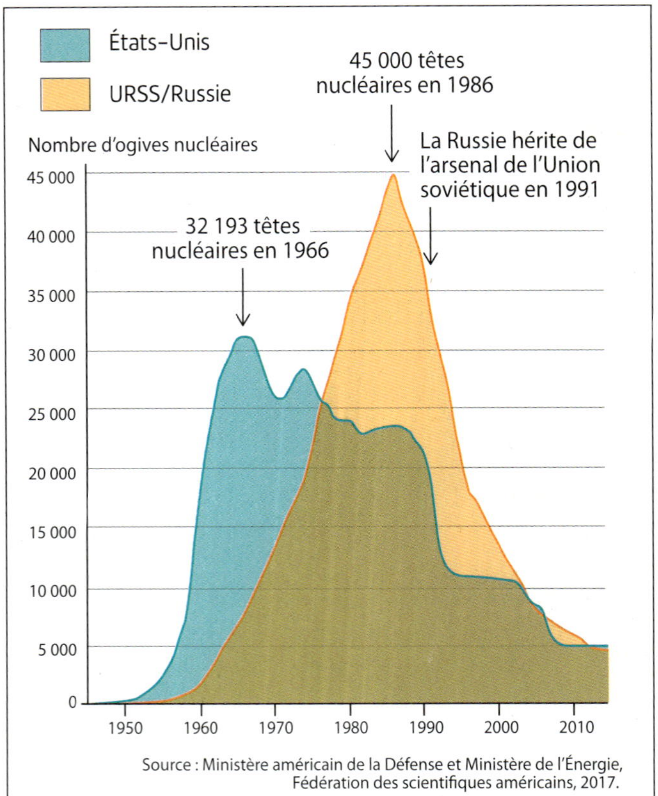

1 Stocks d'ogives nucléaires des États-Unis et de l'Union soviétique/Russie, 1945-2014

Les chiffres incluent les réserves, c'est-à-dire les ogives non déployées.

2 Affiche pour signer l'appel de Stockholm, 1950

Cet appel lancé le 19 mars 1950 est issu d'un vaste mouvement pacifiste animé par des militants communistes dans le monde, entre 1948 et 1952. Affiche de la Fédération nationale des déportés et internés, résistants et patriotes.

3 La position américaine sur l'usage de la bombe

Il faut considérer les armes de destruction massive comme l'une des réalités majeures et les plus tristes du monde contemporain. Nous ne pouvons écarter la possibilité d'une guerre, car les guerres peuvent être déclenchées par de nombreux concours de circonstances ; de même, nous ne pouvons écarter la possibilité que ces horribles armes puissent être un jour employées […].

Il est également possible qu'il n'y ait pas d'autre guerre mondiale. Et il est en outre possible que même s'il y a une guerre, nous gardions tous assez de prudence pour nous limiter aux armes conventionnelles.

Déclaration de George F. Kennan, diplomate et conseiller américain, 1954.

RETOUR SUR
Vidéos - Hiroshima et Nagasaki, les 6 et 9 août 1945
liennathan.fr/a29gh7

4 La crise des euromissiles, 1977-1980

En 1977, l'Union soviétique installe des missiles nucléaires SS-20 pouvant atteindre l'Europe occidentale, l'Asie ou le Moyen-Orient. En 1983, les États-Unis répliquent en mettant en place en Allemagne de l'Ouest des missiles Pershing. La crise prend fin en 1987 avec l'accord « Option Zéro ».

5 La position soviétique sur l'usage de la bombe

En 1961, le dirigeant cubain Fidel Castro se rapproche de l'Union soviétique. Celle-ci équipe l'île de Cuba avec des rampes de lancement de missiles. Les États-Unis, se sentant en danger, réclament le retrait des armes.

Le président des États-Unis a déclaré dans son allocution [du 22 octobre 1962] que, si une seule bombe nucléaire tombait sur le territoire des États-Unis, les États-Unis riposteraient. Une telle déclaration est pleine d'hypocrisie, car l'Union soviétique avait déjà déclaré bien des fois qu'aucune bombe nucléaire soviétique ne tomberait sur les États-Unis ni sur n'importe quel autre pays si aucune agression n'était perpétrée. Les armes nucléaires créées par le peuple soviétique se trouvent entre les mains du peuple et ne seront jamais utilisées à des fins agressives. Mais si les agresseurs déclenchent une guerre, l'Union soviétique riposterait alors de toutes ses forces.

Déclaration du gouvernement soviétique, le 23 octobre 1962.

Itinéraire 1

Comment l'arme nucléaire a-t-elle pu empêcher un affrontement direct entre les deux grandes puissances ?

Capacité Dégager le sens des documents

1. Montrez que, dès la Seconde Guerre mondiale, posséder l'arme nucléaire est une priorité pour les puissances. (doc. 1)
2. Qui est à l'origine de l'appel de Stockholm ? Quelles en sont les motivations ? (doc. 2)
3. Pour les deux grands, à quoi doit servir l'arme nucléaire ? (docs 3 et 5)
4. Pourquoi a-t-on parlé de crise des euromissiles à la fin des années 1970 ? (doc. 4)

Capacité Comprendre une situation historique

5. Pourquoi peut-on parler de course à l'armement nucléaire durant la guerre froide ? (docs 1 et 4)
6. Montrez que l'Europe a été au cœur de l'équilibre de la terreur. (docs 2, 3, 4 et 5)

Itinéraire 2 VERS LE BAC

Confronter les points de vue

En utilisant les documents et vos connaissances, rédigez un paragraphe expliquant en quoi l'arme nucléaire a pu apparaître à la fois comme une arme de guerre et comme une arme de paix, ce que l'on a appelé « l'équilibre de la terreur ».

Dossier 2

CAPACITÉ

Nommer les périodes historiques et les ruptures chronologiques depuis 1945

L'émergence de nouvelles puissances

La guerre froide n'empêche pas le développement de plusieurs puissances dans le monde. Ce développement est favorisé par la création de nouveaux États issus de la décolonisation. Il témoigne de l'émergence de nouvelles influences économiques et politiques.

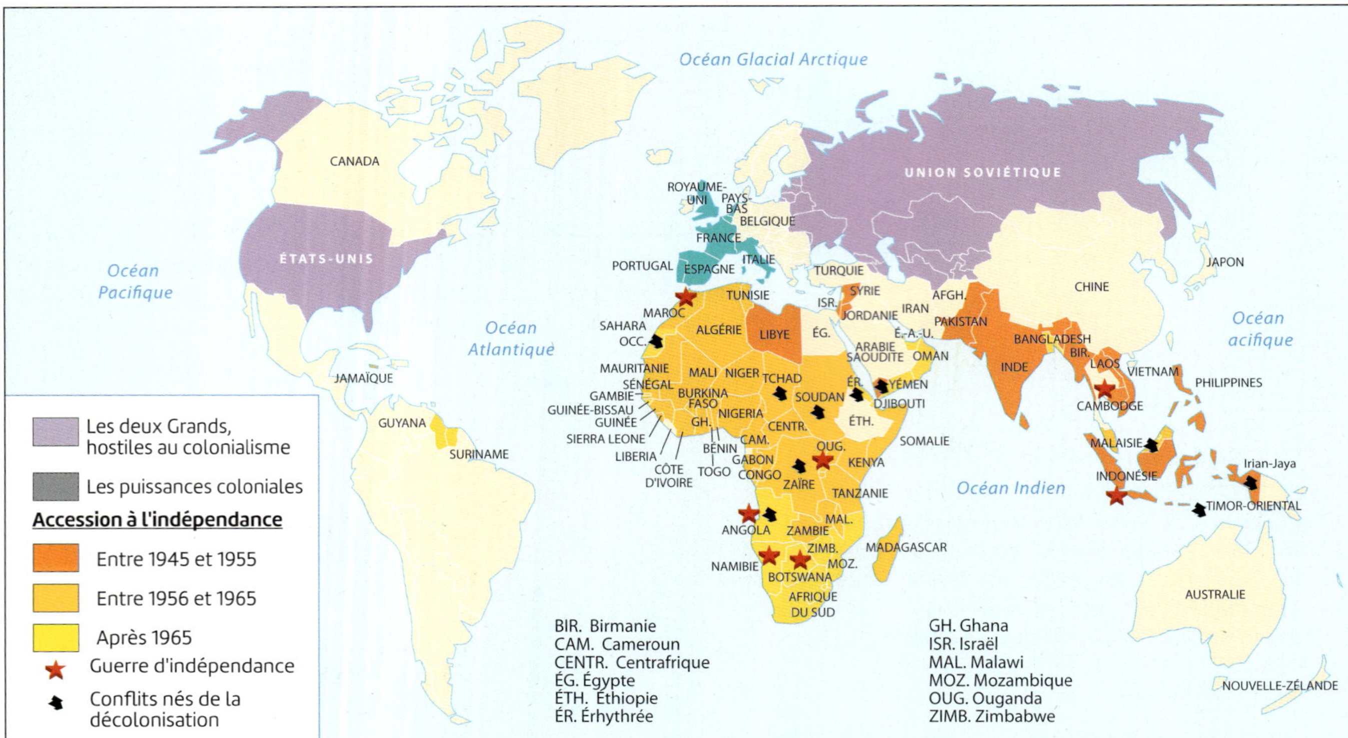

1 L'apparition de nouveaux États issus de la décolonisation après 1945

2 La conférence de Bandung, 1955

Discours de Zhu Enlaï, Premier ministre de la Chine populaire depuis 1949. À l'initiative de l'Inde, vingt-neuf pays afro-asiatiques, nouvellement décolonisés pour la plupart, déclarent leur soutien aux peuples encore sous domination étrangère. À la tribune, le dirigeant chinois Zhu Enlaï. Au centre, Sukarno, président de la République d'Indonésie depuis 1945. À gauche, Nerhu, Premier ministre de l'Union Indienne depuis 1947.

3 **L'indépendance de l'Algérie**

En 1963, le président égyptien Nasser se rend en visite officielle en Algérie. Il est reçu par le président Ben Bella, premier président de l'Algérie indépendante. Pendant la guerre, Nasser a apporté une importante aide au Front de libération nationale algérien.

4 **L'engagement de la Chine dans la guerre de Corée (1950-1953)**

En 1950, la Chine et l'Union soviétique s'engagent aux côtés de la Corée du Nord communiste, qui tente de conquérir la Corée du Sud, soutenue par les États-Unis.

5 **La Chine à l'ONU, 1971**

La Chine devient un des cinq membres permanents de l'ONU.

Il est certain que la Chine pèsera de tout son poids et usera de son droit de veto pour soutenir les justes revendications du tiers-monde. Elle saisira l'ONU de toutes les questions touchant à l'indépendance et au développement, appuyée sur la majorité numérique des pays pauvres. De ce fait, elle acquerra une puissance inégalée.

Léon Trivière, *Études*, janvier 1972.

6 **Les nouvelles puissances économiques et politiques**

Le Brésil a construit, avec l'Afrique du Sud, un missile air-air. Il coopère bilatéralement avec l'Inde dans les domaines de la défense électronique et de la construction de sous-marins. En 2007, le Brésil et l'Inde ont établi un comité de défense indo-brésilien et ont nommé un attaché de coopération militaire dans leurs ambassades respectives.

Carlos Milani, « Brésil : politique étrangère, puissance et quête d'autonomie », *Ceriscope Puissance*, 2013.

Itinéraire 1

› Depuis 1945, quels nouveaux États s'affirment sur la scène internationale ?

Capacité **Dégager l'intérêt d'un document**

1. Quels États s'affirment dans les années 1950 ? (docs 1, 2 et 3)

2. Quels sont les fondements de la puissance chinoise ? (docs 4 et 5)

3. Quelle est la troisième voie proposée à Bandung en 1955 ? (doc. 2)

4. Quelles nouvelles puissances s'affirment sur la scène internationale à partir de 1970 ? (docs 5 et 6)

Capacité **Comprendre une situation historique**

5. Durant la guerre froide, par quels moyens de nouvelles puissances parviennent-elles à s'affirmer sur la scène internationale ? (docs 1, 3 et 4)

6. Comment la politique étrangère des puissances émergentes se fait-elle indépendamment des puissances traditionnelles ? (doc. 6)

Itinéraire 2 VERS LE BAC

Nommer une période historique et les ruptures chronologiques

À l'aide des documents, établissez une chronologie de six dates sur l'émergence de nouvelles puissances depuis 1945. Justifiez vos choix dans une légende.

Dossier 3

CAPACITÉ

Effectuer une périodisation

L'Europe dans le jeu des puissances

La construction européenne commence dans le contexte de la guerre froide. En 1957, la création de la Communauté économique européenne jette les bases d'un espace démocratique qui s'élargit ensuite. La chute du mur de Berlin et la fin de l'Union soviétique permettent un élargissement à l'Est. Mais l'Union européenne est aujourd'hui affaiblie par le Brexit.

1 Le projet présenté par Robert Schuman, ministre français, le 9 mai 1950

L'Europe n'a pas été faite, nous avons eu la guerre. L'Europe ne se fera pas d'un coup, ni dans une construction d'ensemble : elle se fera par des réalisations concrètes créant d'abord une solidarité de fait. Le rassemblement des nations européennes exige que l'opposition séculaire de la France et de l'Allemagne soit éliminée. L'action entreprise doit toucher au premier chef la France et l'Allemagne.
Dans ce but, le gouvernement français propose immédiatement l'action sur un point limité mais décisif. […] La mise en commun des productions de charbon et d'acier assurera immédiatement l'établissement de bases communes de développement économique, première étape de la Fédération européenne, et changera le destin de ces régions longtemps vouées à la fabrication des armes de guerre dont elles ont été les plus constantes victimes.
La solidarité de production qui sera ainsi nouée manifestera que toute guerre entre la France et l'Allemagne devient non seulement impensable mais matériellement impossible. […] Par la mise en commun de productions de base et l'institution d'une Haute Autorité nouvelle, dont les décisions lieront la France, l'Allemagne et les pays qui y adhéreront, cette proposition réalisera les premières assises concrètes d'une Fédération européenne indispensable à la préservation de la paix.

Déclaration de Robert Schuman, ministre français des Affaires étrangères, le 9 mai 1950, Paris.

2 Le premier train de la Communauté européenne du charbon et de l'acier, le 10 février 1953

En 1952, les six pays membres de la CECA échangent entre eux la moitié de leur production de charbon.

3 Les grandes dates de la construction européenne

1950	Plan Schuman
1951	Création de la CECA
1957	Signature des traités de Rome
1963	Le traité de l'Élysée crée l'axe franco-allemand
1973	Europe des 9
1981	Europe des 10
1986	Europe des 12
1990	Réunification de l'Allemagne
1993	Le traité de Maastricht crée l'Union européenne et la citoyenneté européenne
1993	Création de l'Eurocorps
1995	Europe des 15
2002	Mise en circulation de l'euro
2004-2007	Adhésion de 12 États de l'est de l'Europe
2005	Les Français disent non par référendum au projet de Constitution européenne
2015	L'UE est confrontée à la crise migratoire
2020	Sortie du Royaume-Uni de l'Union européenne

4 Affiche du « Comité d'action pour les États-Unis d'Europe » (1960)

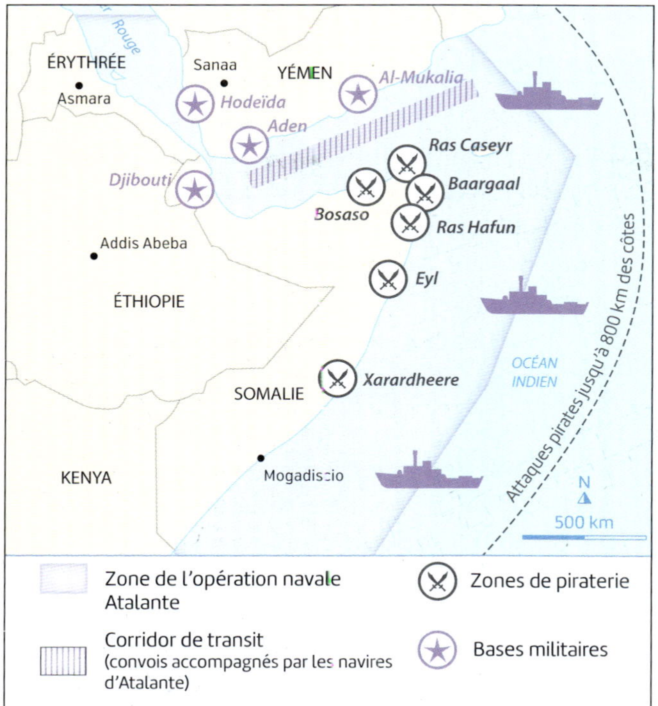

5 L'opération Atalante

Afin de lutter contre la piraterie maritime le long de la Corne de l'Afrique, l'Union européenne déploie depuis 2008 une mission militaire consistant à escorter les navires de commerce, dans le cadre de la Politique de Sécurité et de Défense Commune instaurée par le traité de Lisbonne (2007). Le nombre d'attaques est passé de 168 en 2008 à 3 en 2016.

6 La défense de l'Europe

L'Union européenne ne dispose pas d'une armée commune. En effet, elle ne se pense pas comme une puissance militaire. L'UE se conçoit elle-même, depuis ses origines, comme une entreprise de pacification. L'Europe de la défense ne vise pas aujourd'hui à constituer une armée européenne qui se substituerait aux armées nationales. La défense de l'Europe passe par les États et par l'OTAN : la protection d'un pays relève d'abord de l'échelon national puis de l'Alliance atlantique. Néanmoins, la menace terroriste et l'attitude de la Russie lors de la crise ukrainienne depuis 2014 ont conduit le président de la Commission européenne à proposer à nouveau, en avril 2015, la mise sur pied d'une véritable armée européenne. Restée lettre morte, cette proposition a retrouvé un nouvel élan avec l'élection du président Donald Trump qui a manifesté ses réticences sur l'OTAN. Le sujet est donc encore débattu en 2018, mais sans grande chance de voir concrètement le jour dans un avenir proche.

« L'UE dispose-t-elle d'une armée commune ? », vie-publique.fr, consulté le 22 février 2020.

7 Des partisans du Brexit dans les rues de Londres, le 31 janvier 2020

Itinéraire 1

❯ Quels ont été les enjeux de la construction européenne ?

Capacité Questionner des documents

1. Selon Robert Schuman, quel est le but de la construction européenne et par quelles réalisations peut-elle démarrer ? (docs 1 et 2)

2. Quel est le contexte international de la construction européenne jusqu'au début des années 1990 ? (docs 3 et 4)

3. Quelle rupture majeure se produit dans les années 1990 ? (doc. 3)

Capacité Comprendre une situation historique

4. L'Union européenne peut-elle s'affirmer comme une puissance militaire mondiale ? (docs 5 et 6)

5. Dans quelle mesure le Brexit affaiblit-il l'Union européenne ? (doc. 7)

Itinéraire 2 VERS LE BAC

Identifier les périodes historiques en rapport avec le jeu des puissances et la construction européenne.
Vous construirez une chronologie que vous présenterez sous la forme d'un tableau à deux colonnes. Dans la première colonne, vous indiquerez les grandes périodes des relations internationales depuis 1945 (guerre froide, période de l'hyperpuissance américaine, multipolarisation du monde). Dans la seconde colonne, vous placerez les grandes dates de la construction européenne.

Dossier 4

CAPACITÉ

Situer un événement dans son contexte pour l'expliquer

Les nouveaux conflits dans les années 1990

La fin de la guerre froide fait naître l'espoir d'une ère nouvelle marquée par un recul de la guerre. Mais il n'en est rien. Dans les années 1990, si les conflits entre États diminuent, ceux qui se déroulent à l'intérieur d'un État, au contraire, se multiplient. Le monde doit aussi faire face au danger terroriste.

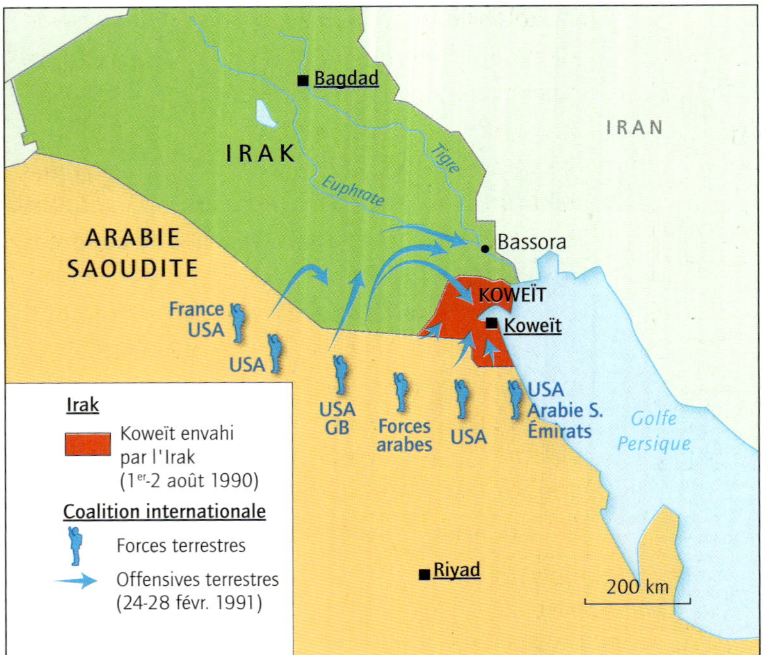

1 La guerre du Golfe en 1991

Avec l'accord de l'ONU, les États-Unis forment une coalition contre l'Irak, qui a envahi le Koweït. Au tournant des années 1990, les Américains affirment ainsi leur leadership. En moins de deux mois, l'Irak est vaincu.

2 Un pays en guerre civile : la Somalie

1990 La capitale se soulève contre le dictateur Siad Barre, qui est renversé.

Mai 1991 Le territoire au nord, le Somaliland, proclame son indépendance.

1991-1992 Les affrontements et une sécheresse provoquent une sévère famine.

Décembre 1992 Opération militaro-humanitaire « Restore Hope », sous l'égide de l'ONU (38 000 hommes, dont 28 000 Américains).

Mai-Juin 1993 Une embuscade fait 24 morts parmi les Casques bleus.

Octobre 1993 18 soldats américains sont tués. Retrait progressif des troupes américaines.

1995 Fin du retrait des derniers Casques bleus. Le pays est divisé en plusieurs régions contrôlées par des factions militaires qui se combattent les unes les autres.

3 La crise au Rwanda en 1994

Au Rwanda, en 1994, le génocide planifié par le régime hutu entraîne la mort de 800 000 Tutsis et Hutus modérés. La population hutue fuit par peur de représailles et s'installe dans des camps de réfugiés dans les pays voisins, comme à Goma au Zaïre.

Le massacre de Srebrenica

4 **Le massacre de Srebrenica en 1995**

La fin du bloc de l'Est déstabilise les pays d'Europe de l'Est. C'est dans ce contexte que la Bosnie, l'une des républiques qui constitue la Yougoslavie, proclame son indépendance en 1992. Elle regroupe des Bosniaques, des Serbes et des Croates. Mais les tensions entre ces populations conduisent à une guerre meurtrière (1992-1995).

5 **Le danger terroriste**

Jacques Chirac est le premier chef d'État étranger à se rendre aux États-Unis après les attentats du 11 septembre 2001, attribués au réseau terroriste Al-Qaïda.

« Nous vous admirons. » C'est par ces mots que Jacques Chirac a tenu à marquer la solidarité française hier au maire de New York, Rudolph Giuliani, qu'il a rencontré dans le poste de commandement installé non loin des tours anéanties. « Le maire de New York doit savoir que les Parisiens, qui ont également été attaqués par le passé – pas avec autant de violence, mais néanmoins ils ont été attaqués[1] – se sentent très, très proches du peuple de New York et des autorités new-yorkaises », a-t-il souligné. Venant de Washington, où il avait eu un entretien suivi d'un dîner de travail avec George W. Bush, le président français s'est rendu ensuite à Union Square, au cœur de Manhattan, où il a déposé une gerbe de fleurs au pied de la statue de George Washington.

« Chirac aux New-Yorkais : "Nous vous admirons" », *La Dépêche*, 20 septembre 2001.

1. Allusion à des attentats qui frappent la capitale en 1995.

Recherche WEB

→ Choisissez l'un des conflits intra-étatiques évoqués dans les documents. Recherchez des informations sur l'évolution de la situation après les années 1990.

Itinéraire 1

› Quels nouveaux conflits ont marqué le monde des années 1990 ?

Capacité **Questionner des documents**

1. Dans quel pays est basée la coalition anti-irakienne en 1991 ? (doc. 1)
2. Quels sont les différents acteurs qui interviennent dans le conflit en Somalie ? (doc. 2)
3. Quelle conséquence de la crise au Rwanda la photographie montre-t-elle ? (doc. 3)

Capacité **Présenter une situation historique**

4. Qui sont les auteurs et qui sont les victimes du massacre de Srebrenica ? (doc. 4)
5. L'ONU est-elle parvenue à jouer son rôle ? (doc. 4)

Capacité **Situer un document dans son contexte**

6. Quelle est l'attitude du président français au lendemain des attentats du 11 septembre 2001 ? (doc. 5)

Itinéraire 2 VERS LE BAC

Situer un événement et l'expliquer dans un paragraphe

Recopiez puis complétez le tableau suivant. Rédigez ensuite un paragraphe organisé qui présente les types de conflits dans le monde des années 1990.

Typologie des conflits	Situation géographique	La forme du conflit
Conflit entre États		
Conflit à l'intérieur d'un État		
Acte d'un réseau terroriste		

Capacité

Confronter deux cartes en histoire

1 Le monde de la guerre froide (1947-1989)
Carte de la page 48.

Carte interactive
liennathan.fr/9b6c1l

2 L'Europe en 2010

Carte interactive
liennathan.fr/0f54tu

Méthode

1 Situer les cartes dans leur contexte

1. Dans quel contexte international s'inscrit la carte 1 ?

2. Dans quel nouveau contexte international s'inscrit la carte 2 ?

2 Comparer pour identifier les évolutions

3. Que devient l'Union soviétique après 1991 ?

4. Quels pays d'Europe centrale connaissent un éclatement dans les années 1990 ?

5. Quel pays retrouve, au contraire, son unité au début des années 1990 ?

6. Sous forme de tableau, regroupez vos analyses.

	Avant 1990	Après 1990
Les systèmes politiques		
Les États	Les cinq principaux pays	Les nouveaux pays

3 Répondre à une question d'analyse

À partir de vos différentes réponses, montrez, dans un paragraphe construit, que la fin de la guerre froide a des conséquences territoriales majeures pour les pays de l'Europe.

Sujet bilan
Vers le BAC

Les années 1989-1991, un tournant dans les relations internationales

1 Couverture de *Paris Match*, 23 novembre 1989

2 | Le discours télévisé du dirigeant soviétique Mikhaïl Gorbatchev

Chers compatriotes, chers concitoyens,
En raison de la situation qui prévaut actuellement, je mets fin à mes fonctions de président de l'Union soviétique. En cette heure difficile, pour moi et pour tout le pays, alors qu'un grand État cesse d'exister, je reste fidèle à mes principes, qui m'ont inspiré dans la défense de l'idée d'une nouvelle union.
J'ai défendu fermement l'autonomie, l'indépendance des peuples, la souveraineté des républiques. Mais je défendais aussi la préservation de l'intégrité du pays. Les évènements ont pris une tournure différente. [...] La dislocation de l'État a gagné [...].
Nous vivons dans un nouveau monde : la « guerre froide » est finie, la menace d'une guerre mondiale est écartée, la course aux armements et la militarisation insensée qui ont dénaturé notre économie, notre conscience sociale et notre morale sont stoppées. Nous nous sommes ouverts au monde, nous avons renoncé à l'ingérence dans les affaires d'autrui, à l'utilisation des forces armées en dehors du pays.

Discours télévisé de Mikhaïl Gorbatchev, 25 décembre 1991.
Traduction Agence France Presse (AFP).

1 Je replace les documents dans leur contexte (4 points)

1. Que se passe-t-il dans le bloc de l'Est, à Berlin, en 1989 ? **(doc. 1)**
2. Dans quel contexte Mikhaïl Gorbatchev prononce-t-il son discours ? **(doc. 2)**

2 Je mobilise des notions (4 points)

1. Expliquez l'expression « course aux armements » employée par Mikhaïl Gorbatchev. **(doc. 2)**
2. Pourquoi la couverture du magazine Paris Match affirme-t-elle « Une époque s'achève » ? L'analyse de Mikhaïl Gorbatchev, deux ans plus tard, va-t-elle dans le même sens ? **(docs 1 et 2)**

3 Je construis un raisonnement historique (12 points)

Pourquoi les années 1989-1991 sont-elles un tournant dans les relations internationales ?
Vous répondrez à cette question dans un paragraphe organisé.
Vous présentez dans un premier temps la situation dans le monde avant 1989 puis, dans un second temps, les changements qui surviennent dans le bloc de l'Est à partir de 1989 et leurs conséquences.

THÈME 2

Vivre en France en démocratie depuis 1945

Les habitants de Paris sur les Champs-Élysées le 8 mai 1945.

Le 8 mai 1945, une foule de Parisiens portant les drapeaux des pays vainqueurs descend les Champs-Élysées pour célébrer la victoire sur l'Allemagne nazie. Un an plus tôt, le 26 août 1944, le général de Gaulle descendait la même avenue. Après quatre années passées à diriger la lutte contre l'occupant, son arrivée marquait le retour de la République.

- Quels éléments de cette photographie permettent d'identifier la situation ?
- Que savez-vous des événements qui ont conduit à cette journée ?

LE THÈME AUTREMENT
Vidéo - En 1974, le droit de vote à 18 ans
liennathan.fr/izm554

PLAN DE TRAVAIL

Depuis 1870, les Français n'ont quasiment vécu qu'en république. Pourtant, la rupture brutale et autoritaire du gouvernement de Vichy, pendant la Seconde Guerre mondiale, montre que la démocratie reste un acquis fragile qui a besoin des citoyens pour la défendre et l'entretenir.

1 Maîtriser le thème

Comment, depuis 1945, la société et les institutions françaises s'adaptent-elles à un monde qui change ? (p. 66)

2 Approfondir les notions et capacités

3 Vérifier mes connaissances

Cours

CHEF-D'ŒUVRE
- Construire sa culture professionnelle
- Évoquer l'histoire et les évolutions du travail

Les transformations de la société française

À la Libération en 1945, les Français retrouvent la démocratie et la République. Depuis, ils essaient de les adapter aux mutations sociales, économiques et culturelles. En place depuis une soixantaine d'années, les institutions de la Ve République française sont le cadre dans lequel se déroule le débat démocratique.

1. De la IIIe à la Ve République

Le retour de la République. Fondée en 1946 sur les idéaux de la Résistance, la IVe République veut être libérale et sociale : ses réformes cherchent à limiter les inégalités (retraite, sécurité sociale, etc.). Grâce aux efforts des Français et au soutien des États-Unis (plan Marshall), le pays se reconstruit et se développe rapidement.

La naissance de la Ve République. Les nombreuses luttes politiques fragilisent la IVe République. En 1958, la crise algérienne contribue à la mise en place des institutions d'une Ve République qui durent encore aujourd'hui.

2. Les mutations du travail et de la société

Les Trente Glorieuses. Après la guerre, la France connaît une croissance rapide et le plein emploi. L'industrie et l'agriculture sont de plus en plus productives, les services se développent. En 1950, un salaire minimum est garanti à tous les salariés. En vingt ans, le pouvoir d'achat est multiplié par trois et les conditions de vie s'améliorent.

La société de consommation. La société se transforme. Le profil des salariés change. En effet, les travailleurs immigrés et les femmes occupent une place plus importante. Le niveau de la formation monte. L'école, obligatoire jusqu'à 16 ans depuis 1959, se démocratise. Les campagnes se dépeuplent tandis que les banlieues se développent, favorisant une nouvelle forme de commerce : la grande distribution.

3. Les défis contemporains

La France dans la mondialisation. À partir des années 1970, plusieurs crises économiques accélèrent la désindustrialisation et la transformation du monde du travail. Le numérique crée certes de nouveaux métiers mais la précarisation de l'emploi renforce la crise sociale.

Une France décentralisée. Intégrée dans l'Union européenne, la France développe aussi d'autres alliances politiques ou économiques dans le monde. Sur son territoire, la création des régions favorise la décentralisation de l'État. Les mobilités internationales et numériques renouvellent les formes d'action citoyennes.

Carte interactive
liennathan.fr/1med82

1 Le retour de la République
Arrestation de collaborateurs par des membres des FFI. À la Libération, le régime de Vichy s'effondre, les Résistants veulent restaurer la démocratie et « instaurer un ordre social plus juste ».

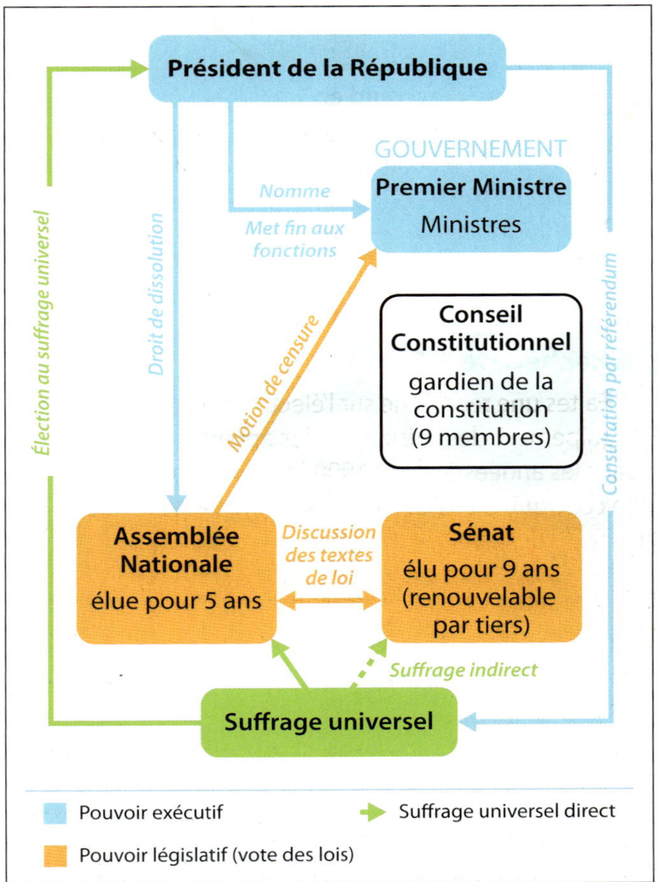

2 La constitution de la Ve République

3 Affiche de Mitterrand en 1965

En 1965 se déroulent les premières élections du président de la République au suffrage universel.

4 Ouvriers sur une chaîne de montage dans les années 1970

Durant les « trente glorieuses », les emplois non qualifiés se développent dans l'industrie, l'absence de chômage favorise le recours aux travailleurs immigrés pour occuper les emplois vacants.

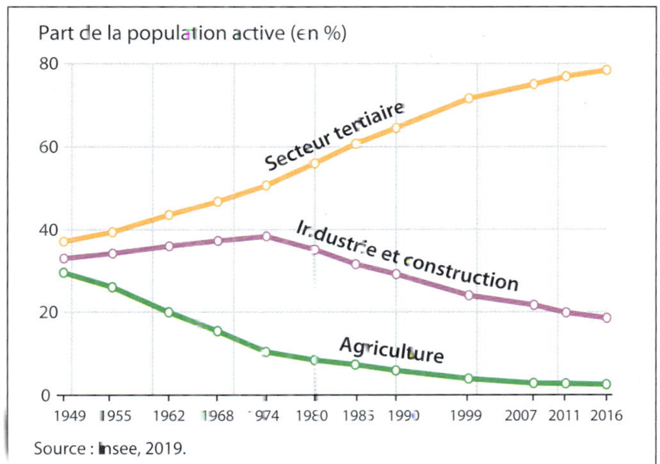

5 Répartition de l'emploi par secteur d'activité de 1949 à 2016 (en %)

Recherche WEB

→ Faites une recherche sur l'électro-ménager et l'équipement des cuisines et des appartements dans les années 1950 et 1990. Vous dresserez la liste de ceux qui vous semblent les plus importants.

Notions clés

Constitution : texte qui précise le fonctionnement des institutions d'un État.

État-providence : État qui intervient pour renforcer la protection sociale des citoyens.

Société de consommation : société où l'on est conduit à acheter, indépendamment de ses besoins réels.

Trente Glorieuses : période de croissance et d'amélioration des conditions de vie après la Seconde Guerre mondiale.

Questions

De la IIIe à la Ve République

1. Présentez brièvement vos connaissances sur la situation de la France en 1944 et en 1946. (doc. 1)
2. Quels sont le rôle et les pouvoirs du Président sous la Ve République ? (docs 2 et 3)

Les mutations du travail et de la société

3. Quels éléments le candidat Mitterrand met-il en avant pour promouvoir sa candidature ? Comment seraient-ils perçus aujourd'hui ? (doc. 3)
4. Que nous apprend cette photographie sur les ouvriers et leur travail durant les « Trente Glorieuses » ? (doc. 4)

Les défis contemporains

5. Comment évolue la répartition des emplois depuis 1949 ? Comment expliquez-vous cette évolution ? (doc. 5)

La crise sociale et politique de mai 1968

Dossier 1

CAPACITÉ

Raconter un événement de la période étudiée en argumentant sur sa portée historique

De nombreux pays du monde connaissent, en 1968, une contestation des pouvoirs en place. En France, les grèves et revendications ouvrières sont fréquentes durant toutes les années 1960, mais au printemps 1968, les ouvriers et les étudiants se mobilisent ensemble. Rapidement, le mouvement s'étend à tout le pays.

1 La paralysie de l'activité du pays

En mai 1968, Georges Pompidou est Premier ministre. Il sera élu président de la République en 1969, après la démission de Charles de Gaulle.

Brusquement tout est mis en cause, des centaines de milliers de personnes défilent, le 13 mai, à l'appel des étudiants et des syndicats ; le 29 mai, à l'appel du Parti communiste réclamant le changement du pouvoir politique et la révolution totale. Le Quartier Latin[1] se hérisse de barricades et des heurts violents opposent les forces de l'ordre à une jeunesse déchaînée. La grève se déclenche puis s'étend jusqu'à paralyser les trois quarts de l'activité nationale. Aux yeux des observateurs, le gouvernement n'a plus le contrôle du pays et les administrations elles-mêmes, en grève ou désorganisées, semblent obéir par avance à un nouveau pouvoir. Est-ce une révolution ? Est-ce la fin de la Vᵉ République ?

1. Quartier latin : quartier étudiant à Paris.

Georges Pompidou, *Entretiens et discours*, éditions Plon, 1975.

2 Affiche réalisée par les étudiants des Beaux-Arts en grève

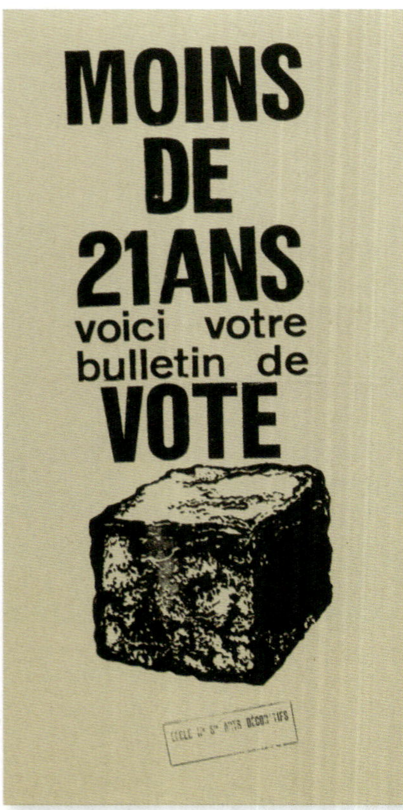

3 Affiche réalisée par les étudiants des Beaux-Arts en grève

La majorité est alors à 21 ans, elle sera abaissée à 18 ans six ans plus tard.

16 heures d'émeutes à Paris

France-Soir

LE SEUL QUOTIDIEN VENDANT PLUS D'UN MILLION

BILAN : 805 BLESSÉS

460 parmi les manifestants

345 dans les forces de l'ord

422 arrestatio
dont 76 étrange

29 voitures et 11 autobus endomm

Le Pr Kastler

« Le gouvernement doit faire geste d'apaisement »

Le doyen Zamansk

« C'est l'aboutissement d'une s tion qui remonte à 15 ans »

Les étudiants demande

● Pas de sanctions ● Reprise cours ● Départ des forces de p autour de la Sorbonne

Sinon, affirme l'U.N.E.F., « nous suivrons grève et manifestati

Alain Peyref

« Sur 160.000 étudiants à l'immense majorité veut trava en paix » (PAGES 6 ET 7 : NOS INFORMA

Grève des taxis à Paris suivie à 70 %

bassin de Vichy Saint Yorre
FACILITE LA DIGESTION STIMULANT HEPATIQUE

4 La violence de certaines manifestations

Le 6 mai puis le 24 mai 1968, Paris connaît une série de manifestations violentes. Le 25 mai commencent, rue de Grenelle, les négociations entre le gouvernement et les syndicats.

PARIS : Gigantesque démonstration pour le retour à la paix sociale

LE FIGARO

ÉDITION DE 5 HEURES

VENDREDI 31 MAI 1968

DE GAULLE : « JE NE ME RETIRERAI PAS »

LE CHOIX

Dans une pathétique intervention, le chef de l'État :

« J'AI UN MANDAT DU PEUPLE JE LE REMPLIRAI »

• 23 ou 30 juin : ÉLECTIONS législatives

« Partout et tout de suite, il faut que s'organise l'action civique »

« L'Assemblée nationale est dissoute »

LE P. C. : "Nous irons à la consultation"

• Référendum différé

• M. Pompidou remanie profondément le cabinet

Officiel : S.M.I.G. majoré de 35 % au 1er juin

RÉACTIONS DES SYNDICATS

• La C.G.T. : « LA CLASSE OUVRIÈRE NE SE LAISSERA PAS INTIMIDER »

• La C.F.D.T. : « CHANTAGE INADMISSIBLE »

De la Concorde à l'Étoile :

PLUS DE 600.000 MANIFESTANTS

- plus d'un million selon les organisateurs -

applaudis par une foule nombreuse

• Un flot de drapeaux tricolores

Des cris « De Gaulle n'est pas seul »

« NON AU DÉSORDRE »

" Le communisme ne passera pas "

• LE DÉFILÉ, DANS LE CALME, A DURÉ DEUX HEURES VINGT

5 | Une du *Figaro* le 31 mai 1968

7 | La réaction du pouvoir

Charles de Gaulle, président de la République, semble un moment dépassé par les événements. Le 30 mai, il s'exprime à la radio. Son discours est suivi d'une immense manifestation de soutien.

Françaises, Français,

Étant le détenteur de la légitimité nationale et républicaine, j'ai envisagé depuis 24 heures toutes les éventualités, sans exception, qui me permettraient de la maintenir. J'ai pris mes résolutions. Dans les circonstances présentes, je ne me retirerai pas. J'ai un mandat du peuple, je le remplirai. [...] Je dissous aujourd'hui l'Assemblée nationale. [...]

Quant aux élections législatives, elles auront lieu dans les délais prévus par la Constitution, à moins qu'on entende bâillonner le peuple français tout entier, en l'empêchant de s'exprimer en même temps qu'on l'empêche de vivre, par les mêmes moyens qu'on empêche les étudiants d'étudier, les enseignants d'enseigner, les travailleurs de travailler.

Charles de Gaulle, allocution radiodiffusée, 30 mai 1968.

6 | Les accords de Grenelle

Ces accords sont signés le 27 mai 1968. Les négociations entre les représentants du gouvernement, des syndicats et des employeurs se sont déroulées rue de Grenelle, au Ministère des affaires sociales.

De nombreux grévistes jugent ces résultats insuffisants et le mouvement continue. Le 30 mai, l'Assemblée nationale est dissoute. Aux élections législatives du 30 juin, les gaullistes triomphent avec environ 80 % des députés élus.

– Augmentation des salaires : + 35 % pour le salaire minimum (smic), + 10 % pour les autres ;
– Semaine effective de 40 heures ;
– Libre exercice du droit syndical dans les entreprises ;
– Réformes de plusieurs allocations et prestations sociales ;
– Récupération des journées de grève.

Itinéraire 1

› Comment les événements de 1968 ont-ils marqué la société française ?

Capacité **Questionner un témoignage**

1. Qui est Georges Pompidou ? Pourquoi craint-il, en mai 1968, la fin de la Ve République ? (doc. 1)

2. Que dénoncent et revendiquent les étudiants sur ces affiches ? (docs 2 et 3)

Capacité **Mener une analyse historique**

3. Recopiez et complétez le tableau suivant. (docs 1, 3, 4, 5 et 6)

Acteurs des événements	Responsabilités et actions

4. Qu'ont obtenu les grévistes de mai 1968 ? (doc. 6)

5. Quelle a été la réaction du pouvoir politique ? (doc. 7)

Itinéraire 2 VERS LE BAC

Raconter un événement et sa portée historique

À partir de l'ensemble des documents et de vos connaissances, rédigez trois paragraphes. Le premier présente les événements. Le second paragraphe évoque les différentes positions politiques. Le troisième explique les conséquences des événements de 1968.

Dossier 2

CAPACITÉ

Situer une réforme institutionnelle dans son contexte pour l'expliquer

Le combat des femmes pour l'égalité

L'obtention du droit de vote par les femmes en 1944 a marqué une évolution importante de la condition féminine en France. Mais ce n'est que dans les années 1960 et 1970 qu'elles ont gagné le droit à la contraception et à l'avortement, portés par le mouvement féministe. Aujourd'hui, des combats restent à mener pour l'égalité réelle.

1 En 1945, les femmes votent pour la première fois

2 Les résistances à l'émancipation des femmes

Gilberte Brossolette (1905-2004) démarre sa carrière dans le journalisme et s'engage aux côtés de son mari dans la Résistance. En 1945, elle est élue députée puis sénatrice.

Le débat sur l'attribution du droit de vote aux femmes fut amorcé après la Première Guerre mondiale. Les Allemandes et les Britanniques l'ont obtenu immédiatement. En France, ce fut une autre affaire ! [...] C'est dans la Résistance que les femmes ont gagné le droit de voter et d'être élues. Elles avaient montré leur courage, pris des risques fous, reçu les clandestins, assuré la transmission des messages. Il était impossible de leur dénier encore le droit de vote. Ce n'est pas de Gaulle qui le leur a donné. Ce sont les femmes qui l'ont glorieusement gagné.

Entretien avec Gilberte Brossolette, mars 2001.

3 Chronologie du combat des femmes

1810	L'avortement est défini comme un crime.
1920	Interdiction de toute information sur les méthodes contraceptives.
1942	L'avortement est passible de la peine de mort.
1943	Marie-Louise Giraud est guillotinée pour avoir pratiqué des avortements.
1944	Droit de vote accordé aux femmes.
1955	L'avortement thérapeutique est autorisé.
1965	Loi accordant aux femmes la liberté d'exercer un emploi sans l'autorisation de leur mari.
1967	Loi Neuwirth autorisant la vente de contraceptifs.
1972	Procès de Bobigny : une jeune fille est poursuivie pour avoir avorté. Défendue par la militante féministe Gisèle Halimi, elle est acquittée.
1974	Simone Veil fait adopter un projet de loi visant à autoriser l'interruption volontaire de grossesse (IVG).
1983	Loi Roudy sur l'égalité entre les hommes et les femmes dans le monde du travail.
2000	Loi sur la parité hommes/femmes pour les candidatures aux élections.

4 La loi sur la parité

L'Assemblée nationale a adopté, dans la nuit du mardi 25 au mercredi 26 janvier 2000, le projet de loi gouvernemental sur la parité, visant à accorder un égal accès des hommes et des femmes aux fonctions politiques. Désormais, les listes pour les élections municipales et régionales devront comporter autant d'hommes que de femmes, par tranches de six candidats. Pour les listes aux sénatoriales (pour les sénateurs élus à la proportionnelle) et aux européennes, hommes et femmes devront strictement alterner sur les listes. Pour les législatives, les partis devront présenter un nombre sensiblement égal d'hommes et de femmes, avec un écart maximal de 2 %, sous peine de sanction financière.

Dépêche AFP, 26 janvier 2000.

5 **La maîtrise de la fécondité, un enjeu majeur**
Manifestation à Grenoble, en 1973, en faveur du droit à l'avortement (IVG) et à la contraception.

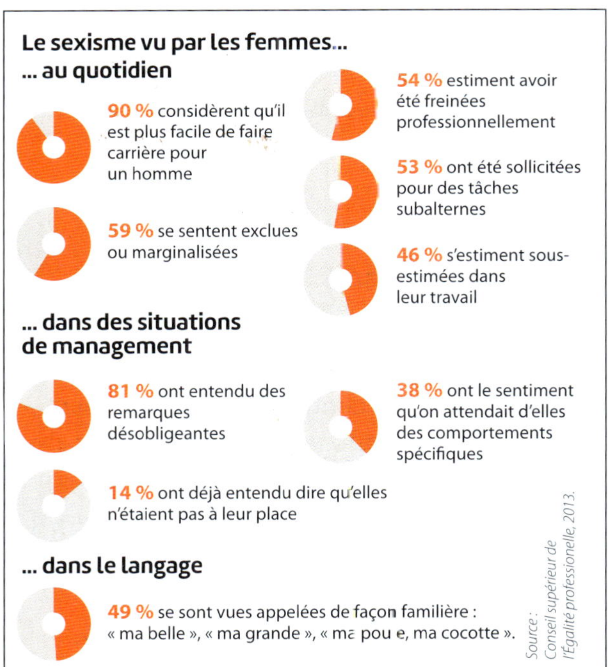

6 **Les relations hommes-femmes au travail**

Recherche WEB

→ Faites une recherche sur l'évolution du nombre et du pourcentage de femmes à l'Assemblée nationale et au Sénat depuis les années 1960.

Itinéraire 1

› Quelles luttes les femmes ont-elles menées pour faire progresser leurs droits et sont-elles parvenues à l'égalité réelle ?

Capacité **Caractériser une évolution**

1. Quelles oppositions la lutte pour les droits politiques des femmes a-t-elle rencontrées ? (docs 1 et 3)
2. Dans quelles circonstances les femmes ont-elles obtenu le droit de vote ? (doc. 2)
3. Dans quels domaines de la vie civile a-t-il fallu des lois pour que les femmes acquièrent un statut égal à celui des hommes ? (docs 3 et 4)

Capacité **Comprendre une situation**

4. Quel est l'objectif de la loi sur la parité ? (doc. 4)
5. En quoi la lutte des femmes est-elle toujours actuelle ? (doc. 6)

Itinéraire 2 VERS LE BAC

Situer une réforme institutionnelle dans son contexte pour l'expliquer

Vous rédigerez un paragraphe argumenté présentant la loi sur la parité de 2000. Vous présenterez d'abord le contexte de cette loi en expliquant quels étaient les droits politiques des femmes à cette date.
Puis vous exposerez les objectifs de la loi.
Enfin, vous présenterez ses effets sur la place des femmes en politique.

Dossier 3

CHEF-D'ŒUVRE

• Construire sa culture professionnelle
• Évoquer sa formation, son histoire, son évolution

Le développement des études professionnelles

Sous la IVe et la Ve République, l'école continue à se démocratiser tandis que l'enseignement professionnel s'adapte aux mutations de l'économie et de la société. En effet, le développement du secteur tertiaire et les progrès techniques dans l'industrie bouleversent les entreprises et le marché de l'emploi.

1 Un entretien d'embauche en 1944

En décembre 1944, Blanche, 19 ans, postule pour un emploi chez le percepteur des impôts, à Briançon.

« Assieds-toi. Tu sais compter ?
– Oui, monsieur.
– Tu fais des fautes d'orthographe ?
– Non monsieur, pas trop, ajoute-t-elle timidement.
Et Blanche se trouve assise à un bureau avec... devinez quoi ? Des listes de tirages d'emprunts du Crédit Foncier. Que de chiffres ! Des nombres à six chiffres, sur six colonnes dans le sens de la largeur et sur une page mesurant vingt centimètres.
– Additionne, tire un trait au bas de la page !
Le combat dura... un certain temps.
– C'est bien, résultats exacts, dit cette grosse voix.
Ensuite, quelques phrases dictées avec participes passés, subjonctifs et mots d'usage terminent cet essai.
– Deux fautes ! ça va !
Comment ne pas se souvenir pour toujours du dahlia, dont le « h » se place devant le « l » et non après, et de l'acanthe.
– Peux-tu venir travailler le dix janvier ?
– Je me dois de prévenir mon employeur.
– Ne t'inquiète pas, je m'en charge.
– Merci monsieur, au revoir. »

Blanche Py, *Mémoires d'une employée du Trésor public* (témoignage écrit à la troisième personne), Comité pour l'histoire économique et financière de la France, 2000.

2 L'école imaginée par les résistants

Le célèbre physicien Paul Langevin préside, à la Libération, une commission, composée notamment de résistants, de syndicalistes et d'universitaires. Ils doivent proposer une réforme globale de l'enseignement.

Si la profession isole, la culture doit rapprocher ; elle doit être humaniste en ce sens qu'elle concerne l'homme tout entier, qu'elle cherche à réaliser un équilibre entre ses diverses possibilités. La culture est pour l'individu un moyen de rester humain en dépit des automatismes du métier et des contraintes sociales. Aucune préparation au métier ne saurait prévaloir contre cette obligation de mettre chaque enfant à même d'accéder à la culture.

Paul Langevin, discours à la Commission de Réforme de l'enseignement, 7 décembre 1944.

Recherche WEB

→ La proportion d'élèves en seconde professionnelle dans votre département est-elle supérieure ou inférieure au reste du territoire national ? Menez une recherche web sur les caractéristiques économiques de votre environnement pour expliquer cette répartition : rôle des principaux secteurs économiques, de l'histoire, etc.

3 La remise des prix dans les années 1960

L'Éducation nationale s'adapte régulièrement aux évolutions de la société : supprimées après 1968, les cérémonies de remise de prix ou de diplômes réapparaissent progressivement. Elles sont officielles pour le diplôme du brevet depuis 2016.

Niveau d'étude et pourcentage d'une génération au travail avec un CDI	Durée avant l'obtention d'un CDI dans les années 1990			Durée avant l'obtention d'un CDI dans les années 2010		
	Après 3 ans	Après 5 ans	Après 7 ans	Après 3 ans	Après 5 ans	Après 7 ans
Non diplômé	59 %	71 %	72 %	46 %	56 %	56 %
CAP-BEP-MC	72 %	80 %	81 %	70 %	71 %	74 %
Bac Pro	80 %	85 %	83 %	79 %	79 %	81 %
Bac général + technologique	64 %	76 %	81 %	59 %	69 %	77 %
BTS, DUT + Santé social	84 %	90 %	92 %	84 %	89 %	92 %

Sources : Céreq, enquête 2005, 2017 (France métropolitaine).

4 **Situation professionnelle des jeunes français après leur sortie du système scolaire**

Créé en 1985, le baccalauréat professionnel ne concerne d'abord que 800 bacheliers, ils sont 72 000 en 1996 et 172 500 en 2019. Aujourd'hui, un quart des collégiens français s'oriente vers le lycée professionnel (en bac pro ou CAP).

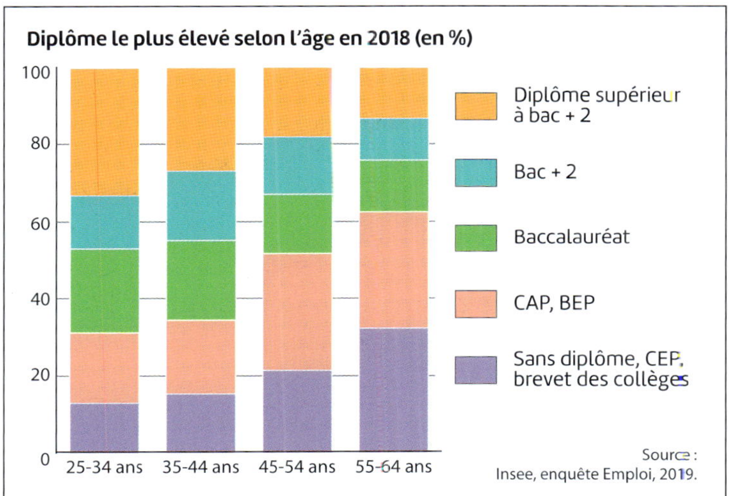

5 **Diplôme le plus élevé selon l'âge (en %)**

6 **Les femmes dans l'industrie**

La mécanisation et l'automatisation ont transformé le travail. Aujourd'hui, 29 % des femmes salariées travaillent dans l'industrie.

Itinéraire 1

› Comment l'école s'adapte-t-elle aux mutations sociales et économiques ?

Capacité **Questionner un texte historique**

1. Quelles compétences évalue cet entretien d'embauche ? Quelles conclusions peut-on tirer de ce témoignage ? (doc. 1)

2. Quel est, pour ce physicien, le rôle de la culture dans une formation professionnelle ? (doc. 2)

Capacité **Identifier des continuités et des ruptures**

3. Repérez dans la photographie plusieurs caractéristiques de l'école des années soixante. (doc. 3)

4. Quelle tranche d'âge est la plus diplômée ? La moins diplômée ? Comment expliquer cette différence ? (docs 4 et 5)

5. Comparez les parcours de ces différents diplômés : lesquels semblent les plus efficaces pour une entrée sur le marché du travail ? Pourquoi ? (docs 4 et 5)

Itinéraire 2

Raconter une mutation historique et la vie des acteurs

Imaginez et présentez le parcours scolaire et professionnel de trois générations d'une même famille :
les grands-parents sont nés après la guerre, les parents dans les années 1970 et les enfants dans les années 1990.
Vous vous appuierez sur des éléments précis issus des documents.

Capacité

Questionner des documents pour conduire une analyse historique

1 La réaction du pouvoir

Charles de Gaulle, président de la République, semble un moment dépassé par les événements. Le 30 mai, il s'exprime à la radio. Son discours est suivi d'une immense manifestation de soutien.

Françaises, Français,
Étant le détenteur de la légitimité nationale et républicaine, j'ai envisagé depuis 24 heures toutes les éventualités, sans exception, qui me permettaient de la maintenir. J'ai pris mes résolutions. Dans les circonstances présentes, je ne me retirerai pas. J'ai un mandat du peuple, je le remplirai. [...] Je dissous aujourd'hui l'Assemblée nationale. [...]
Quant aux élections législatives, elles auront lieu dans les délais prévus par la Constitution, à moins qu'on entende bâillonner le peuple français tout entier, en l'empêchant de s'exprimer en même temps qu'on l'empêche de vivre, par les mêmes moyens qu'on empêche les étudiants d'étudier, les enseignants d'enseigner, les travailleurs de travailler.

Charles de Gaulle, allocution radiodiffusée, 30 mai 1968.

Document 7 de la page 69.

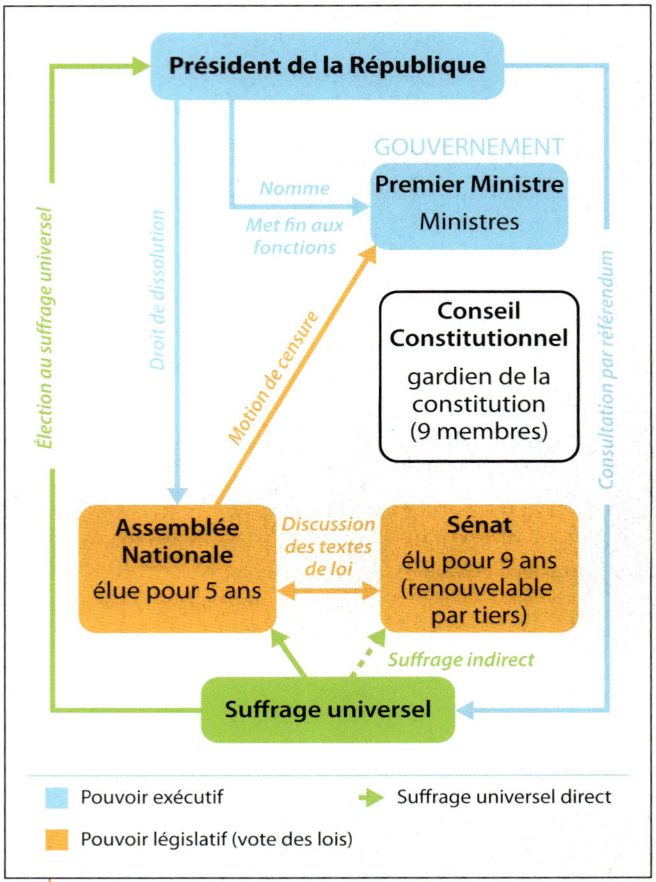

2 La constitution de la Ve République

Document 2 de la page 66.

Carte interactive
liennathan.fr/1med82

3 Chronologie des événements

22 mars	Occupation de l'université Paris-X Nanterre par les étudiants.
3 mai	Évacuation par la police de la Sorbonne occupée par les étudiants.
6 mai	Premiers heurts violents entre étudiants et policiers.
13 mai	La Sorbonne est rendue aux étudiants, qui l'« occupent ». Grève générale à Paris (étudiants, ouvriers, employés).
22 mai	8 millions de grévistes en France.
27 mai	Accord de Grenelle (au ministère de l'Intérieur à Paris) entre syndicats et patronat.
28 mai	Réunion des militants de gauche au stade Charléty.
30 mai	De Gaulle annonce la dissolution de l'Assemblée nationale. Grande manifestation gaulliste sur les Champs-Élysées.
23 et 30 juin	Victoire gaulliste aux élections législatives.

Méthode

1 Comprendre la situation historique

Étudier la chronologie des événements

a. Quelles sont les limites historiques de la période étudiée ?

b. Quels événements importants caractérisent la période ?

Repérer les acteurs

c. Qui est au pouvoir pendant cette période ?

d. Qui s'oppose au pouvoir ?

2 Étudier le rôle des acteurs

Comprendre leur fonction

a. Quelle décision le général de Gaulle annonce-t-il dans son discours ? (doc. 1)

b. Qui élit le président de la République ? Quels sont ses pouvoirs ? (doc. 2)

Analyser leur action

c. Quelle décision le président de la République prend-il le 30 mai 1968 ? (doc. 3)

d. Cette décision appartient-elle aux pouvoirs et à la fonction de président ? (doc. 3)

e. Quelles seront les conséquences de cette décision ? (docs 2 et 3)

3 Répondre à une question d'examen

Quelles sont les caractéristiques de la crise sociale et politique que la France connaît en 1968 ? Vous illustrerez votre réponse avec la chronologie des événements de mai 1968.

Sujet bilan
Vers le BAC

Les femmes dans la vie politique française

1 La Française vue par la dessinatrice de presse Catherine Beaunez

Dessin de Catherine Beaunez, extrait du recueil *On les aura !*, 2001.

2 Modifications de la Constitution pour favoriser la parité hommes-femmes

9 juillet 1999 La loi favorise l'égal accès des femmes et des hommes aux mandats électoraux et fonctions électives. (Article 3)

25 juillet 2008 La loi favorise l'égal accès des femmes et des hommes aux mandats électoraux et fonctions électives, ainsi qu'aux responsabilités professionnelles et sociales. (Article 1)

www.legifrance.gouv.fr

3 Part des élues aux principales élections territoriales et nationales

À partir de 2000, plusieurs lois mettent en application le principe de parité : présentation d'un nombre égal de femmes et d'hommes aux élections, répartition des mandats et des responsabilités. Dans le cas contraire, les partis politiques risquent des sanctions financières.

	Part des femmes avant 2000	Année	Part des femmes APRÈS
Députées	10,8 % (candidates : 23,2 %)	2017	38,8 % (candidates : 42,4 %)
Sénatrices	5,9 %	2017	31,6 %
Conseillères générales	8,6 %	2011	13,9 %
Conseillères régionales[1]	27,5 %	2004	47,6 %
Françaises au Parlement européen[1]	39 %	2019	49,3 %
Maires		2019	16,9 %

1. Scrutins de liste.

Sources : Haut Conseil de l'égalité et Observatoire des inégalités, 2019.

1 Je mobilise des capacités : expliquer le dessin de presse (2 points)

a. Quelle image des Françaises donne cette dessinatrice ? Identifiez les six domaines d'activité figurés. **(doc. 1)**

b. Expliquez la phrase : « La politique ? On verra ça dans une autre vie. » **(doc. 1)**

2 J'utilise les repères et notions (3 points)

a. Quelle place les femmes occupent-elles dans la vie politique française des années 1990 ? **(doc. 3)**

b. Comment les gouvernements français procèdent-ils pour développer l'égalité des chances entre hommes et femmes ? **(doc. 2)**

c. Quelle place occupent aujourd'hui les Françaises parmi les élus et dans la vie politique ? **(docs 2 et 3)**

3 Je caractérise une situation d'histoire (5 points)

Précisez pour chacune des affirmations suivantes si elles sont vraies ou fausses. Vous justifierez votre réponse en vous appuyant sur des éléments précis issus des documents et de vos connaissances.

a. À partir de 1970, les revendications féministes s'affirment dans le débat public, pourtant les femmes restent rares parmi les élus politiques.

b. Les Françaises ne s'intéressent pas à la politique.

c. Les hommes politiques français ont choisi de céder leur place aux femmes.

d. Les femmes ont aujourd'hui plus de chances d'être élues lorsqu'il y a des scrutins de liste.

e. La Constitution se préoccupe aussi de la place faite aux femmes parmi les dirigeants des entreprises.

4 Je schématise une rupture historique (10 points)

1. XXe siècle : place des femmes dans la vie politique française	→	2. Intervention des gouvernements	→	3. XXIe siècle : place des femmes dans la vie politique française

Géographie

Première

THÈME 1

La recomposition du territoire urbain en France

Le quartier de la Confluence, Lyon

Ancien quartier industriel, devenu un écoquartier labellisé, il abrite des bâtiments à l'architecture contemporaine : le Musée des Confluences et le Cube Vert, siège d'Euronews. À l'arrière-plan, la tour Incity, la tour Ycone et le Crayon dominent le quartier d'affaires de la Part-Dieu.

- Quelles transformations ont modifié le quartier de la Confluence ?
- En quoi ces aménagements confirment-ils la dimension métropolitaine de Lyon ?

LE THÈME AUTREMENT
Lecture - Les enjeux du Ministère de la Transition écologique et solidaire
liennathan.fr/056cxk

PLAN DE TRAVAIL

1re

85 % de la population française réside dans des aires urbaines. Cette dynamique urbaine est à l'origine de contrastes importants entre les métropoles, les couronnes périurbaines et les villes moyennes.

1 Maîtriser le thème

Comment les métropoles dominent-elles le territoire français ? (p. 84)

2 Approfondir les notions et capacités

1. Les habitants du périurbain, des mobilités diversifiées. (p. 86)
2. Aix-Marseille-Provence, les contrastes d'une métropole. (p. 88)

3 Vérifier mes connaissances

- Capacité : analyser un paysage périurbain à l'aide d'un croquis. (p. 90)
- Sujet bilan. (p. 92)
- Recherche web : confronter des points de vue sur un projet d'aménagement. (p. 94)

Carte

Les métropoles et les aires urbaines en France

Les aires urbaines françaises

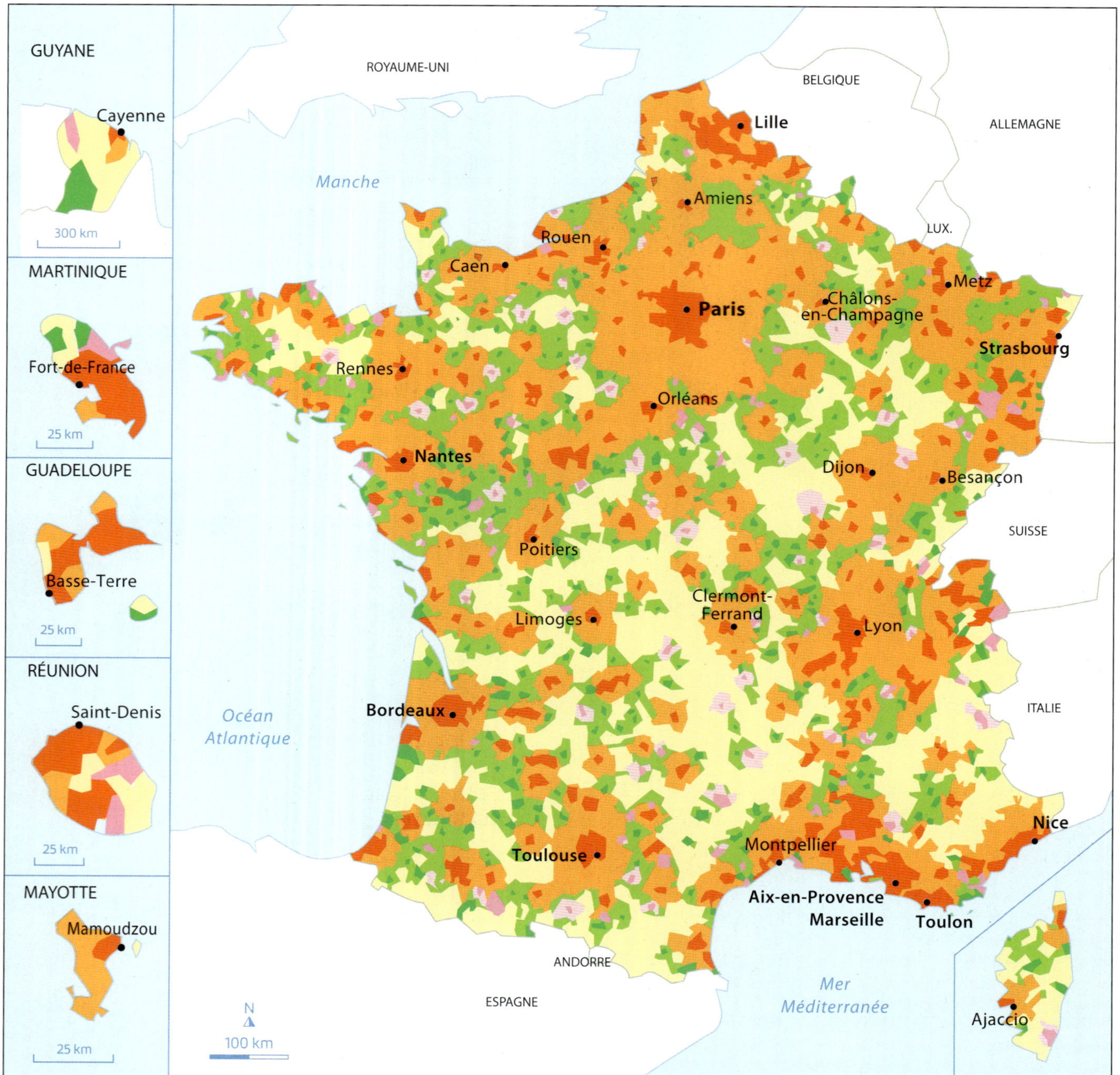

1. Les grandes aires urbaines
- Grands pôles
- Couronnes des grands pôles

2. Les autres aires urbaines
- Pôles moyens
- Couronnes des pôles moyens
- Petits pôles
- Couronnes des petits pôles
- Communes isolées, hors influence des pôles

Source : Insee, recensement de la population 2016

› Découverte des cartes

1. Relever des informations sur une carte.
Quelles sont les grandes métropoles régionales ? Repérez leurs aires d'influence.
Quelles parties du territoire concentrent un grand nombre de communes isolées ?

2. Décrire une situation géographique.
Caractérisez l'aire urbaine parisienne (taille de l'aire urbaine, de l'aire d'influence) et montrez le poids de la centralité parisienne.

3. Expliquer les enjeux d'une situation géographique.
En quoi ces cartes montrent-elles que le territoire français est sous forte influence urbaine ?

Les aires d'influence des métropoles

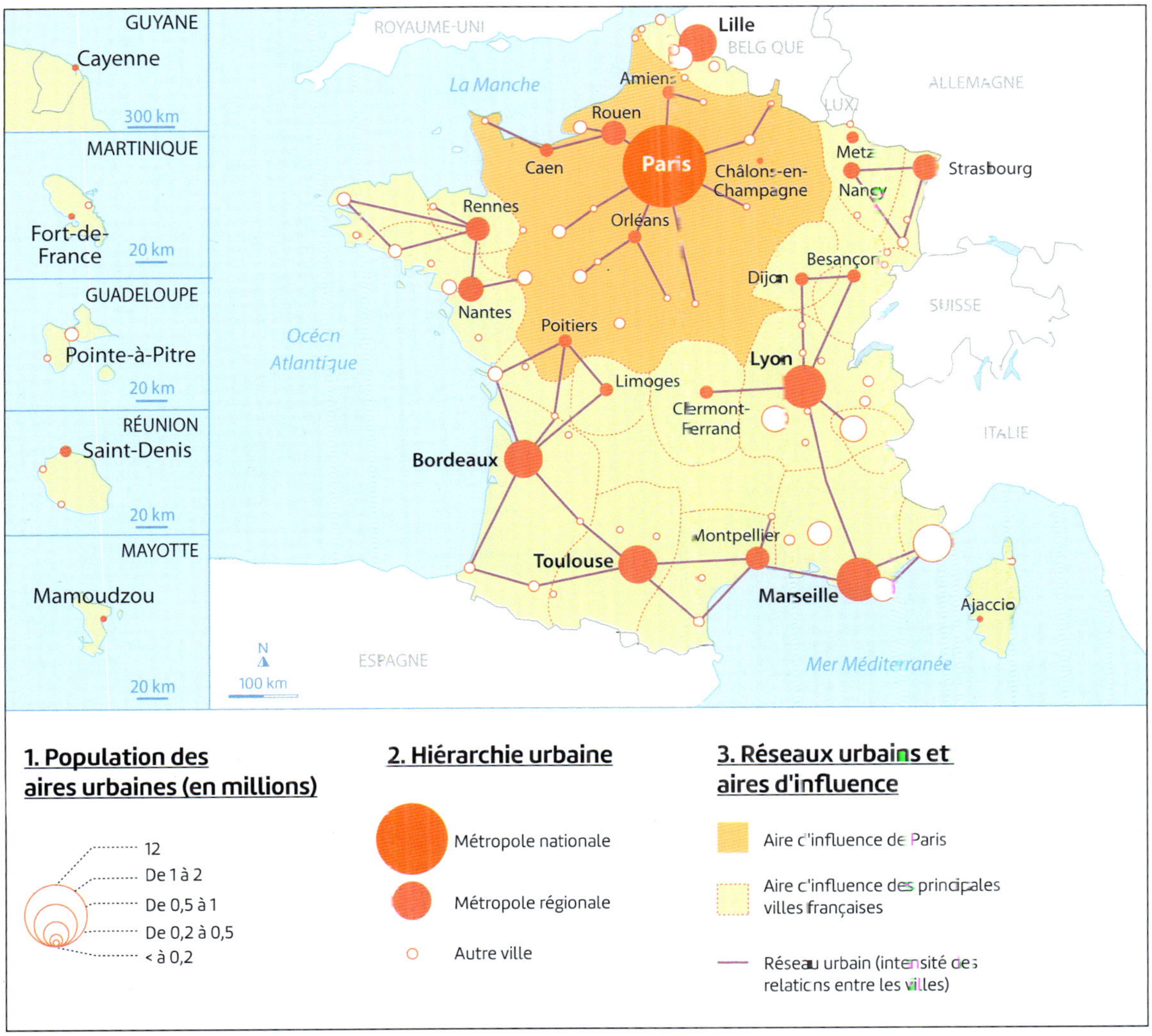

Carte interactive
liennathan.fr/8uc4w0

Cours

La recomposition du territoire urbain : métropolisation et périurbanisation

CHEF-D'ŒUVRE
- **Construire sa culture professionnelle**
- **Évoquer les défis des changements**

La France voit aujourd'hui les activités et la population se concentrer dans les plus grandes villes. Ce phénomène de métropolisation renforce notamment le poids de Paris. Autour des grands pôles urbains, de vastes couronnes périurbaines s'étalent de plus en plus loin du centre.

1. Des villes et des métropoles

Une France urbaine. Les aires urbaines réunissent près de 85 % de la population de la France. Paris compte 12,6 millions d'habitants, Lyon et Marseille plus d'un million et demi, Lille, Toulouse, Nice et Bordeaux environ un million. Quatorze unités urbaines dépassent 400 000 habitants. Par ailleurs, il existe de nombreuses villes petites et moyennes.

Des métropoles hiérarchisées. La population et les activités se concentrent de plus en plus dans les métropoles, qui abritent des sièges sociaux, des activités de recherche, des emplois qualifiés. Paris est une métropole à l'influence mondiale. Les autres métropoles françaises (Lyon, Toulouse, Strasbourg, Lille, Montpellier, Nantes…) ont une influence européenne ou régionale.

2. Des aires urbaines de plus en plus étalées

L'étalement urbain. Autour des pôles urbains s'étendent des couronnes périurbaines qui mêlent lotissements pavillonnaires, zones d'activités, centres commerciaux, autoroutes et échangeurs, surfaces agricoles. Les habitants y trouvent des logements moins chers qu'en centre-ville et un cadre de vie plus agréable qu'en banlieue.

Les mobilités au sein des aires urbaines. Les habitants des espaces périurbains se déplacent fréquemment. Beaucoup se rendent dans la ville-centre qui concentre la majorité des emplois. D'autres se dirigent vers les zones d'activités et les centres commerciaux implantés en périphérie, qui attirent aussi citadins et banlieusards. Ces trajets nécessitent souvent le recours à l'automobile.

3. Des dynamiques diverses

La vitalité des grandes aires urbaines. La métropolisation se traduit par la croissance démographique des grandes aires urbaines, notamment dans l'Ouest et le Sud (Nantes, Bordeaux, Montpellier, Rennes…). Toutefois, les aires urbaines des anciennes villes industrielles du Nord et de l'Est (Amiens, Metz…) perdent des habitants.

Les fragilités des villes petites et moyennes. 23 % de la population française vit dans des villes de moins de 200 000 habitants. Confrontées à la concurrence des grandes métropoles, certaines voient leur population diminuer, leurs centres se dévitaliser (fermeture des commerces et des services publics). D'autres sont toutefois dynamiques.

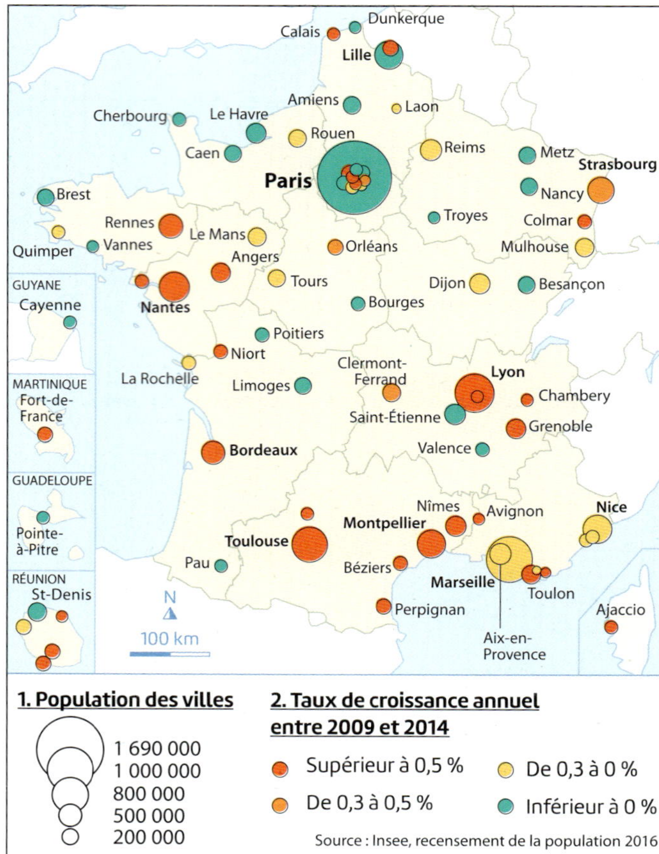

1 Population et croissance des principales villes françaises

2 Un paysage périurbain à Bussy-Saint-Georges (Seine-et-Marne)

3 **Le quartier d'affaires de La Défense**

Situé près de Paris, c'est le plus grand centre tertiaire d'Europe par la superficie de ses bureaux. Il témoigne de l'importance de la métropole parisienne.

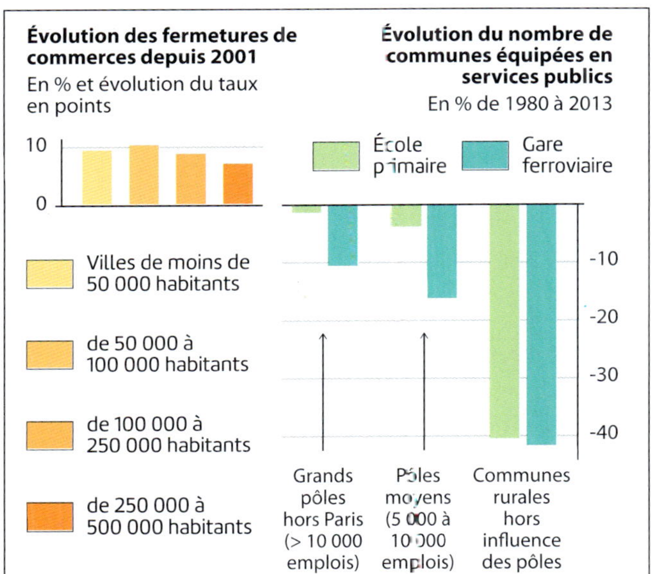

4 **La fermeture des commerces et des services publics dans les villes petites et moyennes** (source Insee)

Action Cœur de Ville

5 **Le soutien de l'État aux villes moyennes**

Le programme « Action Cœur de ville » a été lancé en 2017 en concertation avec les élus locaux. Il vise à inciter les acteurs du logement, du commerce et de l'urbanisme à réinvestir les centres des villes moyennes. (Source : Ministère de la cohésion des territoires.)

Notions clés

Aire urbaine : ensemble formé par un pôle urbain (une ville-centre et sa banlieue) qui concentre la majorité des emplois et sa couronne périurbaine, où réside une partie des actifs.

Métropole : ville dotée de sièges sociaux, d'un potentiel de recherche et d'innovation, d'emplois qualifiés qui lui confèrent une influence, sur un territoire plus ou moins vaste.

Périurbanisation : extension des surfaces bâties à la périphérie des agglomérations (lotissements, zones d'activités, centres commerciaux).

Questions

Des villes et des métropoles

1. Quelles sont les dix plus grandes villes françaises ? (doc. 1)
2. Quel est le poids de Paris parmi les grandes villes françaises ? (docs 1 et 3)

Des aires urbaines de plus en plus étalées

3. Quel type d'habitat caractérise cette commune de Seine-et-Marne ? (doc. 2)
4. En quoi cet espace diffère-t-il des centres villes et des banlieues ? (doc. 2)

Des dynamiques diverses

5. Quels sont les signes de la dévitalisation des villes de moins de 100 000 habitants ? (doc. 4)
6. Qu'est-ce que le programme « Action Cœur de ville » ? (docs 4 et 5)

Recherche WEB

→ Recherchez des informations sur le programme « Action Cœur de ville » dans une ville proche de votre établissement. Retrouvez un débat sur un aménagement périurbain.

Dossier 1

CHEF-D'ŒUVRE

- Construire sa culture professionnelle
- Évoquer la mobilité liée au travail

Les habitants du périurbain, des mobilités diversifiées

Près de 25 % des Français vivent dans des espaces périurbains. Ils sont souvent contraints à des déplacements quotidiens plus importants que le reste de la population. Ces mobilités prennent des formes diversifiées et s'organisent en fonction des motifs de déplacement.

L'automobile, la plus utilisée par les périurbains

72 % des périurbains ont au moins 2 voitures

99 % des périurbains en ont au moins une

Les usages de la voiture par les périurbains

97 % pour faire leurs courses
93 % pour aller travailler
76 % pour emmener les enfants à l'école

Les transports en commun, peu utilisés par les périurbains

53 % estiment leur destination mal desservie
22 % jugent la fréquence insuffisante
22 % résident trop loin des arrêts

Source : CGET, enquête sur les déplacements des Français

1 Les modes de déplacement des habitants du périurbain

2 Aire de covoiturage de Plouigneau, département du Finistère

3 Un témoignage sur les mobilités quotidiennes

Michel est un jeune papa de 35 ans. Il s'est installé depuis quelques mois avec sa femme Mathilde et son jeune fils dans une maison ancienne, au milieu des vignes, à quelques minutes du centre-ville de Libourne en voiture, voiture qu'il utilise tous les matins pour se rendre à la gare. Arrivé à la gare de Bordeaux Saint-Jean, il prend la ligne C du tramway pour rejoindre l'agence d'architecture pour laquelle il travaille, située à côté de l'esplanade des Quinconces. « Ça fait une heure porte-à-porte, ce qui n'est pas infaisable. »

Arnaud Paillard, « Vis ma vie de périurbain en Gironde », *Rue 89*, 21 mars 2019.

4 De nouveaux pôles d'attractivité dans les espaces périurbains

Alors que les centres des villes petites ou moyennes offrent peu d'opportunités de sorties, à l'exception de quelques restaurants et bars de nuit, les espaces périurbains apparaissent de plus en plus comme de nouvelles polarités avec l'implantation de centres commerciaux autour desquels ont été construits des multiplexes de cinéma, bowling, restaurants, boîtes de nuit. Accessibles par automobile, bien souvent éloignées de l'habitat (limitant ainsi les potentiels conflits d'usage), ces nouvelles polarités peuvent se substituer aux anciennes. Ces ensembles sont conçus pour que toute la famille trouve une offre de loisirs adaptée à son âge et à ses besoins. Ainsi, les Halles Villard de Fontainebleau abritent non seulement un multiplexe mais également une plaine de jeux à destination des enfants (service de garderie) et des adolescents ainsi que plusieurs restaurants.

Catherine Didier-Fèvre, « La nuit : une nouvelle frontière pour les jeunes des espaces périurbains ? », *Géoconfluences*, 27 avril 2018.

Recherche WEB

→ Consultez la rubrique consacrée aux mobilités sur le site Internet de votre commune et relevez les principaux projets destinés à améliorer les mobilités des habitants : nouvelles lignes de transports en commun, parkings, vélos en libre-service ou toute autre initiative locale.

5 La Chapelle-sur-Erdre au nord de Nantes, dans le département de Loire-Atlantique

Les lotissements pavillonnaires et les zones d'activités et de commerces témoignent de la transformation des espaces ruraux par la périurbanisation.

6 Le service de location Véligo

Porté et financé par Île-de-France mobilités, le service Véligo Location doit permettre aux Franciliens de découvrir l'usage du vélo à assistance électrique pour des déplacements quotidiens, que ce soit pour les trajets domicile-travail ou pour rejoindre une gare.

Itinéraire 1

› Comment les mobilités des habitants du périurbain s'organisent-elles ?

Capacité Dégager l'intérêt des documents

1. Quelle place tient la voiture dans les mobilités des périurbains en France ? Comment l'expliquer ? (docs 1 et 3)
2. Quels acteurs font, sur le panneau, la promotion du covoiturage ? Quels arguments peuvent convaincre les habitants de le pratiquer ? (doc. 2)

Capacité Analyser une situation géographique

3. Quels problèmes se posent aux habitants des zones périurbaines en matière de déplacements ? (docs 1, 2 et 3)
4. En quoi l'offre de Véligo proposée en Île-de-France peut-elle influencer les formes de mobilités des périurbains ? (doc. 6)
5. Repérez les principales fonctions présentes dans les espaces périurbains. Comment peuvent-elles modifier les mobilités de leurs habitants ? (docs 4 et 5)

Itinéraire 2

Expliquer les mobilités au quotidien d'un habitant d'une commune périurbaine

En vous aidant des documents du dossier, adoptez le point de vue d'un habitant du périurbain et écrivez un récit évoquant ses mobilités quotidiennes. Caractérisez cet habitant (lieu de résidence, profession, activités de loisirs, mode de vie…) dont vous décrirez les déplacements. Vous pouvez prendre pour exemple le document 3.

Dossier 2

CAPACITÉ

- **Décrire une situation géographique**
- **Analyser un paysage urbain**

Aix-Marseille-Provence, les contrastes d'une métropole

À la tête de la région Provence-Alpes-Côte d'Azur, Aix-Marseille est la deuxième aire urbaine de France après Paris, dont elle est à trois heures en TGV. Des recompositions territoriales sont en cours pour pallier les difficultés sociales et économiques de Marseille, pour approfondir l'intercommunalité et favoriser la métropolisation.

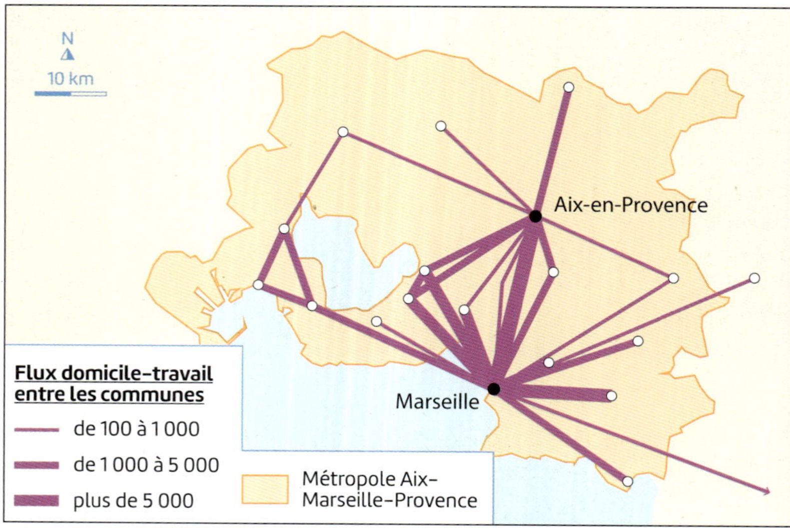

- Une population de 1,9 million d'habitants dont 45 % vivent à Marseille, 8 % à Aix ;
- Des espaces aux fonctions multiples (agricoles, urbains, industriels et portuaires) ;
- 6 ensembles (Marseille-Provence, Pays d'Aix, Pays salonais, Pays d'Aubagne et de l'Étoile, Istres-Ouest-France, Pays de Martigues) et 92 communes ;
- Un territoire doté de compétences en matière de développement et d'aménagement économique, social, culturel et territorial.

1 Une aire urbaine et une métropole

2 Une aire fragilisée par des écarts économiques et sociologiques

Marseille est une ville littorale industrieuse, commerçante et populaire tournée vers le grand large de la mer Méditerranée. Aix-en-Provence est une ville de l'intérieur, thermale et universitaire, de l'administration d'État.

L'aire urbaine demeure organisée par des pôles productifs juxtaposés mais peu intégrés : Vitrolles (logistique, commerce de gros), Marignane (aéronautique), Étang de Berre (pétrochimie), ports de Fos et de Lavéra (chimie et sidérurgie), Technopôle de l'Arbois à l'ouest d'Aix...

La coupure entre les « beaux quartiers » de Marseille Sud (57 % des revenus totaux) et les quartiers Nord (17 % des revenus) est considérable. Ces derniers quartiers, populaires et peuplés d'émigrés, sont parmi les plus pauvres de France (Marseille : taux de pauvreté de 25 %, quartiers nord : + de 40 %) et cumulent chômage élevé et sous-qualification.

Laurent Carroué, *La France des 13 régions*, Armand Colin, 2017.

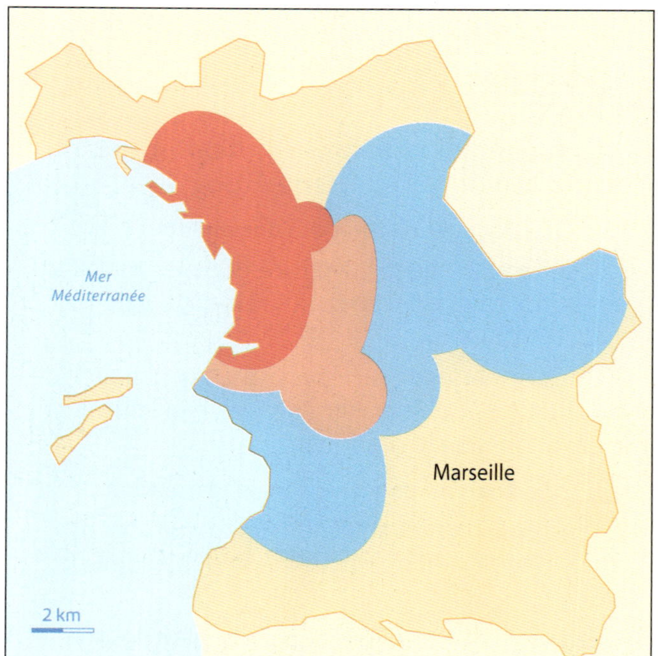

3 La répartition des ménages selon leurs revenus à Marseille

4 Un front de mer métamorphosé

1. Siège social de CMA-CGM (1er armateur français) 2. Les Quais d'Arenc (bureaux et logements de standing) 3. Le Silo (entrepôt à céréales transformé en salle de spectacle) 4. Les Terrasses du Port (centre commercial) 5. Les Docks (entrepôts transformés en bureaux et commerces) 6. Villa Méditerranée (centre culturel) 7. MuCEM (musée des Civilisations de l'Europe et de la Méditerranée) 8. Vieux Port

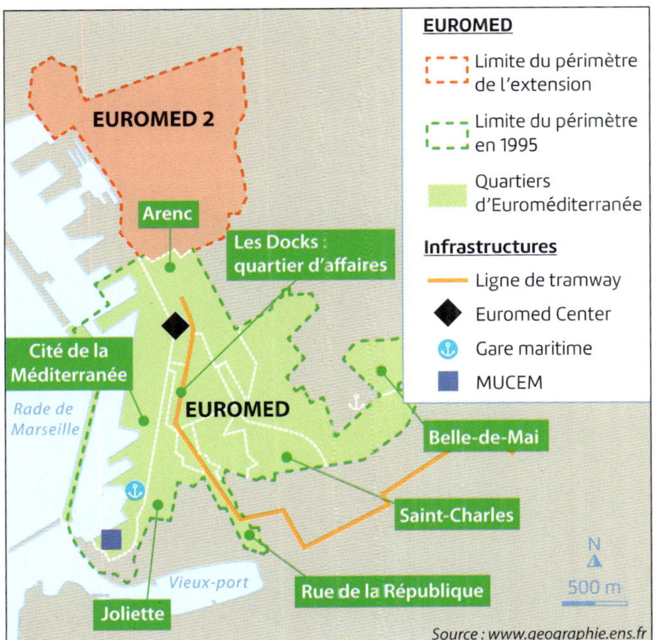

5 Euroméditerranée, plus de 25 ans de travaux

Depuis 1995, Marseille connaît la plus vaste opération de rénovation urbaine d'Europe.

- **Joliette-Arenc :** développement d'un quartier d'affaires, implantation d'entreprises et installations culturelles.
- **Cité de la Méditerranée :** tour CMA-CGM, musées MuCEM et Villa Méditerranée.
- **Saint-Charles :** aménagement d'un pôle multimodal.
- **Belle-de-Mai :** transformation de l'ancienne manufacture de tabac en pépinières d'entreprises de l'audiovisuel.
- **Euromed :** éco-cité qui devrait accueillir 30 000 habitants et 20 000 emplois d'ici 2035.

Itinéraire 1

› Comment la métropole d'Aix-Marseille-Provence peut-elle renforcer son attractivité ?

Capacité Identifier l'échelle appropriée pour étudier un phénomène

1. Comment s'exprime la mobilité domicile-travail à l'échelle de la métropole ? Expliquez la hiérarchie des flux. (doc 1)

2. Repérez les contrastes socio-économiques et géographiques marquants à l'échelle de l'aire métropolitaine et à celle de Marseille. (docs 2 et 3)

Capacité Questionner des documents pour réaliser une analyse géographique

3. Quels problèmes sociaux Marseille connaît-elle ? (docs 2 et 3)

4. Montrez comment le projet Euroméditerranée répond à la crise socio-économique de Marseille. (docs 2, 3, 4 et 5)

Itinéraire 2

Analyser un paysage urbain

En vous appuyant sur les documents du dossier, notamment les documents 4 et 5, réalisez un croquis sur l'opération d'aménagement Euroméditerranée à Marseille (extension géographique des aménagements ; sens de l'extension avec Euromed ; quelques réalisations emblématiques).

Capacité

Analyser un paysage à l'aide d'un croquis, à partir d'une photographie

1 **Vue aérienne de Bussy-Saint-Georges (Seine-et-Marne)**
Bussy-Saint-Georges est une commune de 19 000 habitants, située à 25 kilomètres à l'est de Paris. *Document 2 de la page 84.*

Méthode

1 Identifier les différentes parties du paysage

a. Observez la photographie. Vous pouvez procéder par plans (premier plan, deuxième plan…, jusqu'à l'arrière-plan), ou de gauche à droite, ou à partir d'une ligne (axe routier…).

b. Distinguez les différentes parties du paysage, c'est-à-dire les diverses surfaces homogènes qui sont visibles sur la photographie. Chacune correspond à une forme d'occupation du sol : maisons, hangars, champs, bois, routes…

2 Caractériser les usages de l'espace

Classez les formes d'occupation du sol en fonction de leurs usages : habiter, se déplacer, travailler, faire des achats, exercer des loisirs…

Usages de l'espace	Formes d'occupation du sol	Localisation sur l'image
Habiter		
Se déplacer		
Travailler		

3 Réaliser le croquis du paysage

a. Placez un calque sur la photographie et entourez d'un trait chaque forme d'occupation du sol.

b. Attribuez une couleur à chacune des formes d'occupation et coloriez-les (par exemple : vert clair pour les champs).

c. Rédigez la légende du croquis en indiquant à quelle forme d'occupation du sol correspond chaque couleur (lotissements, champs, routes, hangars). Classez-les par usage (l'habitat, les transports, les activités agricoles, industrielles ou tertiaires).

d. Donnez un titre qui caractérise le paysage (exemples : un paysage urbain, ou un paysage périurbain).

Les espaces périurbains

Carte interactive
liennathan.fr/ko792n

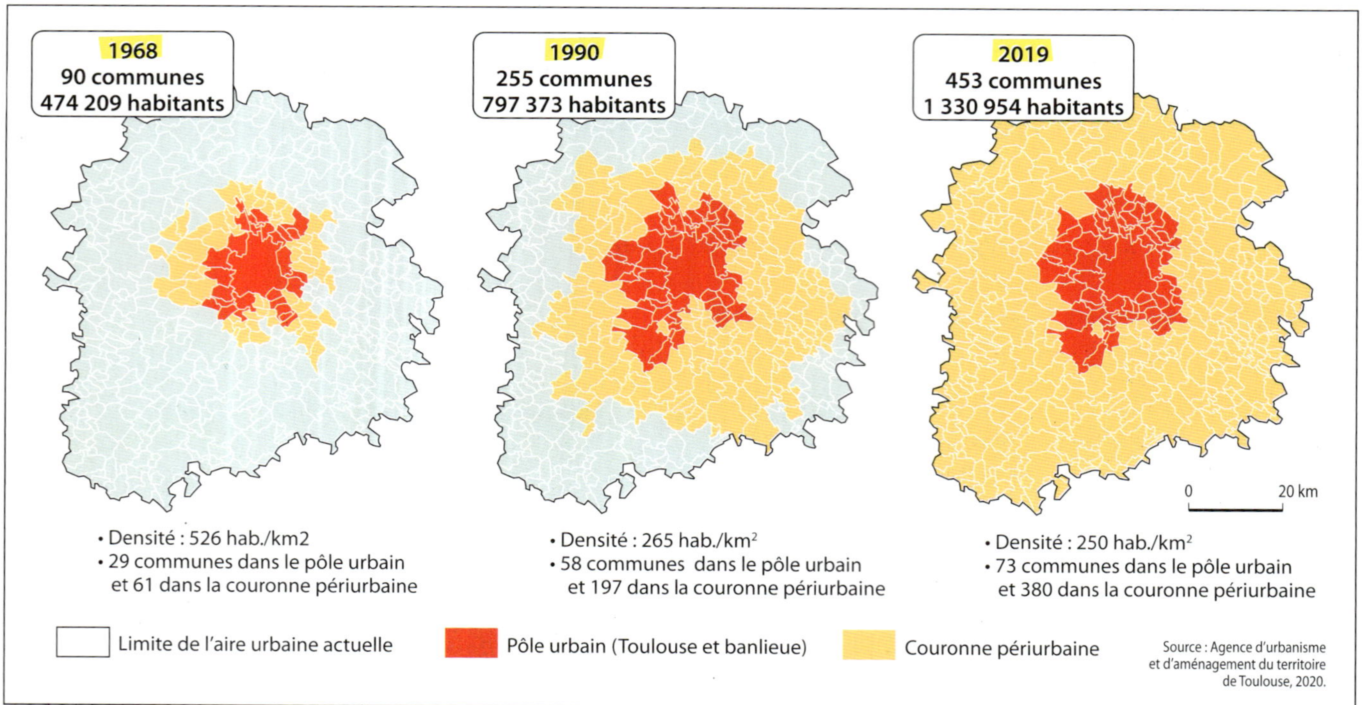

1 **L'extension de l'aire urbaine de Toulouse**

2 **La zone périurbaine de Montauban (Tarn-et-Garonne), Les Ormeaux**
Elle est située au nord-est de l'agglomération.

1 J'utilise les outils et les notions (6 points)

a. De quels espaces est composée une aire urbaine ? **(doc. 1)**

b. Comment ont évolué la superficie et la population de l'aire urbaine de Toulouse depuis 1968 ? **(doc. 1)**

c. Pourquoi la densité (nombre moyen d'habitants au kilomètre carré) a-t-elle diminué dans le pôle urbain de Toulouse entre 1968 et 2014 ? **(doc. 1)**

2 Je réalise la légende d'un croquis (6 points)

a. À l'aide de la photographie, identifiez les usages de l'espace auxquels correspondent les différentes couleurs **(doc. 2)**.

b. Rédigez la légende en indiquant les correspondances entre les couleurs et les différents usages de l'espace.

Croquis à télécharger
liennathan.fr/58t5qe

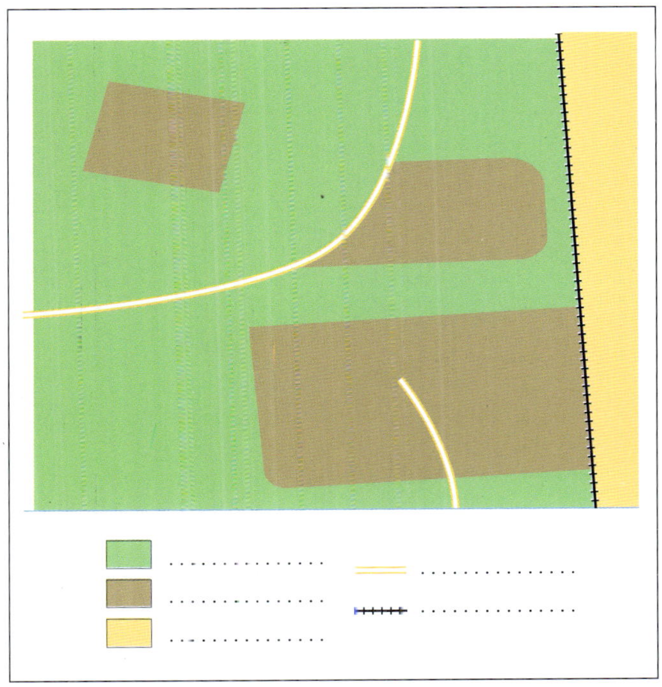

Un paysage périurbain : Montauban, Les Ormeaux

3 Je construis un raisonnement géographique (8 points)

Rédigez un paragraphe argumenté.
Vous expliquerez d'abord les raisons de l'extension des couronnes périurbaines autour des pôles urbains. Vous décrirez ensuite le paysage de ces couronnes périurbaines. Puis vous présenterez les mobilités des habitants du périurbain.

Recherche web

Confronter des points de vue sur un projet d'aménagement périurbain : EuropaCity

Individuellement ou par groupe, vous allez rechercher sur le web des informations sur le débat autour du projet EuropaCity : vous rechercherez les points de vue des défenseurs et des adversaires de cet aménagement. Vous devrez valider ces informations en exerçant votre esprit critique. Puis vous présenterez vos résultats en remplissant le tableau.

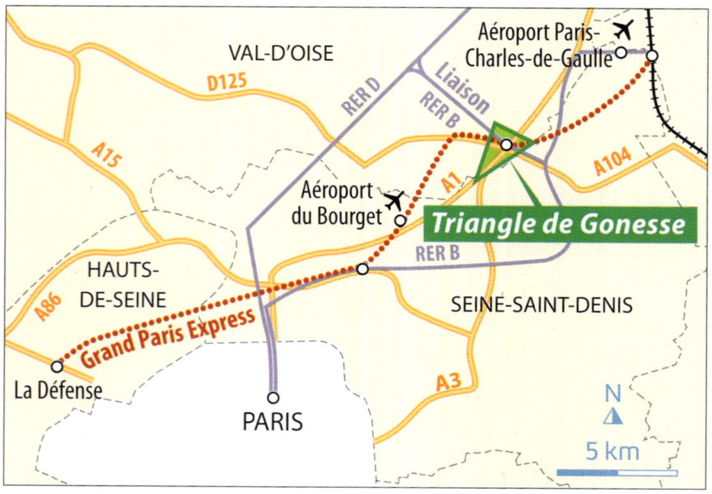

2012 L'État lance un grand projet destiné à créer des emplois au Nord de Paris, avec l'appui des élus locaux et de la Chambre de Commerce et d'Industrie (80 hectares de commerces, salles de spectacle, parcs de loisirs, hôtels…).

2016 Un contrat d'investissement est signé avec deux groupes privés (un groupe français et un groupe chinois).

2017 Le Conseil municipal de Gonesse vote la révision du Plan Local d'Urbanisme (PLU).

2019 À la suite de recours déposés par des associations, le tribunal administratif annule la révision du PLU. Le Président de la République annonce l'abandon du projet.

Localisation et chronologie du projet

1 Recherchez les informations sur le web

a. Utilisez un moteur de recherche (Google, Yahoo, Bing…) en tapant un ou des mots-clés.
Observez les captures d'écran ci-dessous : combien obtenez-vous de résultats en tapant un seul mot-clé ? Plusieurs mots-clés ?

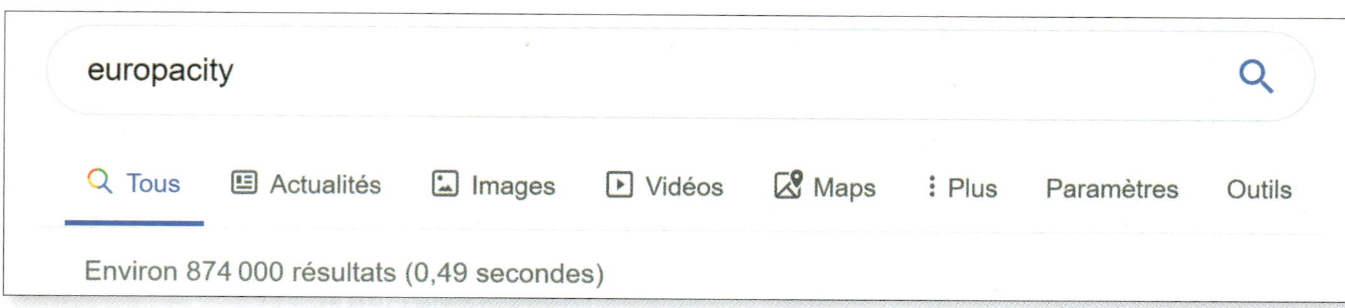

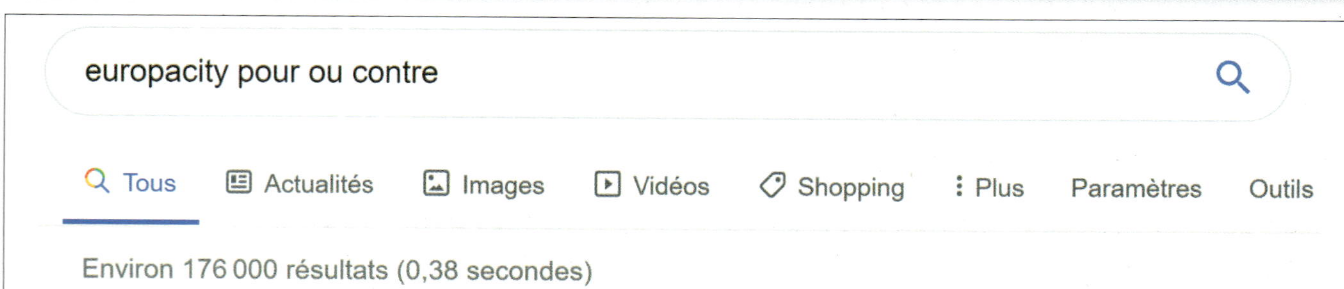

b. Ciblez les réponses en rédigeant plus précisément les termes de votre recherche.

Sélectionnez les mots-clés.
– Que cherchez-vous ? → mot-clé : *EuropaCity*
– Pourquoi ? Pour confronter des points de vue → mots-clés : *partisans, adversaires, débat*

Utilisez des opérateurs de recherche :
– Pour obtenir les réponses qui concernent l'un ou l'autre des termes de la recherche → utilisez *OU*
– Pour obtenir seulement les réponses qui mettent en relation plusieurs termes → utilisez *ET* ou le signe +
– Pour mettre en relation un terme avec un deuxième ou un troisième terme, placez ces derniers entre parenthèses.

europacity ET (défenseurs OU adversaires)

Tous | Actualités | Images | Vidéos | Shopping | Plus | Paramètres | Outils

Environ 3 210 résultats (0,67 secondes)

2 Validez les informations

a. Identifiez l'adresse du site. À qui s'adresse-t-il ? Est-ce un site institutionnel ? scientifique ? journalistique ? associatif ? personnel ? une encyclopédie en ligne ?

b. Évaluez le contenu. Qui est l'auteur ? La date est-elle indiquée ?

c. Analysez l'information. En fonction des réponses, pouvez-vous considérer l'information comme fiable ? S'agit-il d'une information sur des faits ou d'un point de vue sur les faits ? Dans ce cas, le point de vue s'appuie-t-il sur une argumentation étayée par des faits ?

3 Complétez le tableau à l'aide des informations

	Pour	Contre
Acteurs publics **Acteurs privés**		
Arguments économiques		
Arguments écologiques		

4 Construire son chef-d'œuvre

Sur le même modèle, étudiez un projet d'aménagement (hôpital, centre commercial, zone d'activité…) dans votre région. Recherchez des informations pour compléter votre dossier. Expliquez les liens associant votre métier à ce projet (emploi, attraction économique…).

THÈME

2 L'Afrique, un continent en recomposition

La compétition panafricaine de robotique (PARC), Dakar, mai 2019.

Ce concours de robotique réunit chaque année plusieurs centaines de collégiens et d'étudiants de nombreux pays d'Afrique. L'objectif est de susciter des vocations scientifiques pour former de jeunes techniciens susceptibles de contribuer au développement économique du continent africain.

- Quel est l'objectif de cette compétition ?
- En quoi cette manifestation démontre-t-elle l'évolution de la formation des jeunes en Afrique ?

LE THÈME AUTREMENT
Audio - « Afrique » par Aimé Césaire
liennathan.fr/7fq8w6

PLAN DE TRAVAIL

Riche en ressources et caractérisée par une très forte croissance démographique, l'Afrique s'insère aujourd'hui dans la mondialisation et connaît de profondes mutations. Mais les inégalités demeurent cependant considérables et beaucoup d'Africains sont encore confrontés au mal développement.

1 Maîtriser le thème

À quels défis le continent africain doit-il faire face pour se développer ? (p. 100)

2 Approfondir les notions et capacités

1. Le Nigéria, un géant fragile. (p. 102)
2. « La Chinafrique », la présence chinoise en Afrique. (p. 104)

3 Vérifier mes connaissances

- Capacité : caractériser l'urbanisation du continent africain, à partir de cartes. (p. 106)
- Sujet bilan. (p. 108)

Carte

Les caractéristiques du continent africain

Le défi démographique

Carte interactive liennathan.fr/q5a4y0

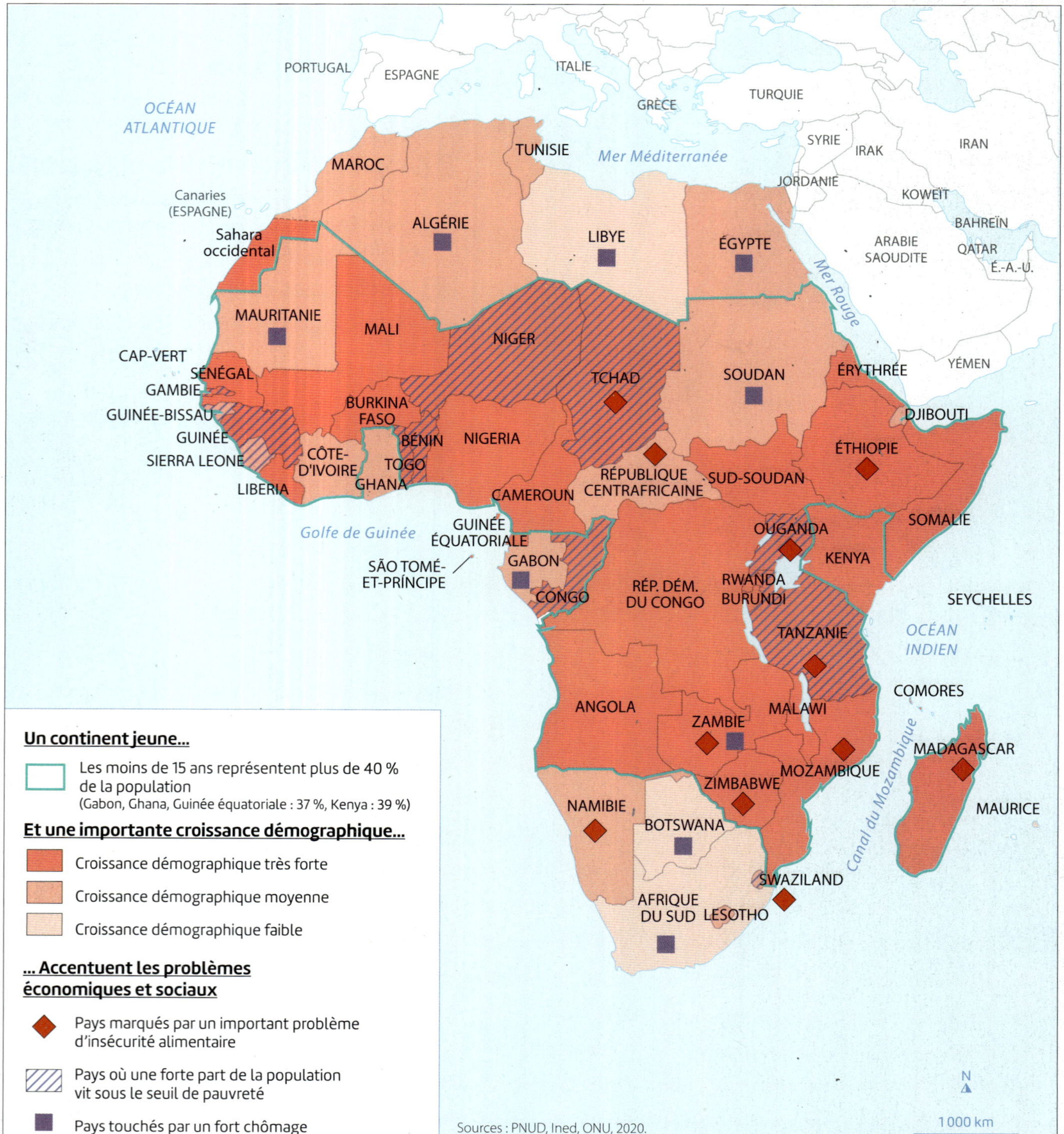

❯ Découverte des cartes

1. Relever des informations sur une carte.
Quelles sont les principales caractéristiques démographiques du continent africain ?

2. Décrire une situation géographique.
Sur quels atouts le développement de l'Afrique peut-il s'appuyer ?

3. Expliquer les enjeux d'une situation géographique.
En quoi ces cartes montrent-elles que le territoire africain ne présente pas un développement homogène ?

Les atouts et les freins au développement en Afrique

Carte interactive
liennathan.fr/0q79ri

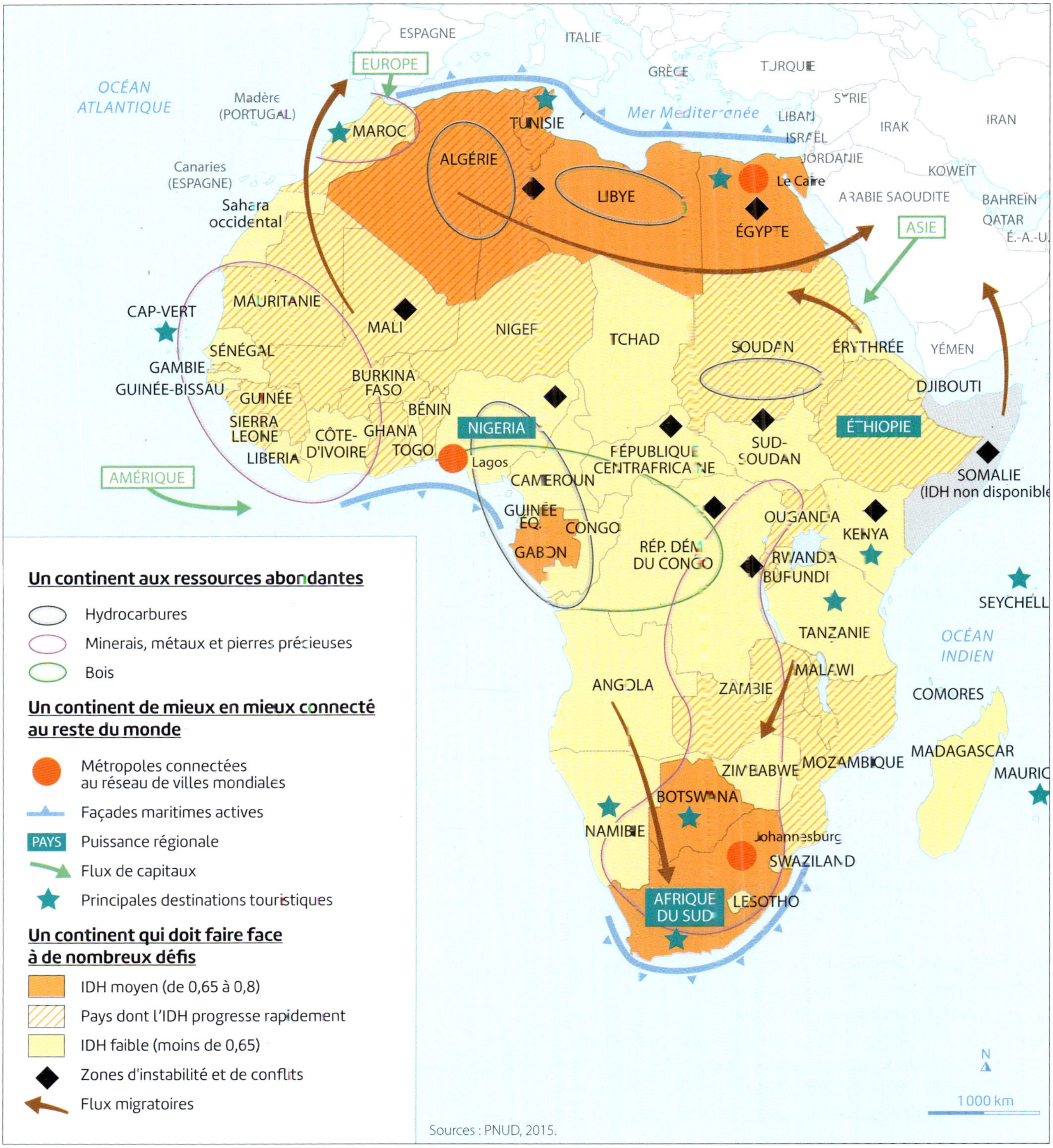

Cours

CAPACITÉ

Suivre une démarche d'analyse géographique

Les défis de l'Afrique en mouvement

Peuplée de près d'un milliard et demi d'habitants, l'Afrique s'intègre de plus en plus aux échanges internationaux. Elle reste le continent le plus touché par la pauvreté mais connaît de profondes transformations, qui font apparaître une Afrique à plusieurs vitesses.

1. Le défi démographique

Une population croissante et mobile. L'Afrique compte 1,3 milliard d'habitants. Ce nombre devrait doubler d'ici 2050, car la fécondité reste plus élevée que dans les autres parties du monde. Deux Africains sur cinq ont moins de 15 ans. Les déplacements sont importants, principalement intra-africains, mais aussi Sud-Nord (migrants volontaires, réfugiés et déplacés des zones de conflits).

L'explosion urbaine. C'est en Afrique que la croissance urbaine est la plus forte, notamment sur les littoraux. Quatre Africains sur dix vivent en ville ; ils seront cinq sur dix en 2030. Les mégapoles présentent un espace fractionné (quartiers modernes et quartiers informels) et des infrastructures insuffisantes (transports, adduction d'eau, électricité, traitement des déchets).

2. Le défi du développement

Des progrès insuffisants. L'indicateur du développement humain a progressé de 15 % depuis 2000. Des progrès ont été réalisés en matière de santé, de scolarisation primaire (78 % des jeunes) et secondaire (33 %), notamment grâce aux transferts d'argent des migrants. Mais un Africain sur quatre souffre de sous-alimentation, un sur trois n'a pas accès à l'eau potable.

Des leviers et des freins. L'Afrique est riche en ressources énergétiques et minières. Depuis 2000, elle enregistre une croissance de 5 % par an. Mais, dans de nombreux États, du fait de l'absence de démocratie et de la corruption, cette croissance s'accompagne de l'aggravation des inégalités. Insécurité et conflits minent plusieurs pays.

3. Les recompositions territoriales

Corridors et zones franches. Les ressources du sous-sol, les terres disponibles suscitent les convoitises (États-Unis, Union européenne, Chine, Inde, Brésil…). Des axes de circulation, des corridors de transport sont aménagés afin d'ouvrir un accès maritime à des régions minières ou des États enclavés. Près des ports, des zones franches attirent les investissements directs étrangers par des exemptions fiscales.

L'Afrique à plusieurs vitesses. L'Afrique du Sud s'affirme comme la première puissance du continent. Quelques pays sont parvenus à diversifier leur économie (Maroc, Tunisie, Kenya…). D'autres exportent surtout des produits bruts (pays rentiers du pétrole : Algérie, Nigeria, Angola…). Les États du Sahel, l'Afrique centrale, la corne de l'Afrique sont des zones de conflits. L'économie informelle tient une grande place sur tout le continent.

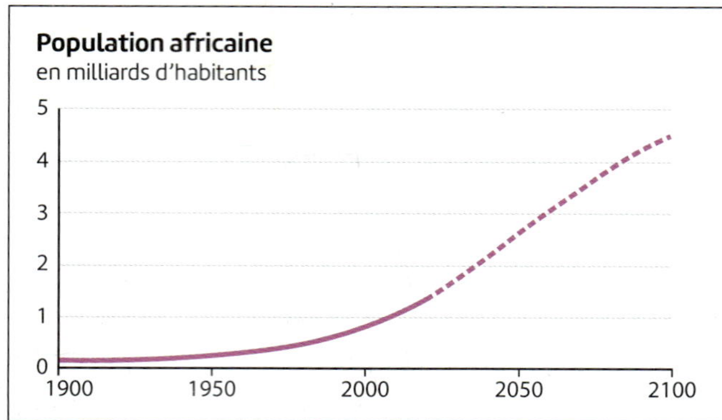

1 La croissance de la population

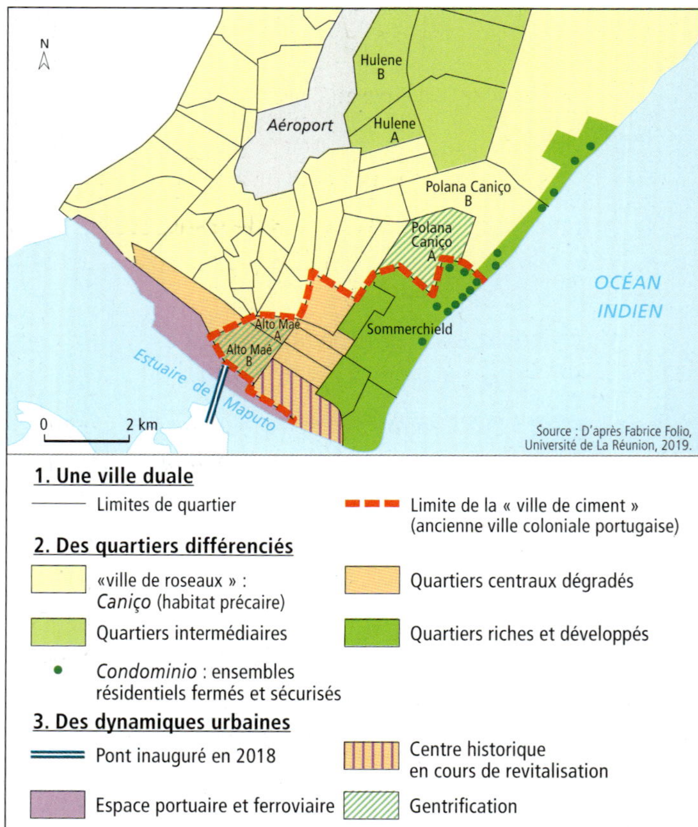

2 Maputo (Mozambique), une ville fragmentée

Recherche WEB

→ Recherchez des informations sur les transports dans une grande ville africaine de votre choix.

3 Boutique de transfert d'argent à Touba (Sénégal)

4 Une de *Courrier international* du 22 novembre 2018

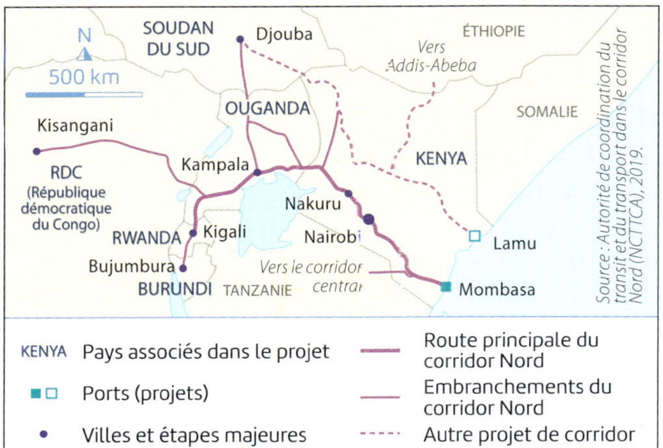

5 **Le corridor Nord de transit et de transport**

C'est l'axe de transport le plus important en Afrique orientale et centrale.

Notions clés

Développement : amélioration des conditions de vie de la population.

Corridors de développement : axes de transport multimodaux (routiers, ferroviaires, aériens) connectant des zones enclavées à un accès portuaire, aménagés dans le but d'attirer des activités susceptibles d'entraîner un processus de développement.

Zones franches (ou zones économiques spéciales) : zones d'activités bénéficiant d'exemptions fiscales ou douanières afin d'attirer des investissements directs étrangers.

6 L'aménagement des zones franches

Occupant 5 000 hectares, la zone franche de Djibouti, réalisée à l'aide de prêts chinois, sera la plus vaste du continent.

Le volume de marchandises arrivant en Afrique de l'Est ne cesse d'augmenter. À chaque fois qu'un produit quitte le continent sans avoir été transformé, c'est une opportunité manquée pour l'Afrique. C'est pourquoi à Djibouti, nous avons créé deux zones franches. La première est une zone de logistique, de commerce et d'industrie légère. Au lieu de produire ailleurs et d'importer, la production va se faire dans la zone franche internationale de Djibouti. Djibouti est la porte d'entrée pour un grand marché d'une dizaine de pays qui sont enclavés, qui représentent à peu près 400 millions de consommateurs. La seconde zone franche est spécialisée dans l'industrie lourde.

Extrait d'un entretien avec le président de l'Autorité des ports et des zones franches de Djibouti, 19 décembre 2019.

Questions

Le défi démographique

1. Caractérisez l'évolution de la population africaine depuis 1950. (doc. 1)
2. Quelles inégalités sociales révèle l'organisation de l'espace urbain à Maputo ? (doc. 2)

Le défi du développement

3. À quels besoins humains l'Afrique doit-elle répondre ? (docs 1 et 2)
4. Quels leviers de développement cette photographie évoque-t-elle ? (doc. 3)

Les recompositions territoriales

5. D'après la Une de ce périodique, comment les puissances citées dans le sous-titre agissent-elles vis-à-vis de l'Afrique ? (doc. 4)
6. Quels États sont connectés par le corridor Nord ? (doc. 5)
7. À quels objectifs répond la création de zones franches ? (doc. 6)

Dossier 1

CAPACITÉ

Analyser et expliquer les enjeux d'une situation géographique

Le Nigeria, un géant fragile

Grand producteur de pétrole, première puissance économique d'Afrique subsaharienne, le Nigeria dispose d'infrastructures routières et bancaires importantes et d'une élite instruite de haut niveau. Cependant, l'industrie est peu développée et les inégalités sociales sont très grandes. L'insécurité et le terrorisme affaiblissent le pays.

1 Le Nigeria en chiffres

PIB	1er rang en Afrique subsaharienne
Production de pétrole	100 millions de tonnes
Population	201 millions d'habitants
Population en 2050	400 millions d'habitants
Nombre d'enfants par femme	5,3 (5 en Afrique)
Pourcentage de moins de 15 ans	44 % (40 % en Afrique)
Classe moyenne	23 % (13 % en Afrique)
Taux d'extrême pauvreté	43 % (33 % en Afrique)
Indicateur de développement humain	0,532 (Afrique du Sud : 0,691)
Alphabétisation	67 % (Niger : 19,1 %)

Sources : ONU, INED, 2019.

2 La rente pétrolière et la corruption

Au Nigeria, le pétrole est détourné à une échelle industrielle par des groupes criminels ou insurrectionnels. Des mafias bien organisées viennent percer les oléoducs pour en extraire le pétrole brut et le transférer dans des barges. On appelle cela le *bunkering*. La cargaison volée part ensuite, soit vers des supertankers pour de l'exportation illégale à l'international, soit vers des raffineries artisanales qui polluent énormément le delta du Niger et qui produisent une essence de très mauvaise qualité pour le marché national ou pour les pays voisins. Selon les Nations unies, l'importance du *bunkering* est significative de l'impuissance du gouvernement à y mettre un terme, voire d'un arrangement des mafias avec les autorités. Beaucoup de monde a intérêt à ce que le « coulage » du brut continue : les rebelles du delta pour financer leurs achats d'armes et négocier des avantages politiques ; les militaires pour arrondir leurs fins de mois ; les sous-traitants pour obtenir des contrats de réparation ; les jeunes des villages avoisinants pour trouver du travail dans les raffineries artisanales.

Marc-Antoine Pérouse de Montclos, « Rente pétrolière et corruption, le cas du Nigeria », étude de l'IFRI, novembre 2018.

3 Vue aérienne de Lagos

4 Quartier informel à Lagos

L'économie informelle tient une très grande place au Nigeria. Elle est toutefois difficile à chiffrer.

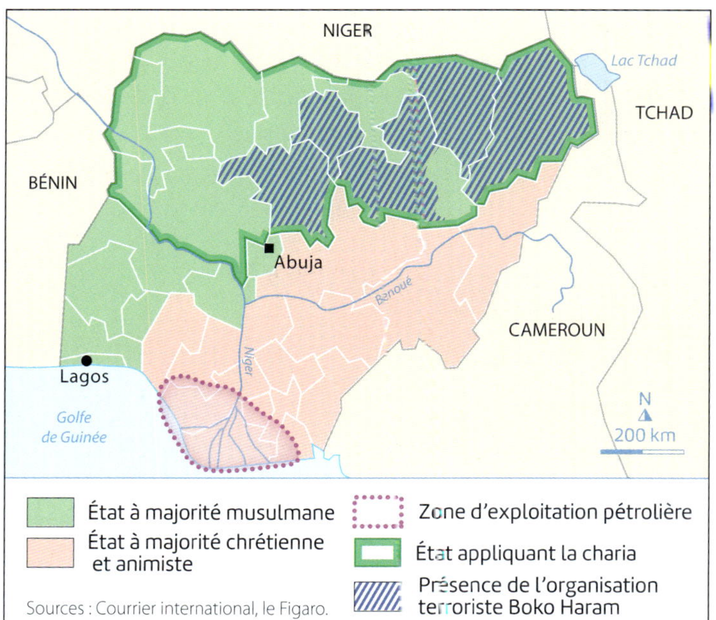

5 Les tensions communautaires et le terrorisme au Nigeria

Recherche WEB

→ Faites une recherche sur le cinéma nigérian (nombre de films produits, type de films, formats d'exploitation, pays d'exportation).

Itinéraire 1

Pourquoi le Nigeria est-il une puissance fragile ?

Capacité Questionner des documents

1. Quels sont les aspects de la puissance du Nigeria ? (doc. 1)
2. Relevez les indices de l'importance de la pauvreté au Nigeria. (docs 1, 3, 4)
3. De quelles inégalités cette photographie témoigne-t-elle ? (doc. 3)

Capacité Comprendre une situation géographique

4. Quels sont les effets économiques et sociaux du *bunkering* ? (doc. 2)
5. À quelles formes d'insécurité le Nigeria est-il confronté ? (docs 2, 5)

Itinéraire 2

Expliquer les enjeux d'une situation géographique

Rédigez un paragraphe argumenté présentant le Nigeria. Vous présenterez tout d'abord les éléments de puissance du pays. Puis vous exposerez ses fragilités.

Dossier 2

CAPACITÉ

Rendre compte à l'oral des stratégies d'implantation de la Chine en Afrique

La « Chinafrique », la présence chinoise en Afrique

Depuis les années 2000, l'Afrique est devenue une destination majeure des investissements chinois. La Chine investit majoritairement dans les secteurs de l'extraction minière et des infrastructures. En parallèle, la multiplication des liens politiques et culturels entre les représentants chinois et africains renforce cette présence sur le continent africain.

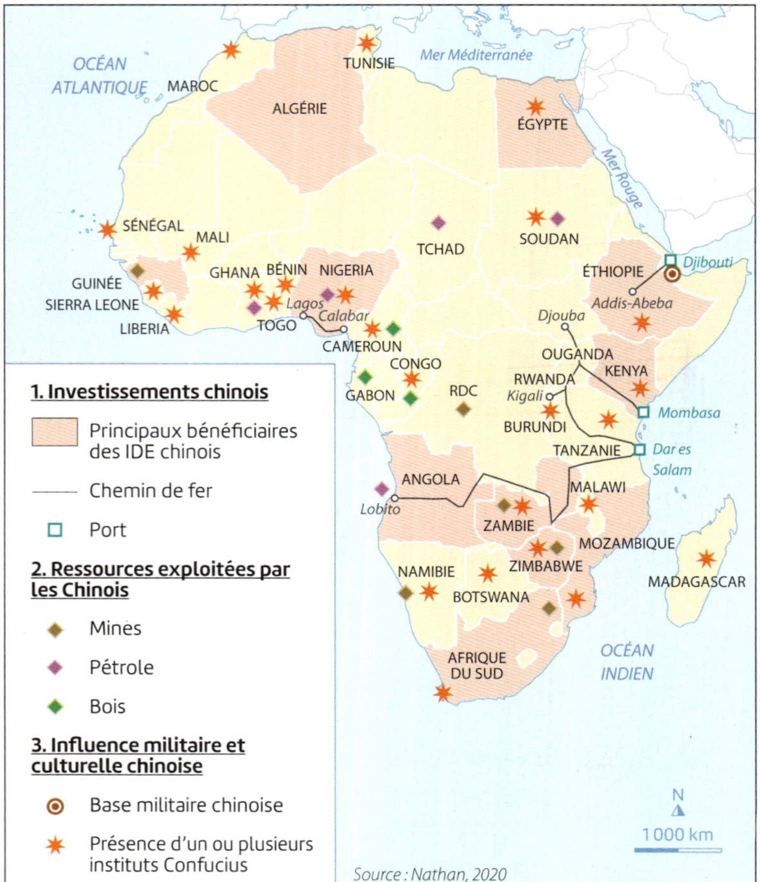

1 La présence chinoise en Afrique

2 Les investissements étrangers en Afrique

Origine des IDE (Investissements directs à l'étranger)	Taux de croissance des IDE (2009-2019)	Part des IDE en 2019
Chine	233 %	15 %
Turquie	192 %	2 %
Inde	181 %	7 %
UE	22 %	36 %
Brésil	12 %	2 %
États-Unis	7 %	7 %

Source : CNUCED, 2020.

Recherche WEB

→ Consultez le site Internet du « Forum sur la coopération sino-africaine ». Choisissez un exemple de coopération économique ou culturelle que vous présenterez à l'oral en vous aidant d'un document que vous aurez sélectionné sur ce site Internet.

Vers le site liennathan.fr/9tx0o4

3 Usine de Huajian, entreprise chinoise de fabrication de chaussures installée dans la banlieue d'Addis-Abeba en Éthiopie

L'entreprise chinoise est venue chercher une main-d'œuvre abondante et bon marché : le salaire moyen éthiopien est vingt fois moins élevé qu'en Chine. L'usine emploie plus de 3 000 ouvriers africains et plusieurs dizaines de contremaitres chinois.

4 **Un institut Confucius à Pretoria (Afrique du Sud)**

Les Instituts Confucius ont été créés en 2004 sur le modèle des Alliances françaises, du Goethe Institut ou du British Council. Établissements culturels publics à but non lucratif, ils ont pour mission l'enseignement du mandarin et la diffusion de la culture chinoise. Actuellement, on compte plus de cinquante établissements de ce type en Afrique.

5 **Dessin de presse de PieR Gajewski, 2005**

6 **La relation Chine-Afrique, développement ou dépendance ?**

L'expression « Chinafrique » désigne l'implantation croissante de la Chine en Afrique. L'empire du Milieu est devenu le premier partenaire commercial du continent noir, devant l'Union européenne. Tous les ans depuis l'an 2000, des forums Chine-Afrique permettent aux responsables économiques et politiques des deux parties de discuter des milliards d'investissements effectués par Pékin. [...] L'offensive actuelle de la Chine vise à alimenter la croissance chinoise en matières premières. Contrairement à ses concurrents européens, Pékin n'affiche aucune exigence en matière de droits humains.

La multiplication des contrats très coûteux, notamment dans les infrastructures, fait craindre un endettement sournois du continent. C'est pourquoi le président chinois Xi Jinping a promis que 15 des 60 milliards de dollars annoncés pour 2019-2020 seraient des prêts sans intérêt.

« France-Afrique, domination et émancipation », Anne-Cécile Robert, *Le Monde diplomatique. Manière de voir*, n° 165, juin-juillet 2019.

Itinéraire 1

› En quoi les investissements chinois sont-ils facteurs de développement mais aussi de dépendance pour l'Afrique ?

Capacité **Dégager l'intérêt des documents**

1. Caractérisez la place occupée par les investissements chinois en Afrique. (doc. 2)

2. Dans quels domaines se concentrent la majorité des investissements chinois en Afrique ? Comment l'expliquer ? (docs 1, 5 et 6)

Capacité **Exercer son esprit critique**

3. En quoi les investissements chinois peuvent-ils favoriser le développement africain ? (docs 1, 3 et 6)

4. Quels peuvent être les aspects positifs mais aussi négatifs de l'implantation des instituts Confucius en Afrique ? (doc. 4)

5. Quelle vision de la présence chinoise en Afrique a voulu délivrer l'auteur du dessin de presse ? (doc. 5)

Itinéraire 2

Rendre compte des stratégies d'implantation de la Chine en Afrique

En vous aidant des documents du dossier, adoptez le point de vue de l'État chinois et présentez oralement les arguments qui l'amènent à implanter une entreprise en Afrique. Caractérisez le type d'entreprise (nature de l'activité, besoins en ressources et en main-d'œuvre…) et mettez en valeur les atouts du territoire africain choisi pour l'implanter.

Capacité

Caractériser l'urbanisation du continent africain, à partir de cartes

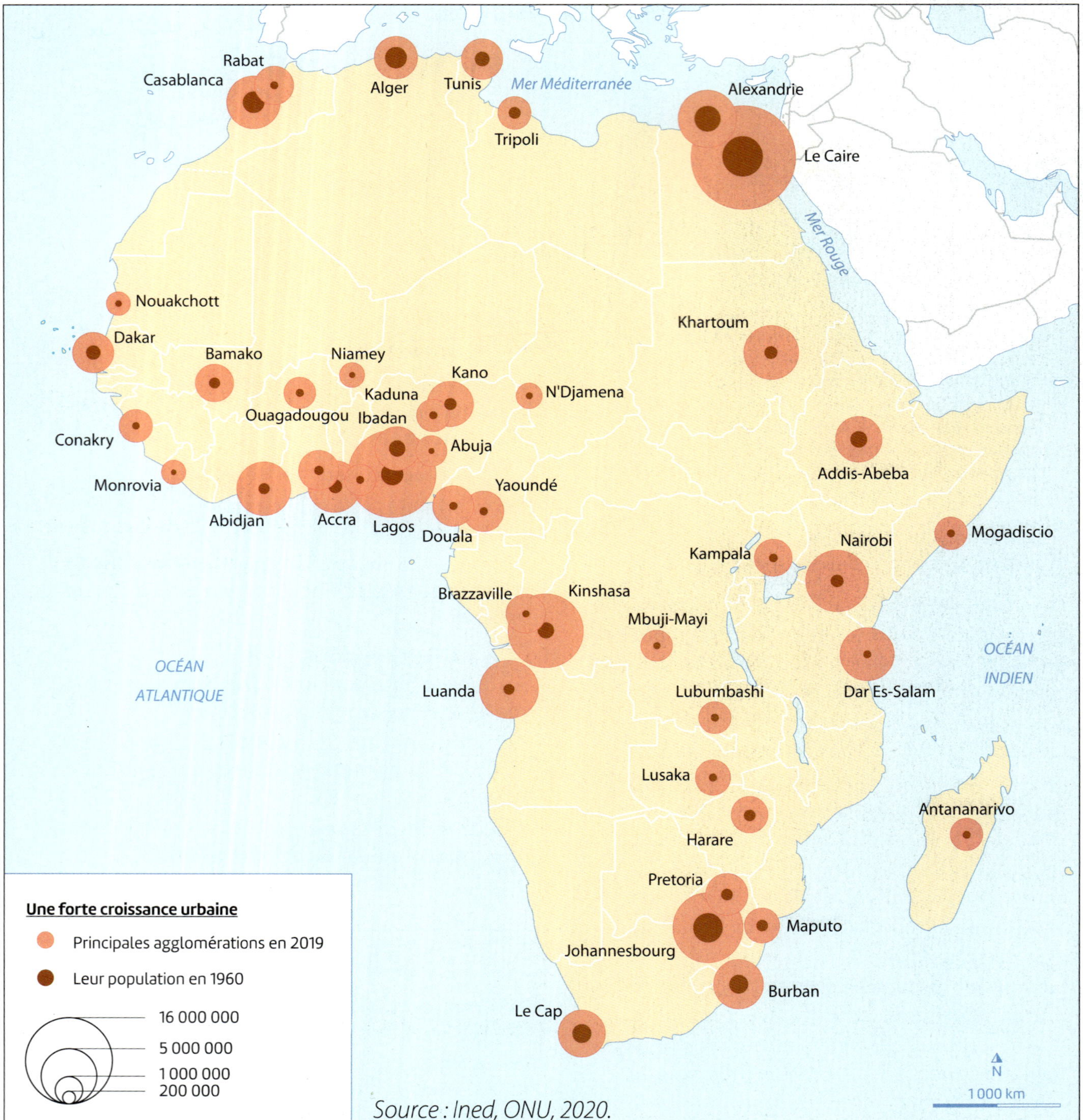

1 Les grandes villes et la croissance urbaine en Afrique

Méthode

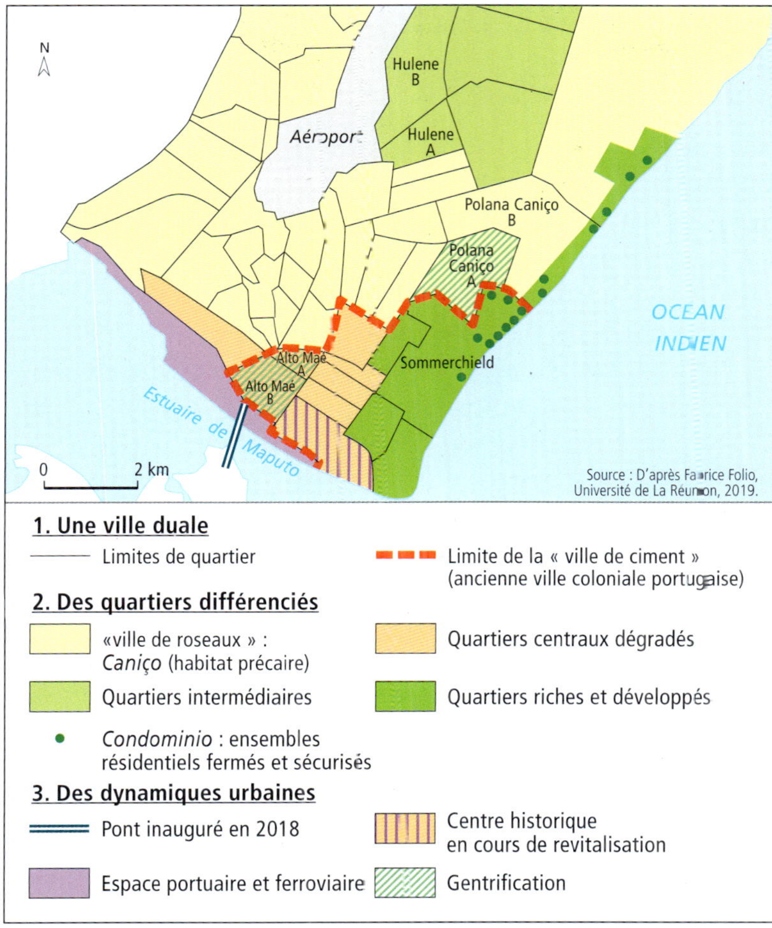

Source : D'après Fabrice Folio, Université de La Réunion, 2019.

2 Maputo, capitale du Mozambique, en Afrique de l'Est. Une ville fragmentée

Document 2 de la page 100.

1 Repérer les identifiants des cartes

a. Quel est le titre de chaque carte ?

b. Quelle est l'échelle de chaque carte ?

c. Lisez attentivement les légendes.

2 Dégager les informations apportées par chaque carte

a. Combien l'Afrique compte-t-elle de villes de plus d'un million d'habitants ? **(doc. 1)**

b. Combien en comptait-elle en 1960 ? **(doc. 1)**

c. Leur croissance a-t-elle été importante ? **(doc. 1)**

d. Quelles inégalités sociales et spatiales montre la carte de Maputo ? **(doc. 2)**

e. À quel indice mesure-t-on l'ampleur de l'insécurité ? **(doc. 2)**

f. Quel autre problème la carte montre-t-elle ? **(doc. 2)**

3 Rédiger un paragraphe argumenté caractérisant l'urbanisation du continent africain

a. Vous décrirez d'abord sa croissance depuis 1960.

b. Vous présenterez ensuite, en vous appuyant sur l'exemple de Maputo, l'organisation de l'espace en montrant l'opposition entre les quartiers riches et les quartiers pauvres.

c. Vous exposerez enfin les problèmes urbains que vous aurez identifiés.

Sujet bilan

L'Afrique du Sud, entre puissance et vulnérabilité

1 L'Afrique du Sud, une puissance vulnérable

L'Afrique du Sud représente le quart du PIB du continent, 65 % du chiffre d'affaires des 500 premières sociétés africaines dans la chimie, les télécommunications, les mines, l'agro-alimentaire, la distribution. Elle accède aux technologies de pointe dans le domaine civil et militaire. Elle développe son aire d'influence par le biais de sa puissance militaire et de sa diplomatie. Les défis sont toutefois considérables. Elle doit combiner les héritages de l'apartheid[1], des flux d'immigrés et de réfugiés importants, la régulation de la violence et les dégâts environnementaux du modèle énergétique à base de charbon. Le taux de chômage est supérieur au tiers de la population. Le stress hydrique[2], les disparités sociales, la pauvreté (22 millions d'habitants ont un revenu inférieur à un dollar par jour) constituent des éléments de vulnérabilité, même si on ne doit pas négliger les progrès importants dans les domaines des logements, de la santé, de l'éducation, de l'accès à l'eau ou à l'électricité.

Philippe Hugon, *Afriques. Entre puissance et vulnérabilité*, Armand Colin, 2016.

1. Apartheid : politique de ségrégation des populations en fonction de leur couleur de peau, appliquée à partir de 1948 et abolie en 1991.
2. Stress hydrique : besoins en eau supérieurs aux ressources.

2 Deux banlieues de Johannesbourg vues du ciel
Kya Sands (à gauche) et Bloubosrand (à droite) sont situées au nord-ouest de l'agglomération.

1 Je questionne un document (8 points)

Après l'avoir recopié, complétez le tableau à l'aide du document 1.

	Éléments de puissance	Éléments de vulnérablité
Économie		
Relations internationales		
Société		
Environnement		

2 Je réalise un croquis simple (4 points)

a. À l'aide d'un calque, réalisez un croquis faisant apparaître les différentes formes d'habitat à Kya Sands et Bloubosrand. **(doc. 2)**

b. Réalisez une légende.

c. Donnez un titre au croquis.

3 Je construis un raisonnement géographique (8 points)

Rédigez un paragraphe argumenté. Vous présenterez d'abord les aspects de la puissance de l'Afrique du Sud. Puis vous exposerez les éléments de sa vulnérabilité.

Géographie

Terminale

THÈME 1

L'accès aux ressources pour produire, consommer, se loger et se déplacer

Des Amérindiens manifestent pour leurs terres à Brasilia.

La Constitution brésilienne de 1988 a accordé aux Amérindiens l'usage inaliénable de leurs terres. Ce droit est souvent bafoué. Les Indiens de la tribu Munduruku réclament la démarcation de leurs terres menacées par la construction d'un barrage hydroélectrique (avril 2018).

➘ Quel conflit d'usage cette photographie illustre-t-elle ?

LE THÈME AUTREMENT
Lecture - La crise de l'eau
liennathan.fr/i7r84w

PLAN DE TRAVAIL

La pression sur les ressources s'accroît. Afin d'assurer leur accès pour tous et de limiter les conflits d'usage, il est nécessaire de parvenir à une gestion durable des ressources terrestres.

1 Maîtriser le thème

Peut-on assurer un accès équitable et durable aux ressources ? (p. 116)

2 Approfondir les notions et capacités

1. L'eau du Colorado : une ressource convoitée et menacée. (p. 118)
2. Les parcs éoliens en mer, des aménagements en débat. (p. 120)

3 Vers le baccalauréat

- Capacité : analyser l'accès à une ressource à partir d'une carte. (p. 122)
- Sujet bilan. Vers le BAC. (p. 124)

Carte

La répartition des ressources terrestres

Des ressources mondiales sous pression

1. L'inégale répartition des ressources

- Terres rares (métaux aux propriétés électromagnétiques)
- Importante production de charbon
- Foyer majeur de production d'hydrocarbures (20 % de la production ou des réserves mondiales)
- Grand foyer de production d'hydrocarbures (au moins 5 % de la production ou des réserves mondiales)
- Flux d'hydrocarbures

2. Les pressions sur les ressources

- Forte consommation des ressources par habitant
- Déforestation
- Surexploitation des ressources de la mer
- Métropole risquant de manquer d'eau en 2050
- Les plus grands émetteurs de CO2

3. Les conflits pour les ressources

- Conflits pour l'énergie
- Conflits pour l'eau

❯ Découverte de la carte

1. Relever des informations sur une carte.
Quels États ont la plus forte consommation de ressources par habitant ?

2. Décrire une situation géographique.
En quoi cette carte montre-t-elle une forte pression sur les ressources terrestres ?

3. Expliquer les enjeux d'une situation géographique.
Quelles sont les conséquences environnementales et géopolitiques de la pression sur les ressources ?

Carte interactive
liennathan.fr/57j5ii

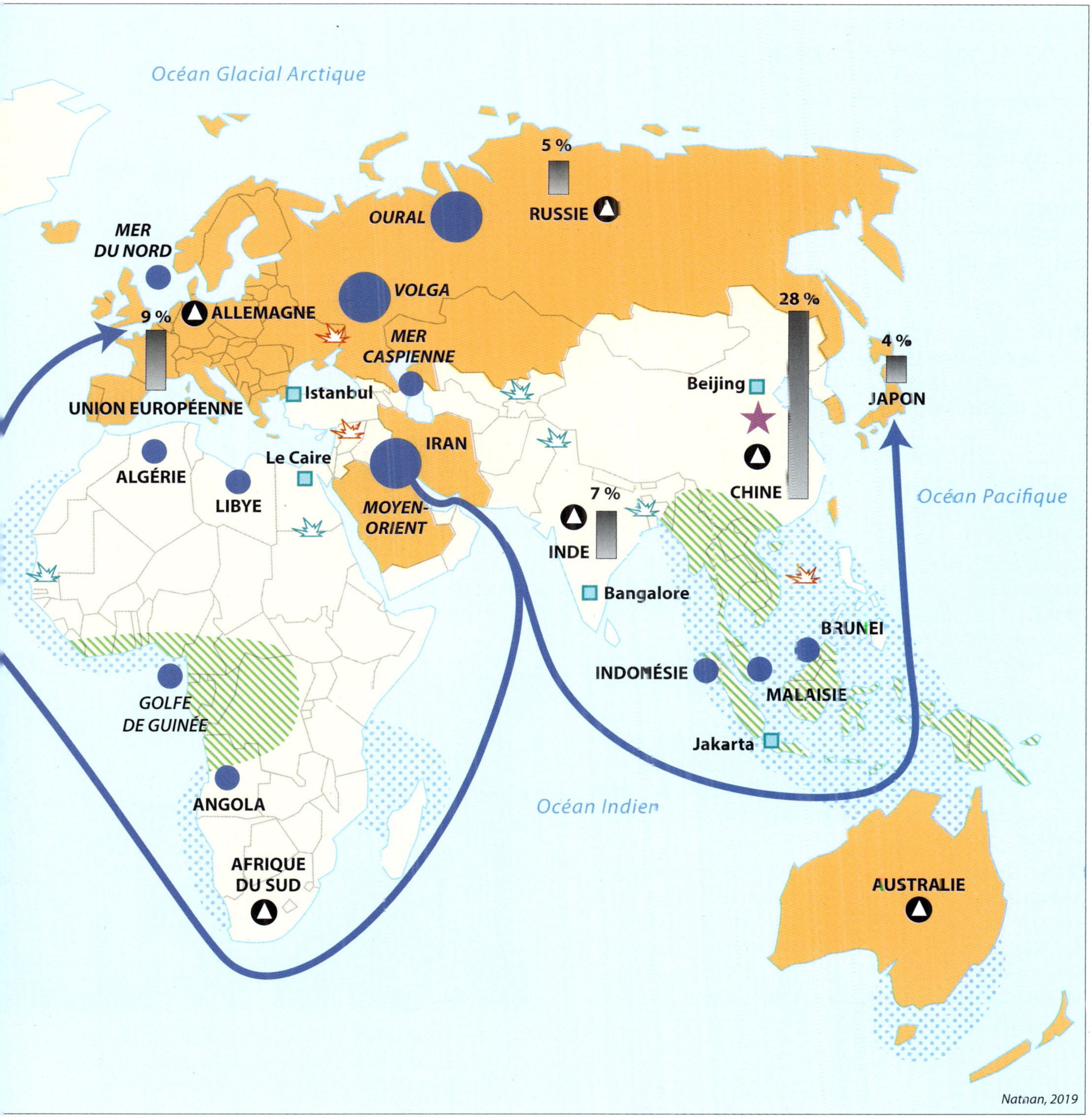

Cours

CHEF-D'ŒUVRE
- Construire sa culture professionnelle
- Inscrire son métier dans la gestion durable

L'accès aux ressources pour produire, consommer, se loger et se déplacer

Nos modes de consommation se traduisent par une pression croissante sur les ressources, à l'origine de nombreux conflits d'usage. Il est nécessaire de penser de nouveaux modes de vie et de mobilités dans une logique de développement durable.

1. La pression sur les ressources

Des besoins croissants. La croissance économique mondiale et la transformation des modes de développement exercent une pression forte sur la demande en énergie, en eau, en minerais, en produits agricoles. Par ailleurs, la consommation augmente avec la croissance démographique et l'urbanisation.

Des approvisionnements en question. Cette croissance menace la disponibilité des ressources, y compris alimentaires. De plus, leur raréfaction impose des conditions d'exploitation plus difficiles et plus coûteuses. Enfin, les ressources non renouvelables (poissons, forêts, eau) se dégradent.

2. Les risques liés à une exploitation croissante

Les tensions et les conflits. L'inégale répartition des ressources alimente des tensions : pétrole (dont 60 % des réserves sont situées au Moyen-Orient), partage de l'eau… Les ressources des océans (hydrocarbures, poissons) sont un enjeu à chaque délimitation des zones de pêche ou d'exploitation pétrolière. À l'échelle locale, les conflits d'usage sont nombreux.

Les changements globaux. Le modèle actuel de consommation transforme l'environnement terrestre. Les carburants fossiles émettent des gaz à effet de serre qui modifient les climats. Des pollutions dégradent la qualité de l'eau et des sols. La biodiversité recule (surexploitation des forêts et des zones de pêche, pollutions, urbanisation).

3. La nécessité d'une gestion durable

Une prise de conscience récente. Face aux risques de pénurie dans l'avenir, les Nations unies ont défini 17 objectifs de développement durable. Des mesures sont prises au niveau européen (interdiction du commerce du bois illégal, quotas de pêche…) et national (loi sur la transition énergétique de 2015).

L'aménagement des territoires. L'État et les collectivités territoriales poursuivent des politiques territoriales visant à la préservation de l'environnement et des ressources : développement de modes de transport propres (tramways, métro du Grand Paris…), production d'énergie renouvelable (solaire, éolien), valorisation des déchets, soutien à l'agriculture durable…

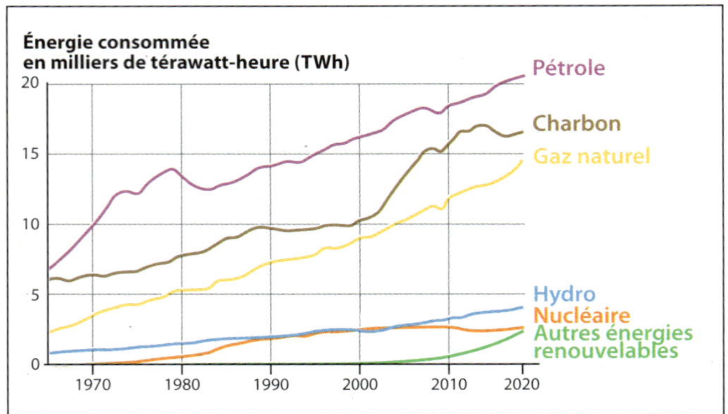

1 La croissance de la consommation mondiale d'énergie primaire

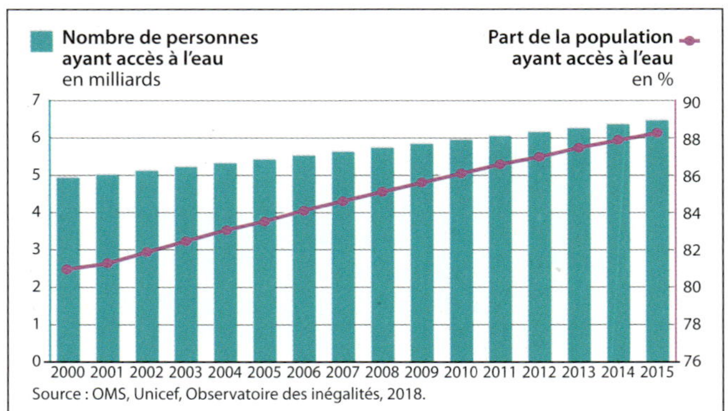

2 L'inégal accès à l'eau dans le monde

3 Les feux de la déforestation de l'Amazonie

Depuis 1970, 20 % de la superficie de cette réserve mondiale de biodiversité ont été défrichés afin de développer l'élevage, l'agriculture, l'extraction minière.

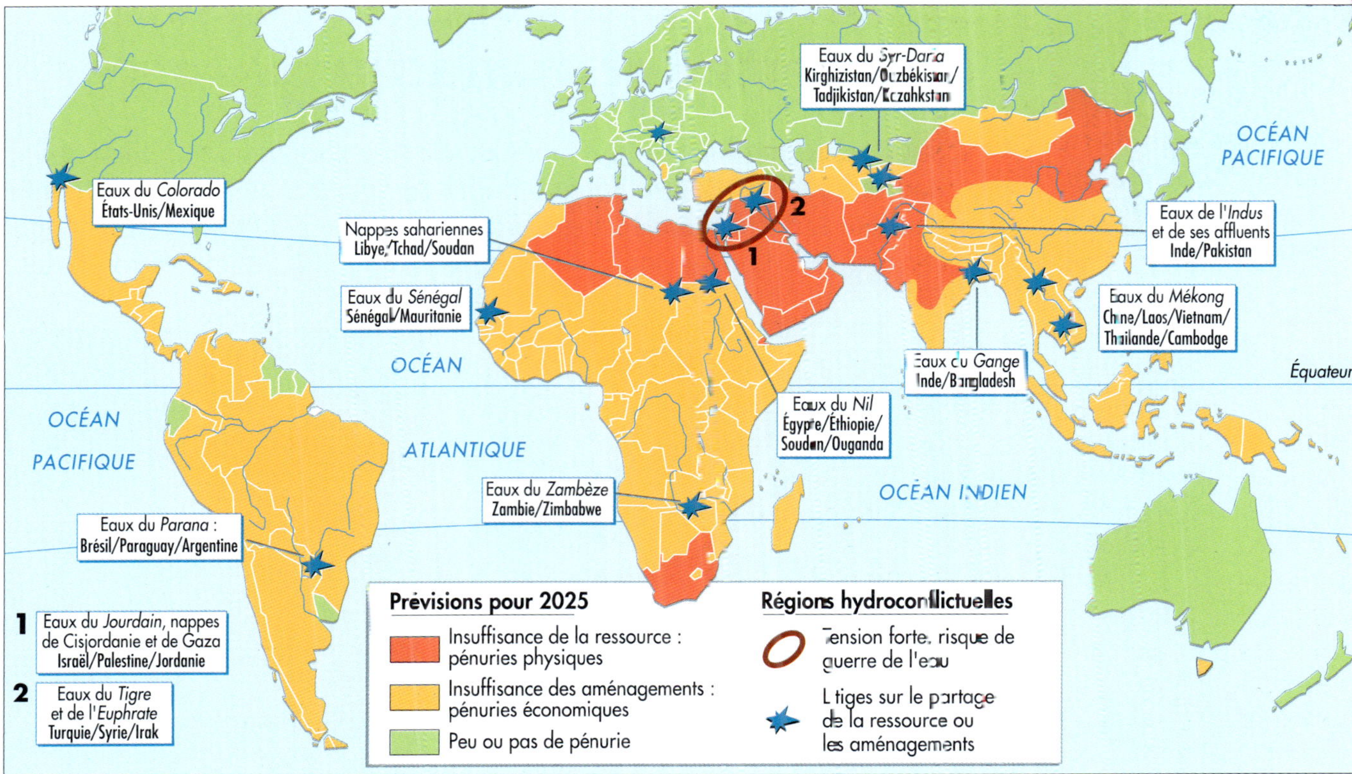

4 Pénuries et conflits pour l'eau à l'horizon 2025

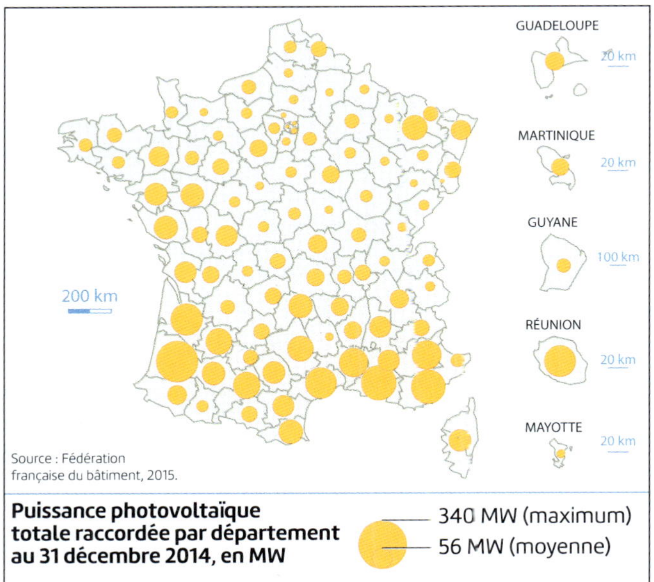

5 La puissance installée en énergie solaire photovoltaïque en France

L'énergie solaire ne représente encore que 2,5 % de la production française d'électricité mais les pouvoirs publics souhaitent accélérer son déploiement pour mieux répondre aux engagements de l'accord de Paris.

Notions clés

Ressources disponibles : ressources renouvelables et non renouvelables exploitables à un coût acceptable avec les techniques actuelles.

Changements globaux : modifications liées aujourd'hui aux activités humaines (changement climatique, réduction de la biodiversité).

Questions

La pression sur les ressources

1. Comment a évolué la consommation mondiale d'énergie depuis 50 ans ? (doc. 1)
2. Quelle part de la population mondiale n'a pas accès à l'eau ? (doc. 2)

Les risques liés à l'exploitation

3. À votre avis, quels changements globaux la déforestation de l'Amazonie accélère-t-elle ? (doc. 3)
4. Quels conflits d'usages ces documents révèlent-ils ? (docs 3 et 4)

La nécessité d'une gestion durable

5. Quels problèmes soulève notre mode de consommation des ressources pour les générations présentes et futures ? (docs 1, 2, 3 et 4)
6. Comment les pouvoirs publics peuvent-ils favoriser la réduction des gaz à effet de serre en France ? (doc. 5)

Recherche WEB

→ Recherchez quels sont les 17 objectifs de développement durable définis par les Nations unies.

Dossier 1

CAPACITÉ

Analyser les tensions autour d'une ressource dans le cadre d'une étude de cas

L'eau du Colorado, une ressource convoitée et menacée

Le Colorado prend sa source dans les montagnes Rocheuses aux États-Unis et parcourt plus de 2 300 kilomètres avant de se jeter dans le golfe de Californie au Mexique. Il constitue une ressource vitale pour les États de l'Ouest et pour le Nord-Ouest du Mexique. Mais les risques de pénurie d'eau s'accentuent.

1 Les aménagements du fleuve Colorado

2 **Le golf de Scottsdale, près de Phoenix (Arizona)**

La consommation d'eau par habitant aux États-Unis est la plus élevée du monde. À Phoenix, golfs et villas avec pelouses et piscines sont au milieu du désert.

3 Une ressource surexploitée

Depuis 1997, du fait de la surexploitation du fleuve (eau potable, irrigation, hydroélectricité, fracturation hydraulique pour l'extraction du gaz de schiste) et du changement climatique, les captages sur l'ensemble du bassin sont supérieurs aux quantités d'eau annuelles. D'où la baisse de tous les lacs et réservoirs sur l'ensemble des rivières du bassin et sur le cours du Colorado lui-même, qui n'atteint parfois pas son embouchure. Il faut modifier l'utilisation de l'eau par l'agriculture des périmètres irrigués : réduction de pertes en eau par des arrosages au goutte à goutte, couverture des canaux d'irrigation à ciel ouvert pour limiter l'évaporation, utilisation de repérages satellites pour gérer l'irrigation de façon précise. Le gaspillage des eaux à destination des villes est aussi massif : il faut remplacer les gazons urbains par les plantes vertes des déserts, réduire la climatisation des maisons individuelles.

Pauline Rappaz, entretien avec René-Éric Dagorn (géographe), « Le Colorado, un fleuve à l'agonie », *Espazium*, 23 octobre 2015.

4 Culture irriguée du coton en Californie

L'agriculture consomme 77 % de l'eau utilisée en Californie. Les usages domestiques représentent 13 %, les industries 10 %.

5 Affiche réalisée par les agences de l'eau en Californie du Sud

Le compteur indique l'état des réserves en eau et l'appel signifie « Au secours, faites bouger l'aiguille ! ».

Recherche WEB

→ Recherchez des informations sur l'agriculture irriguée en Californie (cultures, rendements obtenus) et sur les techniques d'irrigation qui permettraient de réduire la consommation et les gaspillages.

Itinéraire 1

❯ Quels problèmes soulève la gestion de l'eau dans le bassin du Colorado ?

Capacité Questionner des documents pour conduire une analyse géographique

1. Quels aménagements ont été réalisés dans le bassin du fleuve Colorado ? (doc. 1)
2. Quels sont les usages de l'eau du Colorado ? (docs 1, 2 et 3)

Capacité Comprendre les enjeux d'une situation géographique

3. Quels États souverains et quels États de l'Ouest des États-Unis se partagent l'eau du Colorado ? (doc. 1)
4. Pourquoi le risque de pénurie d'eau augmente-t-il ? (docs 2, 3 et 4)
5. Quelles sont les mesures nécessaires pour réduire les risques de pénurie d'eau ? (docs 3 et 5)

Itinéraire 2 VERS LE BAC

Analyser les tensions autour d'une ressource

À partir des documents du dossier, rédigez trois paragraphes sur les tensions suscitées par le partage de l'eau dans le bassin du Colorado. Vous présenterez d'abord les différents usages de l'eau. Vous exposerez ensuite les tensions géopolitiques et environnementales qui résultent de la surexploitation de la ressource et du changement climatique. Vous direz enfin quelles solutions peuvent être apportées.

Dossier 2

CAPACITÉ

Analyser un conflit d'usage autour d'une ressource dans le cadre d'aménagements territoriaux

Les parcs éoliens en mer, des aménagements en débat

À l'étude depuis 2012, six parcs éoliens en mer doivent être réalisés au large des littoraux français entre 2021 et 2024 dans la perspective de la transition énergétique. Ils suscitent cependant de vifs débats.

1 Le rôle de l'énergie éolienne dans la transition énergétique

Le développement des énergies renouvelables en mer est une priorité en application de la loi relative à la transition énergétique et pour la croissance verte de 2015. La loi ambitionne une réduction de 40 % des émissions de gaz à effet de serre et une part des énergies renouvelables portée à 32 % de la consommation énergétique finale à l'horizon 2030. Parmi les sources d'énergie renouvelable, l'éolien est l'une des techniques les plus prometteuses. Son développement est indispensable si la France souhaite respecter les objectifs fixés. Il n'y a pas toujours de vent et le vent ne souffle pas toujours avec la même intensité, mais il existe des zones où la production d'électricité est possible pour 80 % du temps.

« Développement de l'éolien : une énergie en débat », vie-publique.fr, 24 mai 2019.

2 La consommation d'énergie en France

Consommation en millions de tep	1973	2018
Charbon	27,8	10,1
Pétrole	126,6	72,6
Gaz naturel	13,3	39,4
Nucléaire	3,3	100,5
Hydraulique	10,7	4,5
Autres énergies renouvelables	2	22,3
Total	**183,7**	**249,4**

Tep = tonne d'équivalent pétrole. Source : Insee, 2019.

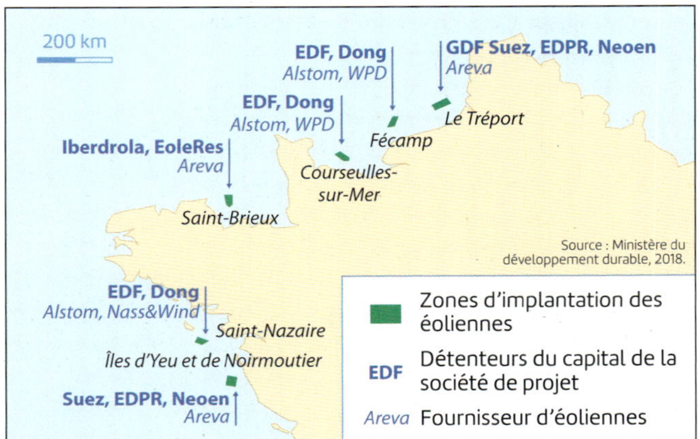

3 Les sites retenus pour l'implantation de parcs éoliens en mer

4 Parc éolien de Bouin vu depuis l'île de Noirmoutier en Vendée

Premier parc construit sur le littoral atlantique en 2003, il a suscité des débats lors de sa construction. L'Association pour la Sauvegarde et la Valorisation des Pays du Gois (ASVPG) dénonçait le caractère « gigantesque et disproportionné » des éoliennes. En revanche, les habitants de Bouin étaient favorables au projet.

5 Les enjeux industriels des parcs éoliens

Le Conseil d'État a rejeté en 2019 les recours contre les projets de Saint-Nazaire et de Saint-Brieuc. Le futur parc de Saint-Nazaire fournira l'équivalent de 20 % des besoins électriques de la Loire-Atlantique. Il devrait être le premier à voir le jour, début 2022. Celui de Saint-Brieuc permettra d'alimenter 835 000 foyers en électricité. Ces projets comportent aussi d'importants enjeux industriels en France. Siemens Gamesa Renewable Energy bâtit une usine au Havre qui se chargera d'approvisionner en turbines cinq des six projets éoliens en mer. De son côté, General Electric fabriquera dans son usine de Montoir-en-Bretagne (Loire-Atlantique) les turbines destinées au futur parc éolien de Guérande, près de Saint-Nazaire. De même, la construction à Brest des fondations d'une partie des éoliennes du futur parc en baie de Saint-Brieuc entraînera la création de 250 emplois pendant deux ans.

Frédéric Bergé, « Le plan de la France pour combler son retard dans les éoliennes en mer », *BFM TV*, 21 octobre 2019.

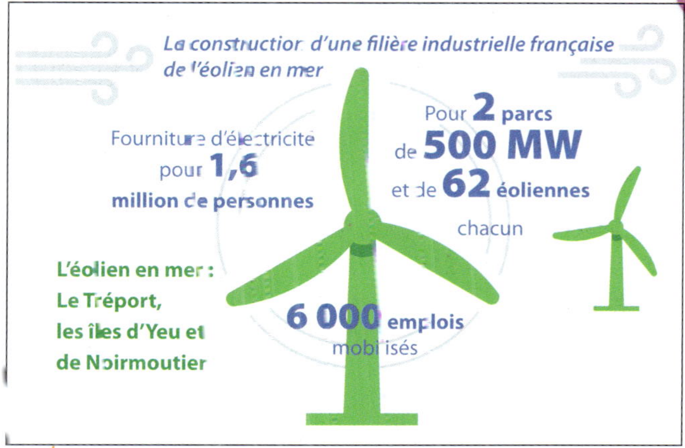

6 Les parcs du Tréport et de Noirmoutier
Source : GDF Suez

7 Panneau affiché sur le port de pêche du Tréport

Recherche WEB

→ Recherchez quels États européens ont le plus développé l'énergie éolienne en mer et dans quelles proportions elle contribue à leur consommation d'énergie.

Itinéraire 1

› Quels sont les enjeux du développement de parcs éoliens maritimes en France ?

Capacité Questionner les documents pour conduire une analyse géographique

1. Où se situeront les futurs parcs éoliens en mer ? (docs 1 et 3)
2. Quels sont les autres usages de ces territoires ? (docs 3, 4 et 7)
3. Quels sont les acteurs de la construction des parcs éoliens en mer ? (docs 1, 5 et 6)

Capacité Comprendre les enjeux d'une situation géographique

4. Quels en sont les enjeux environnementaux et économiques ? (docs 1, 2, 4, 5, 6 et 7)
5. Quel conflit d'usage occasionnent les projets de parcs éoliens ? (docs 4, 5, 6 et 7)

Itinéraire 2 VERS LE BAC

Analyser un conflit d'usage dans le cadre d'un aménagement

Rédigez un paragraphe argumenté dans lequel vous exposerez les points de vue qui s'opposent sur la construction de parcs éoliens maritimes en France. Vous présenterez d'abord les acteurs à l'origine de ces projets et les arguments favorables. Vous présenterez ensuite les détracteurs des parcs et leurs arguments.

Capacité

Analyser l'accès à une ressource à partir d'une carte

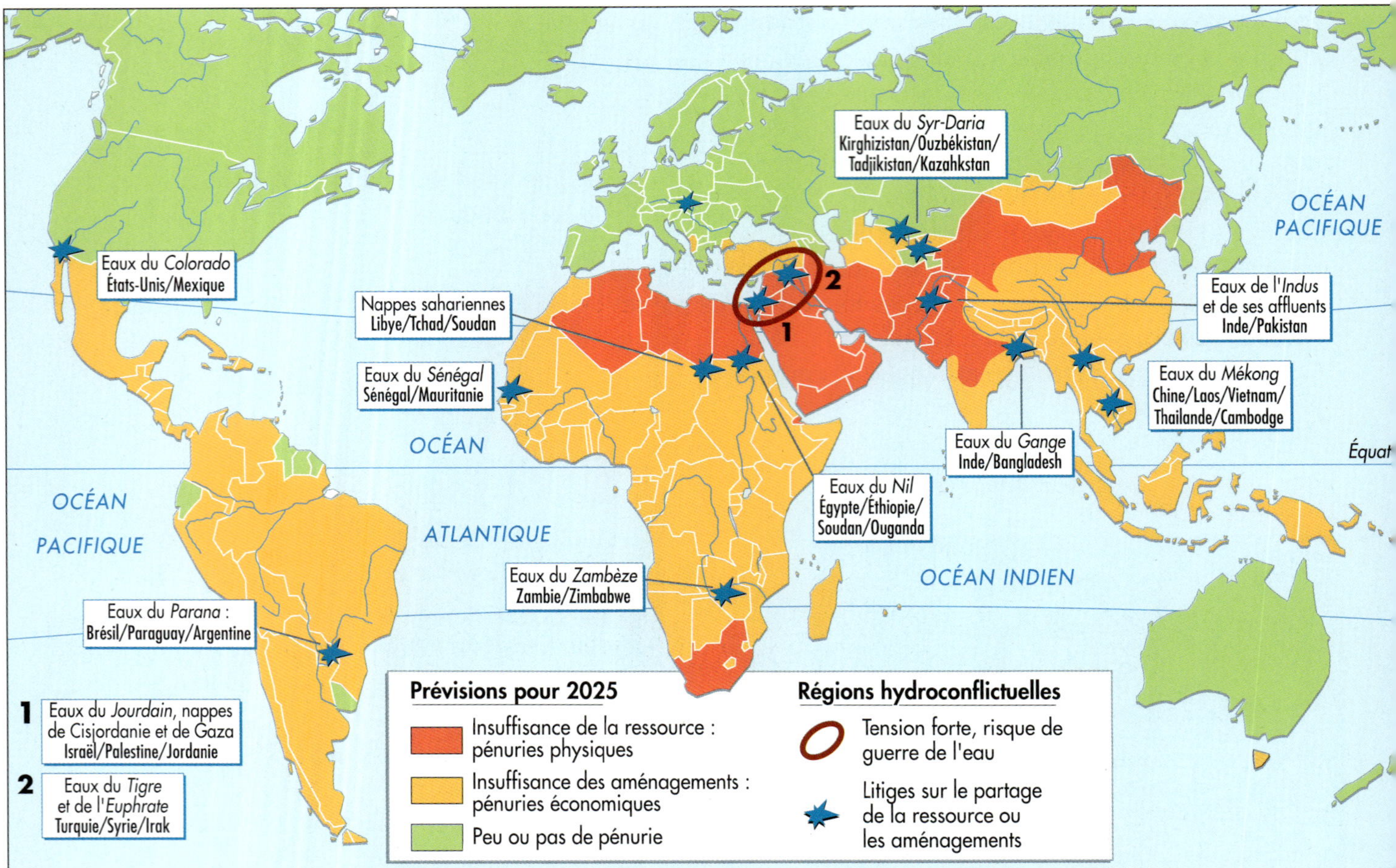

1 L'eau : pénuries et conflits à l'horizon 2025

Document 4 de la page 117.

Méthode

1 Identifier le thème de la carte

a. Lire le titre. Il indique la ressource que présente la carte et l'angle d'analyse choisi par l'auteur.

b. Identifier l'échelle de la carte et l'espace représenté.

c. Identifier la date ou la période sur laquelle la carte apporte des informations.

2 Dégager les informations

a. Lire la légende. Quels titres portent les différentes parties ?

b. Identifier les éléments qui composent chacune des parties de la légende. Quels sont les couleurs, les signes utilisés ? Quelle est leur signification ?

c. Localiser les éléments de la légende sur l'espace représenté.

3 Analyser la carte

Compléter le tableau après l'avoir recopié.

Éléments de la légende	Signification	Localisation
Couleur rouge		
Couleur orange		
Couleur verte		
Étincelles bleues		
Cercle marron		

4 Rédiger l'analyse de la carte

a. Présenter le thème de la carte.

b. Exposer la ou les informations apportées sur les différentes parties de l'espace représenté.

c. Conclure l'analyse en dégageant l'information principale.

Sujet bilan Vers le BAC

L'accès aux ressources alimentaires

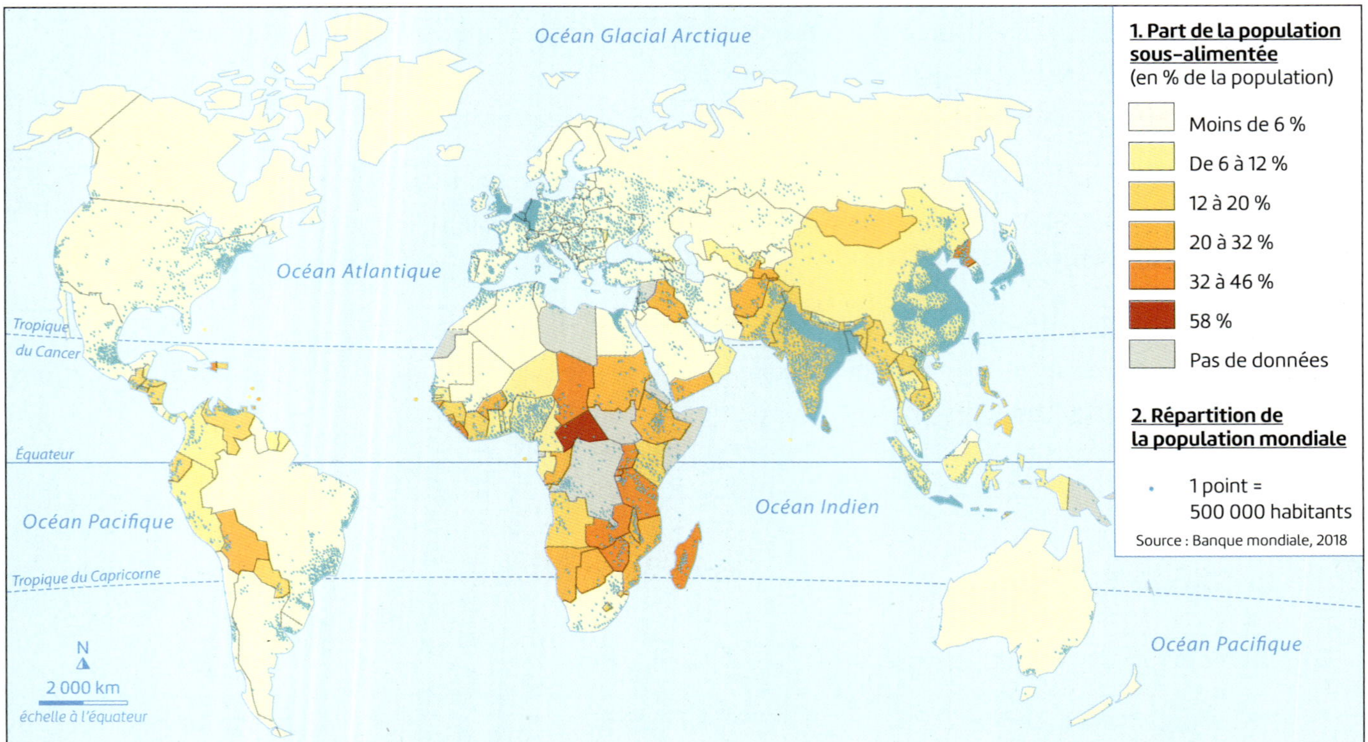

1 La sous-alimentation dans le monde

La sous-alimentation est la situation d'une personne qui reçoit moins de 2 400 calories par jour, quantité nécessaire en moyenne pour assurer les dépenses énergétiques quotidiennes. Source : FAO.

2 Nourrir le monde en 2050

En 2050, il faudra produire deux fois plus pour assurer un approvisionnement mondial suffisant et d'autre part, il faut dès maintenant réduire les effets nocifs de l'agriculture sur la planète. Il faudrait :

– ralentir l'extension des terres agricoles, car elle provoque une perte de la biodiversité (déforestation) ;

– limiter la consommation d'eau, d'engrais et d'énergie. L'utilisation d'engrais à des doses adaptées pour éviter une pollution des terres et de l'eau, ainsi que la limitation des pesticides dévastateurs pour la biodiversité, permettraient de produire de façon écologiquement acceptable tout en maintenant les rendements ;

– développer l'agriculture biologique et agro-écologique : culture sans labour et paillage pour retenir l'humidité, choix de variétés adaptées au climat, irrigation au goutte à goutte pour économiser l'eau.

– modifier nos habitudes alimentaires. Seulement 60 % des récoltes mondiales sont destinées à nourrir les êtres humains. 35 % de la production mondiale est utilisée pour nourrir les animaux d'élevage. Il faudra réduire notre consommation de viande face à une demande mondiale accrue. Dans les pays riches, il convient aussi de réduire le gaspillage dans les hypermarchés (dates de péremption plus justes par exemple) ou à la maison (en réduisant des portions alimentaires trop importantes).

« Alimentation, agriculture, crise alimentaire : une situation intolérable », Cité des sciences et de l'industrie, consulté le 13 décembre 2019.

1 J'utilise les repères (2 points)

a. Dans quelles parties du monde une part de la population souffre-t-elle de sous-alimentation ? **(doc. 1)**

b. Citez deux États, sur deux continents différents, confrontés à la sous-alimentation. **(doc. 1)**

2 Je mobilise les notions (4 points)

a. Que nous apprend la carte sur l'accessibilité aux ressources alimentaires dans le monde ? **(doc. 1)**

b. Quel changement global est accéléré par l'extension des terres agricoles et l'utilisation de pesticides par l'agriculture ? **(doc. 2)**

3 Je construis un schéma (6 points)

Après l'avoir recopié, complétez le schéma ci-dessous à l'aide du document 2.

Changement des pratiques agricoles	→	Deux objectifs :	←	Modifications des habitudes alimentaires
–		–		– ....
–		....		– ....
–		....		– ....
–		....		– ....
–		–		– ....
–		....		– ....
–		....		– ....
		....		

4 Je construis un raisonnement géographique (8 points)

Vous présenterez d'abord l'inégal accès aux ressources alimentaires à l'échelle mondiale. Vous expliquerez ensuite pourquoi l'extension des terres cultivées et l'utilisation croissante d'eau et de produits chimiques (engrais, pesticides) ne sont pas des solutions durables pour améliorer la sécurité alimentaire. Vous exposerez ensuite les solutions durables qui pourraient être mises en œuvre.

THÈME 2

Les sociétés et les risques

Un ours polaire sur la banquise

Les scientifiques estiment que le Groenland enregistre un réchauffement de plus de trois degrés depuis un siècle. La banquise fond chaque année un peu plus et fait monter le niveau de la mer dans le monde entier.

- Quel risque majeur représente la fonte des glaces au pôle Nord ?
- Quelle est la cause principale de ce phénomène ?

LE THÈME AUTREMENT
En image - Observatoire des catastrophes naturelles
liennathan.fr/533elz

PLAN DE TRAVAIL

Tle

Les sociétés doivent faire face à des risques croissants, aggravés par l'action des hommes et intensifiés par le changement climatique. Leur vulnérabilité est souvent conditionnée par leur niveau de préparation pour prévoir et réagir à d'éventuelles catastrophes.

1 Maîtriser le thème

Comment les sociétés font-elles face à la diversité des risques qui les menacent ? (p. 130)

2 Approfondir les notions et capacités

1. Le bassin caraïbe, une région vulnérable aux risques. (p. 132)

2. Le changement climatique, réagir et s'adapter. (p. 134)

3 Vers le baccalauréat

- Capacité : analyser le traitement médiatique d'un risque. (p. 136)
- Sujet bilan. Vers le BAC. (p. 138)

Carte

Les sociétés et les risques dans le monde

Carte interactive
liennathan.fr/434edp

Des sociétés vulnérables aux risques

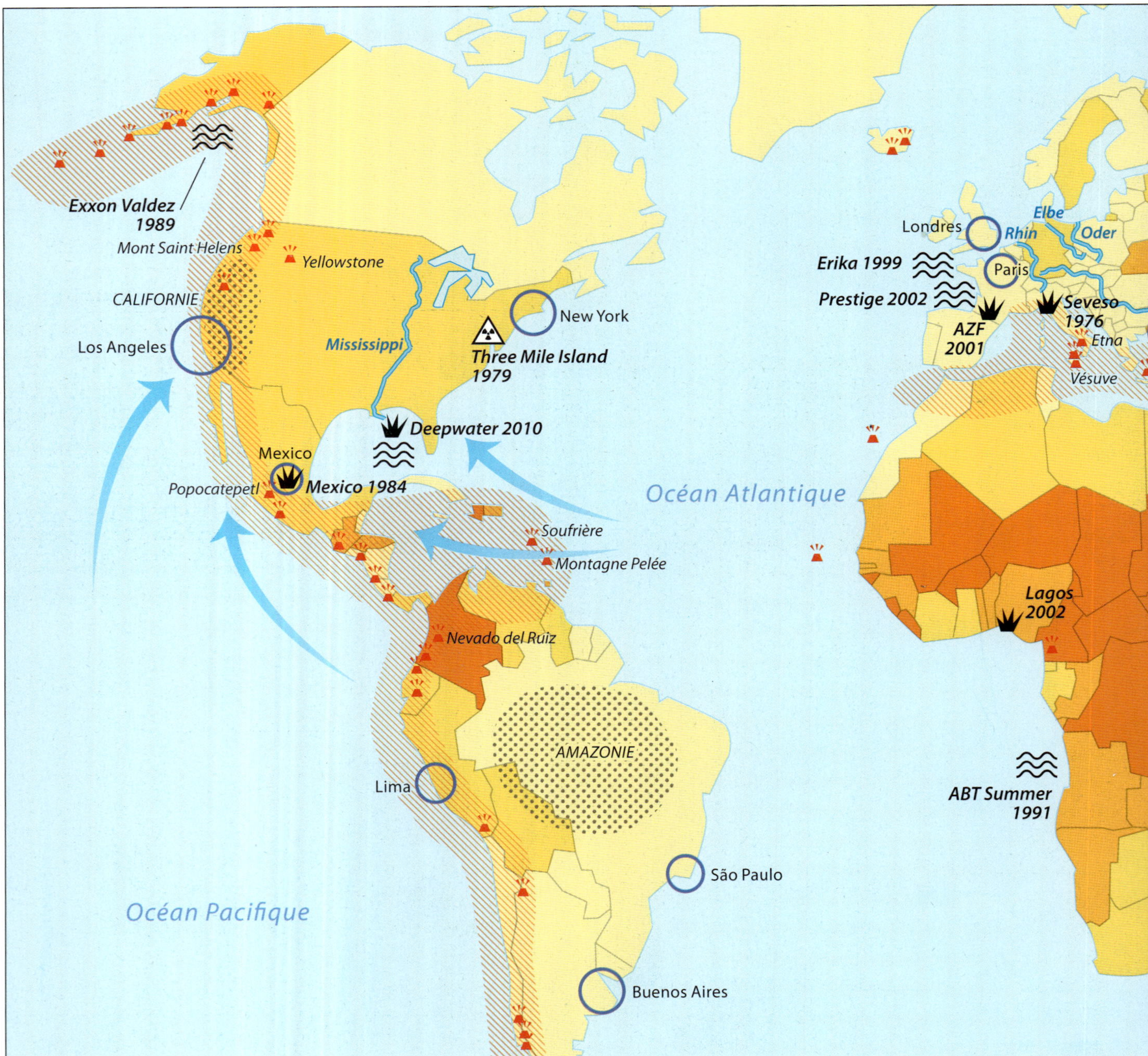

1. L'inégale répartition des aléas naturels

- Zones sismiques
- Volcans actifs
- Trajectoires des cyclones
- Fleuves sujets à des inondations fréquentes

2. L'inégale vulnérabilité des sociétés

Indice de vulnérabilité en 2019

0,4 – 1,7 – 3,9 – 5,5 – 9,4

Moyenne monde : 3,5

❯ Découverte de la carte

1. Relever des informations sur une carte.
Citez les deux grands types de risques auxquels les sociétés sont exposées.

2. Décrire une situation géographique.
Localisez les régions les plus exposées aux risques naturels.

3. Expliquer les enjeux d'une situation géographique.
Caractérisez le niveau de développement des pays exposés aux risques naturels.

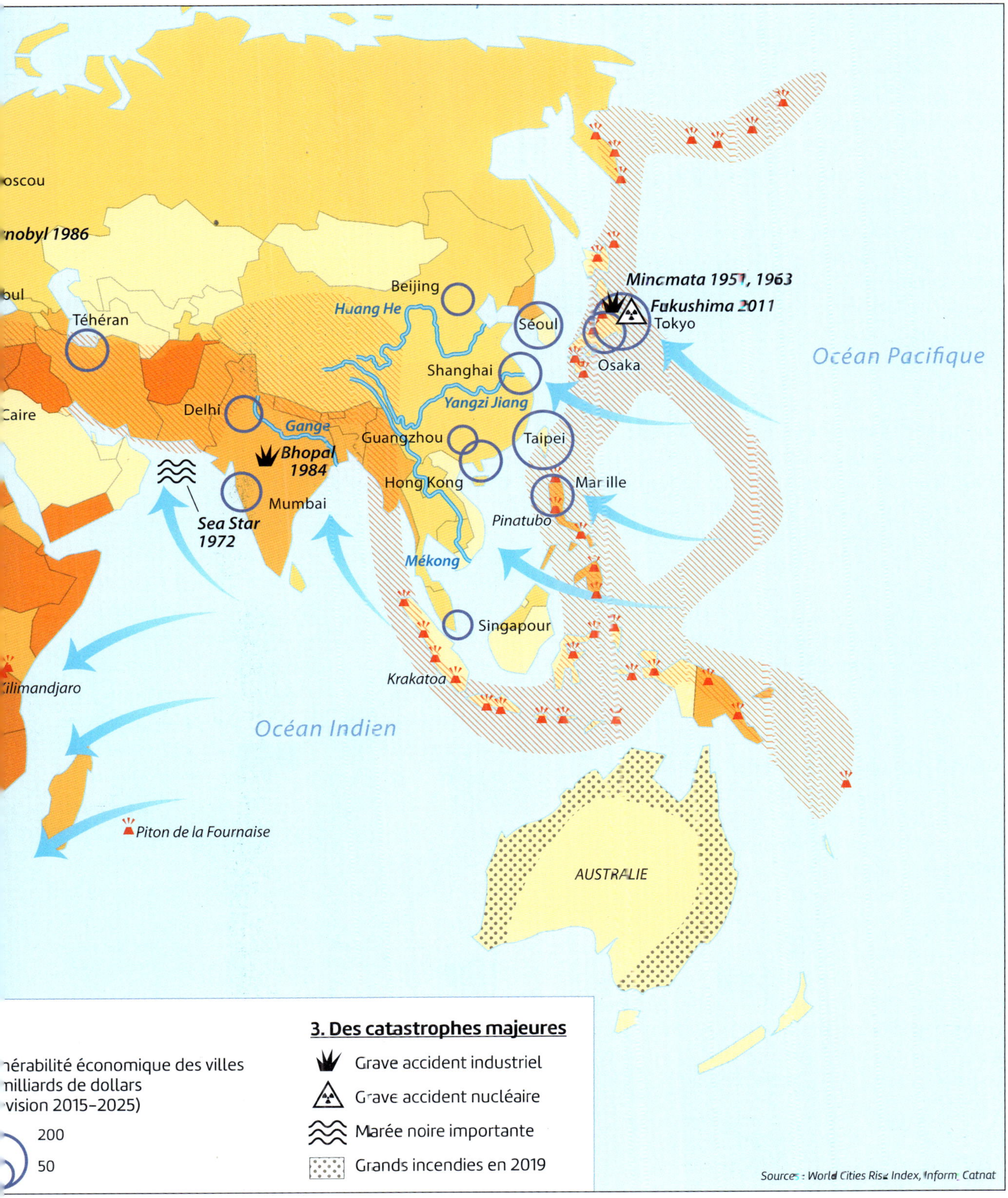

Cours

CHEF-D'ŒUVRE
- **Construire sa culture professionnelle**
- **Savoir identifier un risque technologique ou sanitaire**

Les sociétés et les risques : anticiper, réagir, se coordonner et s'adapter

Les sociétés doivent faire face à des catastrophes plus fréquentes. La croissance démographique, le développement urbain et la dégradation de l'environnement accentuent les risques auxquels les populations doivent s'adapter.

1. Des sociétés exposées à des risques croissants

Des risques naturels variés. À l'origine des cyclones, des inondations, des sécheresses ou des incendies, les aléas climatiques provoquent des catastrophes spectaculaires. Plus localisés, les risques sismiques sont surtout situés dans les zones d'affrontement des plaques tectoniques.

Des risques technologiques et sanitaires. Les risques industriels sont plus nombreux dans les pays développés. Ils peuvent se combiner avec les risques naturels, par exemple au Japon, à Fukushima. Par ailleurs, la circulation croissante des personnes contribue à la diffusion des maladies infectieuses.

2. Des sociétés qui aggravent les risques

L'aménagement des territoires, parfois inadapté. La déforestation et l'imperméabilisation des sols liée à l'urbanisation favorisent les inondations et les glissements de terrain. D'autre part, la concentration des hommes sur les littoraux conduit à occuper des espaces dangereux.

Le changement climatique, une amplification des risques. Le Groupe d'experts intergouvernemental sur l'évolution du climat (GIEC) constate un réchauffement climatique global. Les événements extrêmes sont plus nombreux, les glaciers fondent et le niveau des mers s'élève. Le système environnemental planétaire est fragilisé.

3. Des sociétés inégalement vulnérables

Dans les pays développés, des systèmes de prévision et de prévention. Des technologies sophistiquées surveillent la formation des cyclones et les failles sismiques. Ces outils technologiques permettent de diminuer le nombre des victimes mais n'empêchent pas les dégâts matériels. En Europe, la directive Seveso contrôle les industries à risques. Des plans de prévention des risques sont établis.

Dans les pays en développement, une gestion difficile du risque. Faute de moyens, l'anticipation du risque est plus limitée dans les pays en développement. Les constructions sont souvent inadaptées, les communications difficiles et les secours se révèlent tardifs et mal organisés. La reconstruction dépend beaucoup de l'aide de l'ONU et des ONG.

Vers le site liennathan.fr/0b9kn4

1 Une campagne de lutte contre le moustique, vecteur de graves épidémies (ville de Sullana, Pérou)

2 **Le cyclone Harvey au Texas**

Le cyclone Harvey qui a frappé Houston, au Texas, fait partie des catastrophes ordinaires auxquelles les États-Unis et le monde vont devoir s'habituer. La croissance urbaine galopante a provoqué une imperméabilisation des sols qui accélère la montée des eaux de pluie. Depuis 1990, près de la moitié des Wetlands, ces espaces marécageux qui jouent un rôle de collecteurs naturels des eaux, a disparu. Dans une ville étendue sur une vaste plaine, cela signifie que le moindre orage se traduit par un rapide engorgement des rivières. Dimanche 27 août, le niveau du principal cours d'eau de la ville, le Buffalo Bayou, s'est élevé de plus de quatre mètres. Les réservoirs qui drainent normalement les eaux de pluie ont à leur tour débordé.

Julie Hernandez (géographe), « Tempête Harvey : "La catastrophe n'était pas inattendue" », *Le Monde*, 2017.

Recherche WEB

→ Sur le site du jeu de simulation « Arrêtons les catastrophes » créé par l'ONU, sélectionnez un scénario parmi les risques proposés et choisissez les actions adaptées pour protéger les populations.

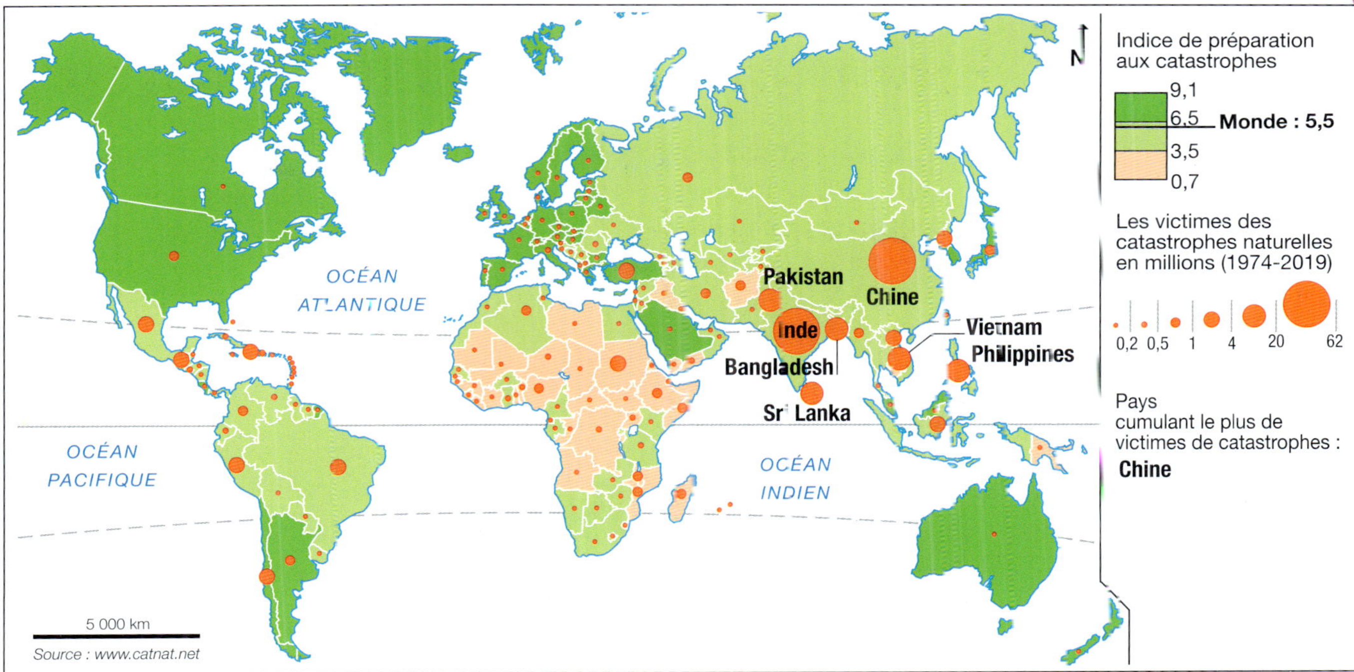

3 Des sociétés inégalement vulnérables

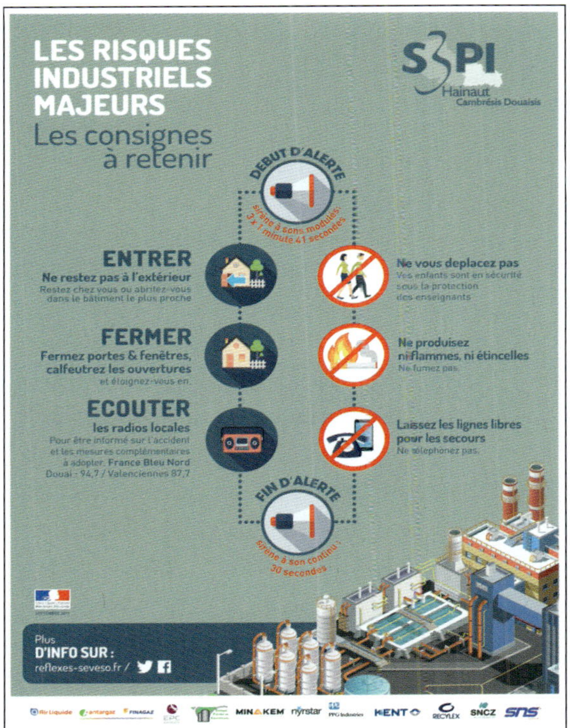

4 Un guide de prévention

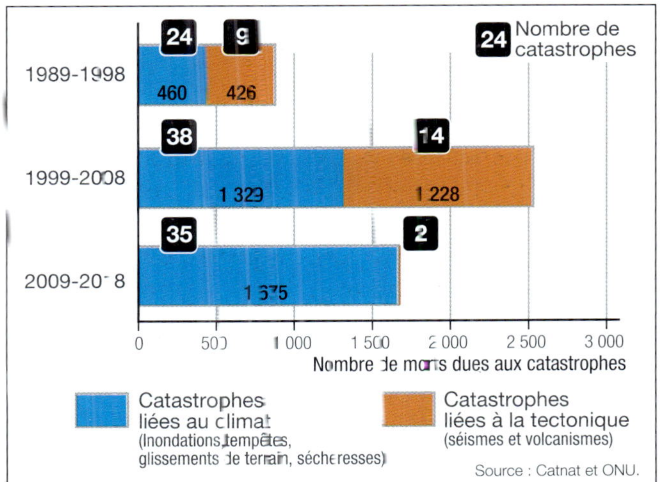

5 Les catastrophes naturelles dans le monde

Questions

Des sociétés exposées à des risques croissants

1. Quels types de risques illustrent les documents ? (docs 1, 2, 4 et 5)
2. Caractérisez l'évolution des catastrophes dans le monde. (doc. 5)

Des sociétés qui aggravent les risques

3. Quels facteurs ont aggravé l'impact du cyclone Harvey ? (doc. 2)
4. En relevant l'indice de préparation aux catastrophes de l'État du Texas, quelle hypothèse peut-être avancée sur les conséquences du cyclone Harvey dans la région de Houston ? (docs 2 et 3)

Des sociétés inégalement vulnérables

5. Quelles sont les régions où les victimes de catastrophes naturelles sont les plus nombreuses ? Comment l'expliquer ? (doc. 3 et carte p. 128)
6. Comment les sociétés développées font-elle face au risque technologique ? (doc. 4)

Notions clés

Aléa : événement qui a une probabilité plus ou moins forte de se produire.

Risque : danger ou menace pouvant affecter une population et bouleverser une société.

Prévention : démarche pour empêcher un risque de se réaliser ou pour en limiter les effets.

Dossier 1

CAPACITÉ

Situer un risque climatique et justifier l'organisation de sa gestion

Le bassin caraïbe, une région vulnérable aux risques

Exposé à de nombreux aléas, le bassin caraïbe est l'une des régions les plus vulnérables de la planète. Les écarts de développement entre les États sont à l'origine d'une grande inégalité dans la mise en place des mesures de prévision et de prévention.

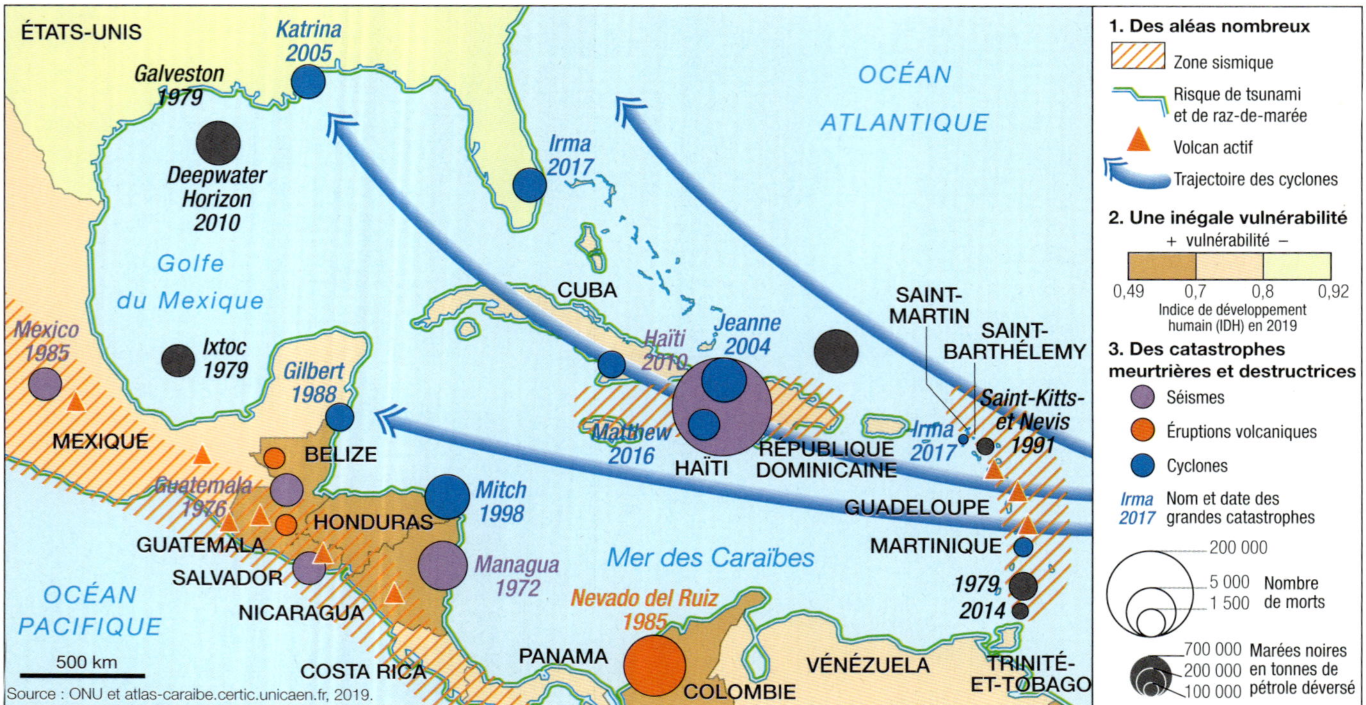

1 Le bassin caraïbe, une région exposée aux risques

2 Une vulnérabilité inégale

Dans les pays pauvres de la zone caraïbe, les mesures de prévention sont quasi inexistantes et, quand elles ont le mérite d'exister, elles se heurtent souvent à l'analphabétisme des populations. Les plans d'urbanisme n'existent pas, favorisant la construction anarchique d'habitations de fortune, construites en zones inondables ou sur les pentes les plus fortes. Ce sont les premières détruites en cas de séismes, de cyclones ou de tempêtes. Le cas d'Haïti est révélateur de ce cercle vicieux qui se crée à la suite d'une catastrophe naturelle. [...]

À l'inverse, dans les pays plus développés, le risque est géré différemment. La population est alertée, par la radio, la presse, la télévision ou les réseaux sociaux. Elle est également sensibilisée au risque par le biais de campagnes d'information. Les normes de construction font l'objet de réglementations.

Marc-André Leopoldie, Frédérique Turbout, « Les sociétés face aux risques : le cas de la Caraïbe », Atlas Caraïbe, 2018.

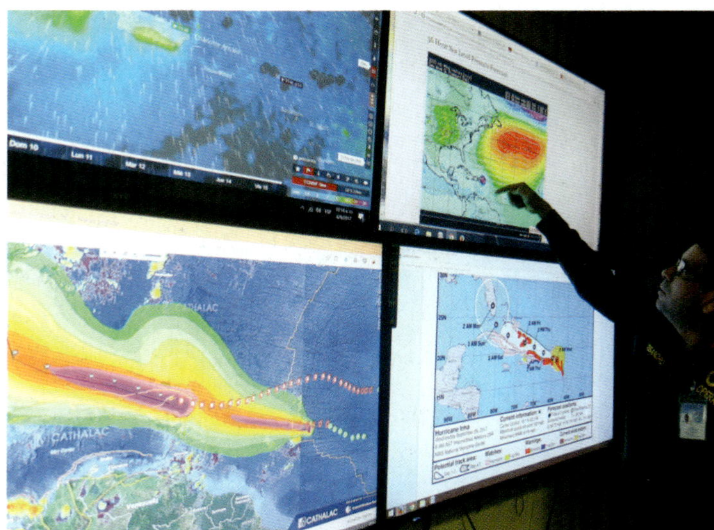

3 **La surveillance des cyclones Irma, José et Maria à l'approche des côtes américaines**

Les scientifiques du National Hurricane Center de Miami étudient les cyclones de la région du golfe du Mexique et des Caraïbes à l'aide des satellites. Ils peuvent ainsi prévoir leur trajectoire et alerter les populations du danger à venir.

4 **La zone touristique d'Orient Bay, dans la partie française de l'île de Saint-Martin après le passage du cyclone Irma**
L'ouragan a détruit 95 % de l'île en septembre 2017.

5 **Affiche de prévention du risque tsunami dans les Antilles françaises**

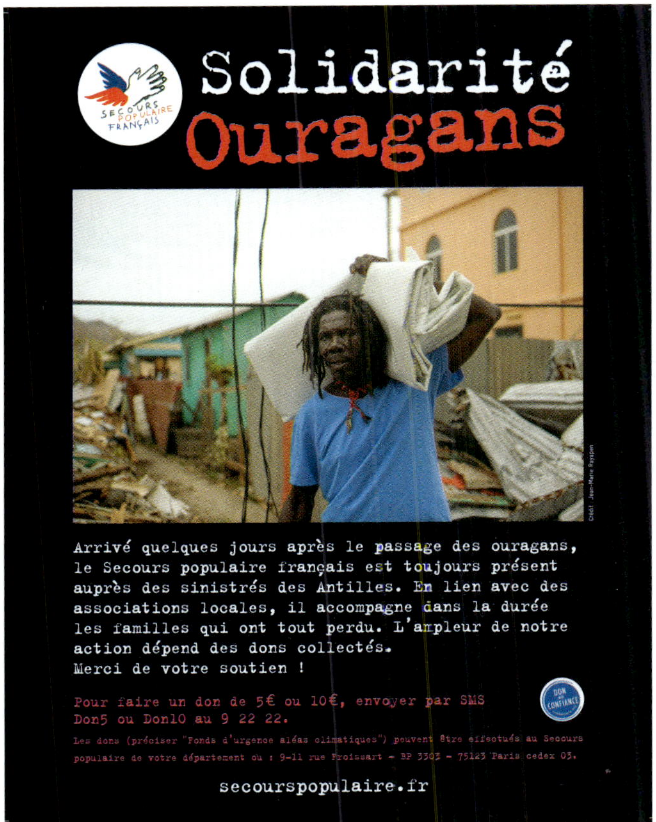

6 **Une affiche du Secours Populaire français, 2017**

Recherche WEB

→ Consultez le site Internet de la commune de Fort-de-France et recherchez les informations concernant les aléas auxquels elle est exposée. Réalisez ensuite une affiche destinée à informer et préparer la population communale aux risques qui la menacent.

Itinéraire 1

› Comment expliquer l'inégale vulnérabilité des sociétés dans le bassin caraïbe ?

Capacité **Nommer et localiser**

1. Montrez que les États du bassin caraïbe sont soumis à de multiples aléas naturels et technologiques. (doc. 1)
2. Identifiez les mesures de prévision et de prévention des risques mises en œuvre dans le bassin caraïbe. (docs 2, 3 et 5)
3. Quels sont les principaux acteurs à l'origine de ces mesures de prévention ? (docs 2, 3 et 5)

Capacité **Dégager l'intérêt des documents**

4. Décrivez les limites de ces mesures de prévention dans le cadre du cyclone Irma. (docs 4 et 6)
5. Pourquoi Haïti est-elle particulièrement vulnérable ? (docs 1 et 2)

Itinéraire 2 VERS LE BAC

Situer un risque climatique et expliquer sa gestion

En utilisant les documents et vos connaissances, rédigez un paragraphe dans lequel vous caractériserez d'abord le risque cyclonique dans le bassin caraïbe. Vous présenterez ensuite les mesures mises en œuvre pour faire face à ce risque ainsi que leurs limites.

Dossier 2

CAPACITÉ

Construire un argumentaire présentant l'intérêt d'une démarche de prévention des risques

Le changement climatique, réagir et s'adapter

Le changement climatique global représente un problème environnemental majeur pour la planète et l'humanité. Les scientifiques du Groupe d'experts intergouvernemental (GIEC) alertent les gouvernements et les citoyens du monde entier. Ils incitent à mettre en place des politiques pour limiter les modifications du climat et s'y adapter.

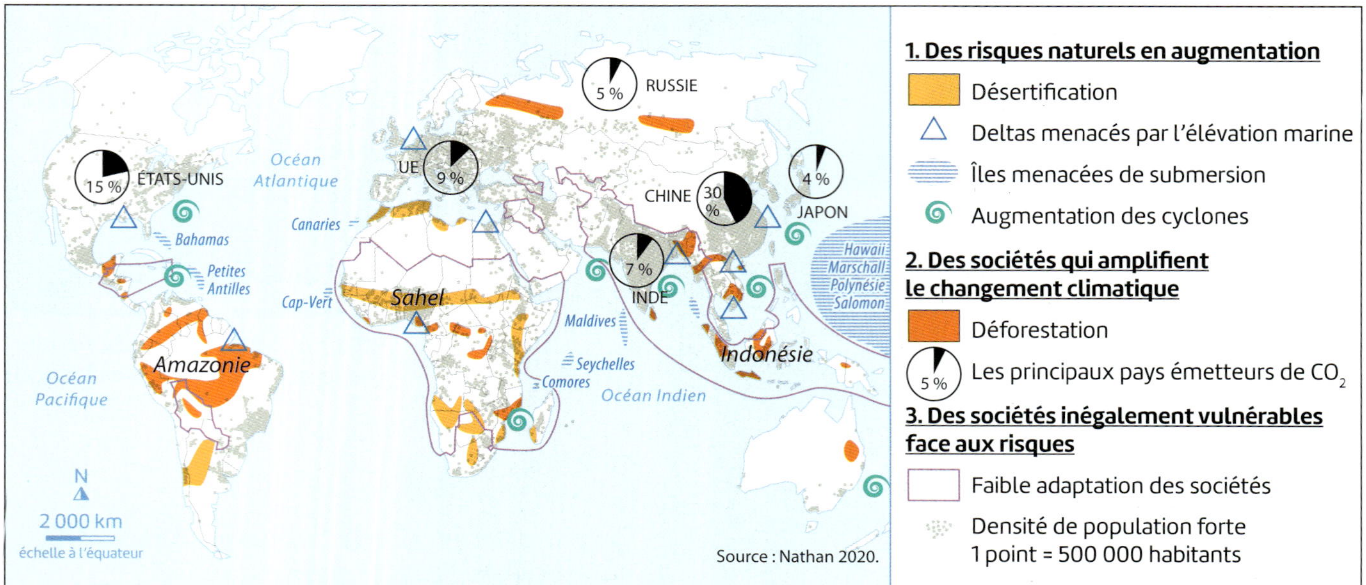

1 Le changement climatique global et ses principaux effets

2 L'accord universel pour le climat

Les changements climatiques se font ressentir partout dans le monde, avec des conséquences sur les vies des populations. Ils nous coûtent cher aujourd'hui et nous coûteront encore plus cher demain.
L'adoption de l'Accord de Paris en 2015 est une étape clé de la lutte contre les changements climatiques. Il vise principalement à maintenir l'augmentation moyenne de température dans le monde en dessous de 2° C en plafonnant les émissions des gaz à effet de serre (GES).
Sous le couvert des Nations Unies, les États sont invités à présenter des plans d'action nationaux, avec une réévaluation tous les 5 ans à partir de 2025. 100 milliards de dollars par an sont versés, depuis 2020, par les pays développés aux pays en voie de développement pour accélérer leur développement et leur politique climatique.

D'après « Le Sommet Action Climat 2019 » © 2020 ONU. Reproduit avec l'accord de l'ONU.

3 Une du mensuel *Science & Vie Junior*, juin 2019

4 **Le développement des jardins flottants au Bangladesh**

Cette technique permet de lutter contre la famine en cultivant sur les terres inondées. D'après l'ONU, près de 20 millions de Bangladais pourraient devenir des « réfugiés climatiques » d'ici la fin du siècle. Au Bangladesh, une agence consacrée à l'adaptation au changement climatique met en place des projets d'endiguement des inondations, de fermes flottantes et de stations mobiles de purification des eaux.

5 **Manifestation lors de la COP 24 en Pologne**

En marge de la réunion des Nations unies à Katowice en 2018, les manifestants réclament la fin des énergies fossiles (charbon, pétrole, gaz naturel). Traduction : « Notre objectif : la fin du charbon », « Stop au changement climatique maintenant ».

Recherche WEB

→ Sur le site Internet du Réseau Action Climat France, recherchez les propositions pour agir sur le climat. Sélectionnez l'une d'elles et expliquez en quoi elle peut atténuer le changement climatique.

Itinéraire 1

› Comment les sociétés tentent-elles d'atténuer le changement climatique et de s'y adapter ?

Capacité **Décrire une situation géographique**

1. Quels sont les risques aggravés par le changement climatique ? (doc. 1)

2. Identifiez les principales causes du changement climatique. (docs 1, 2 et 3)

Capacité **Dégager l'intérêt des documents**

3. Quel message les auteurs de ce magazine souhaitent-ils faire passer ? (doc. 3)

4. Quels sont les engagements de l'accord de Paris ? Pourquoi constituent-ils une avancée ? (doc. 2)

5. Quelles sont les deux types de réponses face au changement climatique ? Montrez qu'elles sont complémentaires. (docs 2, 3, 4 et 5)

Itinéraire 2 VERS LE BAC

Construire un argumentaire

Après avoir pris connaissance des documents, présentez dans un paragraphe le phénomène du changement climatique et ses conséquences. Décrivez ensuite les moyens mis en œuvre par les sociétés pour s'y adapter. Puis expliquez pourquoi ces actions sont parfois difficiles à mener.

Capacité

Analyser le traitement médiatique d'un risque

1 **Une du mensuel *Science & Vie Junior*, juin 2019 (n° 357)**
Document 3 de la page 194.

Libération

URGENCE CLIMATIQUE

LE SOS

DE 700 SCIENTIFIQUES

«Nous sommes d'ores et déjà pleinement entrés dans le "futur climatique". Hausse des températures moyennes et récurrence des chaleurs extrêmes, fonte des glaciers et de la banquise, sécheresses, modification de l'aire de distribution de certains animaux et espèces végétales, destruction d'écosystèmes rares et précieux, hausse du niveau de la mer, désoxygénation et acidification des océans...» PAGES 2-9

Checknews
Enquête sur la «chasse à l'homme» de Chemnitz
PAGES 12-13

Le Média
Règlements de comptes garantis sur factures
PAGES 16-17

WEEK-END

Images
Visa pour l'exil
PAGES 27-34

Musique
YouTube à l'heure critiques
PAGES 35-40

Livres
Londres pris homo
PAGES 41-48

2 Une du quotidien *Libération*, 8 septembre 2018

Méthode

1 Identifier les documents

a. De quel magazine ou journal s'agit-il ? Le nom du journal, dans la manchette, peut donner des informations sur son approche de l'actualité (magazine scientifique, économique…) et le public auquel il s'adresse.

b. Précisez la date de parution.

c. Repérez le thème commun traité dans les documents.

2 Analyser la mise en page

Décrivez la couverture du magazine et du journal et complétez le tableau d'observation après l'avoir recopié.

	Nom du journal	Public visé	Gros titres	Image de fond	Couleur dominante
Document 1					
Document 2					

3 Caractériser et comparer les points de vue exposés par les documents

a. Quelle est l'expression ou la phrase qui interpelle le plus le lecteur sur chacune des deux Unes proposées ? Quel est l'effet recherché auprès du lecteur ?

b. De quelle façon le choix illustratif de l'image de fond vient-elle conforter le message de la Une ?

c. Le message principal délivré par ces deux Unes est-il identique ? Justifiez votre réponse en utilisant les éléments d'analyse observés précédemment.

Sujet bilan
Vers le BAC

Le Japon, une gestion difficile des risques

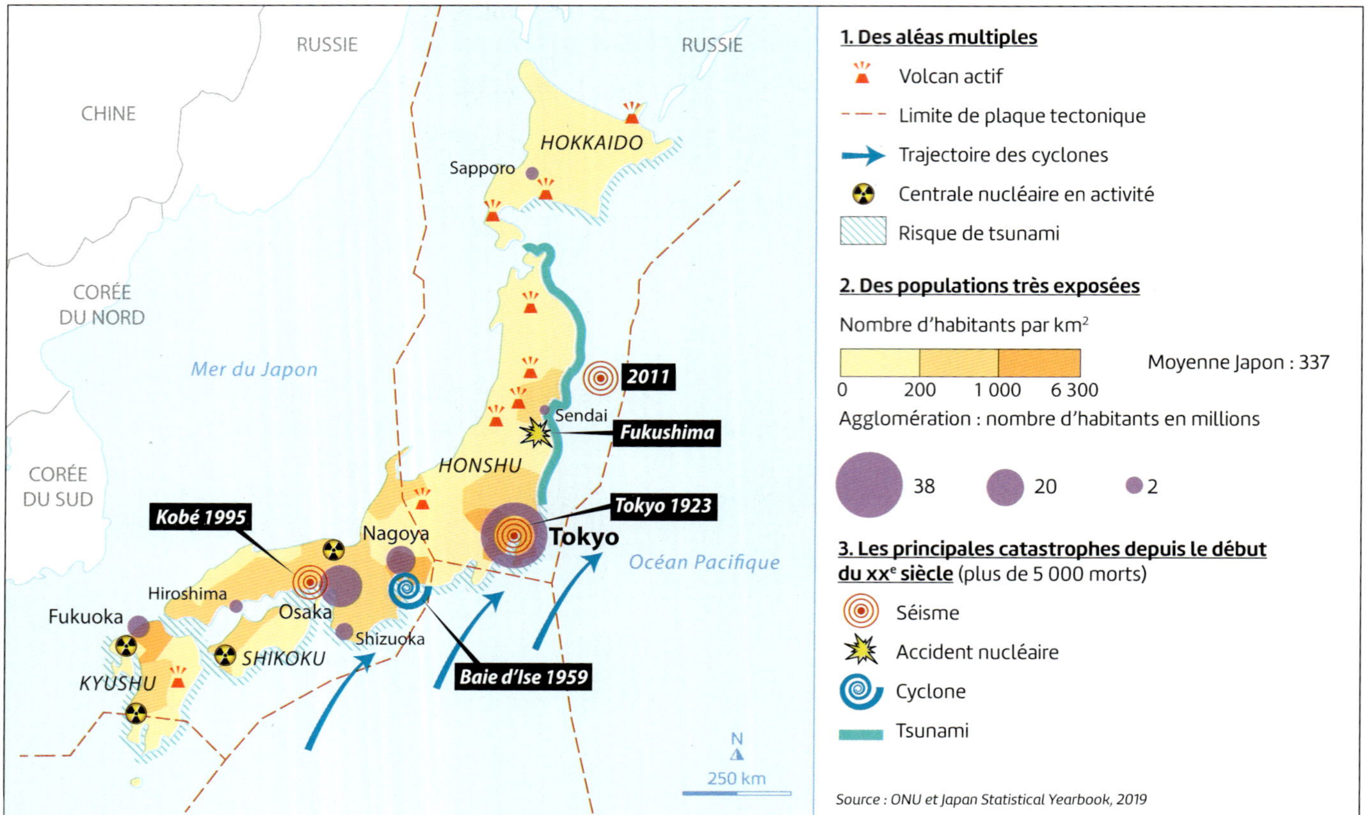

1 Le Japon, un pays exposé à de nombreux aléas

En 2011, le séisme de Fukushima de magnitude 9 a fait près de 20 000 morts et 210 milliards de dollars de dommages. En comparaison, celui de Tokyo en 1923, de magnitude 7,9, avait fait 143 000 morts et 0,6 milliard de dollars de dommages.

Carte interactive liennathan.fr/w210wi

2 L'extrême vulnérabilité du Japon

Le Japon cumule les catastrophes naturelles, des tremblements de terre aux typhons, en passant par les tsunamis et éruptions volcaniques, et y est généralement bien préparé. L'archipel est touché en moyenne six fois par an par des typhons entre juillet et octobre/novembre. Malgré la mise en place de barrages pour contrôler la montée des eaux, les pluies emportent chaque année avec elles leur lot de victimes. Près de 70 % du territoire nippon est constitué de montagnes et de collines. Beaucoup d'habitations sont construites sur des pentes abruptes ou des plaines inondables, des zones à risque. Le gouvernement a mis en place un projet de longue durée visant à déplacer les personnes vers des endroits plus sûrs tout en interdisant la construction de nouveaux bâtiments dans les zones potentiellement les plus dangereuses. De nombreuses maisons japonaises sont en bois, ce qui facilite leur résilience[1] face à un tremblement de terre, mais les rend particulièrement vulnérables face au déferlement d'eau ou à un terrain qui se dérobe.

Au cours des derniers jours, les autorités japonaises ont émis des ordres d'évacuation à cinq millions de personnes, mais ces instructions ne sont pas obligatoires et beaucoup ne les ont pas suivies, par ignorance ou parce que c'était dangereux de partir, ou encore parce que le risque n'était pas perçu.

« Japon : pourquoi des pluies sont-elles aussi meurtrières ? », *Le Point* avec *AFP*, 9 juillet 2018.

1. Résilience : capacité d'un individu ou d'une société à s'adapter ou à atténuer les effets d'une catastrophe.

1 J'identifie les notions (3 points)

Associez la définition qui convient à chacune des notions évoquées dans le titre et la légende de la carte : aléa, risque, catastrophe. (doc. 1)

a. Conséquence d'un événement destructeur caractérisée par de nombreuses victimes et des dégâts matériels importants.

b. Danger ou menace pouvant affecter une population et bouleverser une société.

c. Événement d'origine naturelle, technologique ou sanitaire qui a une probabilité plus ou moins forte de se produire.

2 Je mobilise les notions (5 points)

Relevez les aléas auxquels le Japon est soumis, et classez-les dans le tableau ci-dessous après l'avoir recopié. (docs 1 et 2)

Aléas naturels liés au climat	Aléas naturels liés aux mouvements tectoniques	Aléas liés aux aménagements humains

3 Je questionne un document (4 points)

a. Par quels moyens le Japon tente-t-il de limiter l'impact des catastrophes ? (doc. 2)

b. Comment la gestion des risques sismiques peut-elle contrarier la gestion des risques d'inondation et de glissement de terrain ? (doc. 2)

4 J'analyse une situation géographique (8 points)

À partir de vos réponses aux questions précédentes, rédigez un paragraphe organisé montrant la difficulté à gérer les nombreux aléas sur le territoire japonais.

Vous présenterez d'abord la diversité des aléas naturels auxquels l'archipel japonais est confronté.
Vous expliquerez ensuite comment les aménagements peuvent être sources de risques.
Vous montrerez enfin que la politique de gestion des risques du Japon permet de réduire la vulnérabilité, mais présente également des limites.

Enseignement moral et civique

Première Terminale

Dossier 1
Itinéraire différencié

Favoriser la justice sociale

L'égalité des droits et la solidarité permettent une distribution équitable des richesses. C'est le fondement de la justice sociale. Dans cette perspective, l'État joue un rôle pour compenser les inégalités et consolider la cohésion nationale.

1 Le préambule de la Constitution

La Nation assure à l'individu et à la famille les conditions nécessaires à leur développement. Elle garantit à tous, notamment à l'enfant, à la mère et aux vieux travailleurs, la protection de la santé, la sécurité matérielle, le repos et les loisirs.
Tout être humain qui, en raison de son âge, de son état physique ou mental, de sa situation économique, se trouve dans l'incapacité de travailler a le droit d'obtenir de la collectivité des moyens convenables d'existence.

Préambule de la Constitution de 1958

2 La charte des droits fondamentaux de l'Union européenne

Article 47. Toute personne a droit à ce que sa cause soit entendue équitablement, publiquement et dans un délai raisonnable par un tribunal indépendant, établi préalablement par la loi. Toute personne a la possibilité de se faire conseiller, défendre et représenter.
Article 48. Tout accusé est présumé innocent jusqu'à ce que sa culpabilité ait été légalement établie.
Le respect des droits de la défense est garanti à tout accusé.

Charte des droits fondamentaux de l'Union européenne, 2000.

3 L'aide au logement

Affiche de 2019 réalisée par la Caisse d'allocation familiale, pour l'aide au logement pour les étudiants.

Recherche WEB

→ Sur le site du musée national de l'Assurance maladie, regardez le web-documentaire présentant la mise en place d'une sécurité sociale, résultat de la solidarité entre citoyens. Proposez un diaporama présentant les étapes de son histoire.

Vers le site liennathan.fr/248dul

4 La lutte contre l'exclusion

Affiche de 2015 pour un rassemblement citoyen et solidaire, organisé par un collectif d'associations, unies contre le mal-logement.

5 La dénonciation de l'inégalité fiscale

Manifestation dans une boutique Apple à Paris en 2017. Des militants dénoncent une inégalité : les multinationales doivent payer leur juste part d'impôts.

6 L'économie, sociale et solidaire

L'économie sociale et solidaire (ESS) désigne un ensemble d'entreprises organisées sous forme de coopératives, mutuelles, associations. Leur fonctionnement interne et leurs activités sont fondés sur un principe de solidarité et d'utilité sociale. L'économie sociale et solidaire emploie 2,4 millions de salariés en France, soit 12,8 % de l'emploi privé. Les effectifs les plus importants évoluent dans le milieu associatif (77 %).

D'après « Qu'est-ce que l'économie sociale et solidaire ? », Centre de documentation Économie Finances, economie.gouv.fr, 22 janvier 2020.

Notions clés

Cohésion nationale : les citoyens se retrouvent dans des valeurs communes, dans une société où les inégalités sont réduites.

Égalité : tous les citoyens doivent être traités de la même manière, avec la même dignité, disposent des mêmes droits et sont soumis aux même devoirs.

Équité : correction des inégalités pour rendre la société plus juste.

Itinéraire 1

Capacité Conduire une analyse

1. Retrouvez les éléments qui mettent en place une solidarité nationale. De quelles mesures s'agit-il ? **(doc. 1)**
2. Indiquez le thème principal des articles 47 et 48. Qui est protégé par cette charte ? **(doc. 2)**
3. À qui l'affiche s'adresse-t-elle en priorité ? Que propose-t-elle ? **(doc. 3)**
4. En quoi l'économie sociale et solidaire peut-elle aider à favoriser la justice sociale ? Qui en sont les acteurs ? **(doc. 6)**

Capacité Étudier une forme d'engagement

5. Quel est le reproche fait par les manifestants ? **(doc. 5)**
6. Quelles formes l'engagement des citoyens peut-il prendre ? **(docs 4, 5 et 6)**

Itinéraire 2

Capacité Justifier des choix et construire son jugement

Classez les documents en deux catégories :
a. ceux qui évoquent les politiques de l'État pour favoriser l'égalité des droits ; **b.** ceux mettant en avant un engagement citoyen et solidaire.
Formulez une courte synthèse de votre analyse.

Dossier 2
Itinéraire différencié

Lutter contre les discriminations

Fruit d'un long héritage politique, le principe d'égalité est inscrit dans la constitution française. L'existence de discriminations, sources d'injustices, porte cependant atteinte à ce principe. Différents acteurs se mobilisent toutefois au sein de la société pour les faire reculer.

1 La reconnaissance des discriminations

Pour reconnaître une discrimination, trois éléments doivent être réunis :
- un traitement moins favorable d'une personne ;
- fondé sur au moins un critère précisé par la loi ;
- et qui correspond à une situation reconnue par la loi, par exemple : l'embauche, le déroulé de carrière, l'accès au logement, à l'éducation, aux services publics. [...]

Les principaux critères de discrimination
L'origine, le sexe, la grossesse, l'apparence physique, le patronyme, l'état de santé, le handicap, l'orientation sexuelle, l'âge, les opinions politiques, les croyances, les activités syndicales, l'appartenance ou la non appartenance, vraie ou supposée, à une ethnie, une nation, une race ou une religion déterminée, l'identité de genre, le lieu de résidence, la domiciliation bancaire, la perte d'autonomie, la vulnérabilité résultant de la situation économique.

Dépliant *Combattre les discriminations et promouvoir l'égalité* du Défenseur des droits, mai 2017.

RÉPUBLIQUE FRANÇAISE
LE DÉFENSEUR DES DROITS

Le Défenseur des droits est une autorité indépendante chargée de défendre les droits et les libertés individuelles. Il agit notamment dans le domaine de la lutte contre les discriminations.

2 Des cas de discrimination

- Un propriétaire d'appartement refuse un logement à un étranger au motif qu'il n'a pas la nationalité française.
- Une salariée est maintenue dans le statut précaire de pigiste[1] en raison de ses activités syndicales.
- Une compagnie aérienne refuse d'accepter les personnes handicapées à bord de ses avions.
- Une caissière est mutée comme magasinière au motif que sa couleur de peau gênait les clients.
- De retour de congé maternité, une femme ne retrouve pas les responsabilités qu'elle avait avant son départ.
- Une personne transgenre se voit refuser la conclusion d'un bail d'habitation pour ne pas choquer les voisins.

1. Personne payée à la tâche.

D'après le site du Ministère de la Justice.

3 Les sanctions : l'exemple de l'audiovisuel

Le Conseil supérieur de l'audiovisuel est intervenu à plusieurs reprises auprès de services de radio et de télévision pour sanctionner l'incitation à la haine ou à la violence pour des raisons de prétendue race, de sexe, de mœurs, de religion ou de nationalité, comme le prévoit la loi de 1986. Il a utilisé son pouvoir de sanction pour des propos discriminants, soit parce qu'ils étaient tenus par les animateurs eux-mêmes, soit parce qu'ils émanaient des auditeurs et téléspectateurs et que les animateurs de l'émission n'étaient pas intervenus pour interrompre ou modérer ces propos.

D'après le site du Conseil supérieur de l'audiovisuel (CSA).

Recherche WEB

→ De nombreuses associations sont engagées dans la lutte contre les discriminations. Recherchez des informations sur une association d'envergure nationale puis présentez-la (objectifs, activités, débats suscités par ses actions…) sur un panneau.

4 Les campagnes de sensibilisation des pouvoirs publics

En avril 2016, le gouvernement lance une campagne de lutte contre les discriminations à l'embauche. 2 000 affiches sont déployées en France pendant 15 jours.

5 Une discrimination vue par un dessinateur

Dessin d'Antoine Chereau, publié dans *Sexiste, moi ?*, Pixel Fever Éditions, 2019.

Itinéraire 1

Capacité Comprendre une notion

1. Qu'est-ce qu'une discrimination ? **(doc. 1)**

2. Après avoir recopié le tableau ci-dessous, relevez quatre cas proposés en exemple et montrez que chacun correspond à une discrimination. **(docs 1 et 2)**

	Traitement moins favorable	Critère précisé par la loi	Situation reconnue
Cas 1			
Cas …			

Capacité Questionner des documents

3. Quelle est la responsabilité des animateurs dans l'audiovisuel en matière de contenu des émissions ? **(doc. 3)**

4. Quelle est la discrimination évoquée ? **(doc. 4)**

5. À quelle discrimination fait référence le dessin ? **(doc. 5)**

Itinéraire 2

Capacité Préparer une argumentation en vue d'un débat

En vous appuyant sur les documents, repérez les différents acteurs qui s'engagent dans la lutte contre les discriminations. Identifiez également les moyens mobilisés dans ce but.

Dossier 3
Itinéraire différencié

La défense et la sécurité en France

Face aux nombreuses menaces qui peuvent porter atteinte à nos vies et à nos libertés, la sécurité est devenue un enjeu qui concerne l'ensemble des citoyens.

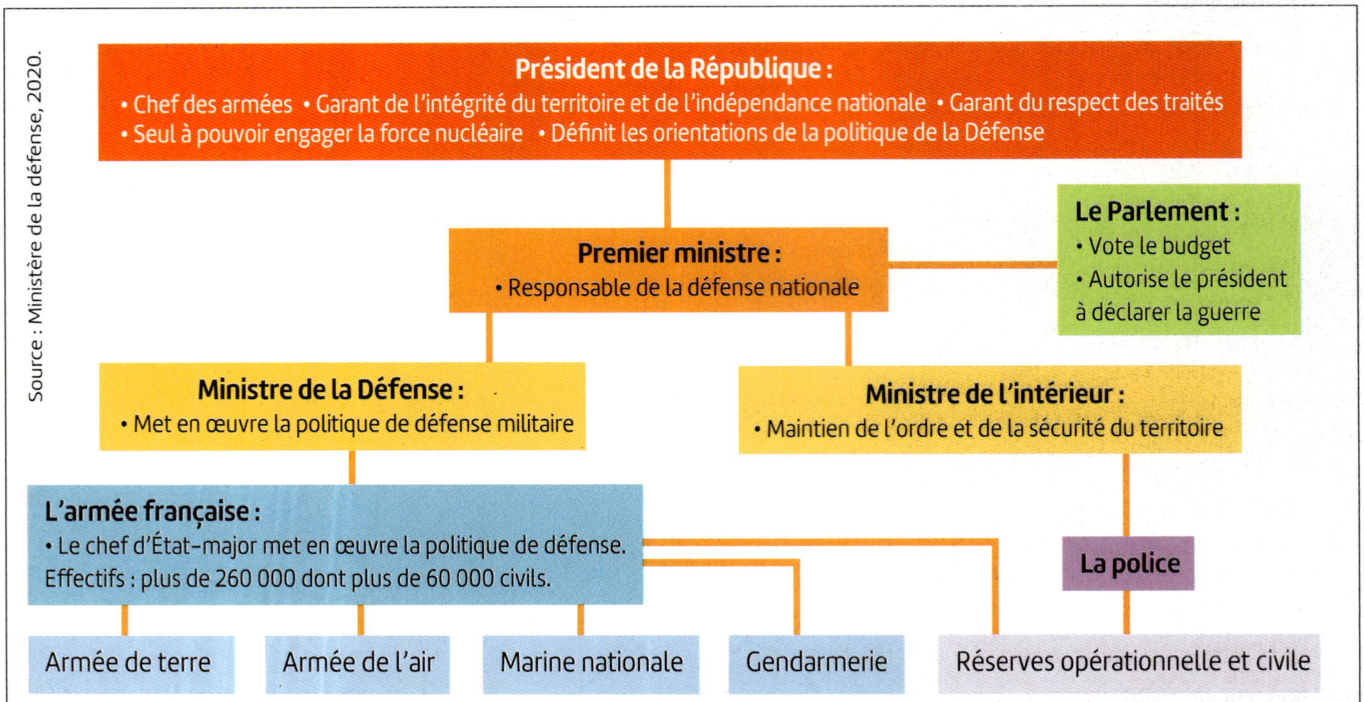

Source : Ministère de la défense, 2020.

1 Les acteurs de la sécurité nationale

2 Des mesures face aux nouvelles menaces

1995 : mise en place du plan Vigipirate pour lutter contre le terrorisme.

2009 : création du Conseil de défense et de sécurité nationale ; il coordonne les décisions en matière de protection du territoire et des personnes.

2015 à 2017 : mise en place de l'État d'urgence suite aux attentats du 13 novembre 2015 à Paris.

Octobre 2017 : loi renforçant la sécurité intérieure et la lutte contre le terrorisme.

3 La sécurité intérieure et les libertés individuelles

La loi renforce les pouvoirs des agents des transports publics pour lutter contre le terrorisme et les incivilités dans les transports collectifs. Dessin de Plantu, *Le Monde*, 2016.

Recherche WEB

Vers le site liennathan.fr/ij3c83

→ Sur le site du gouvernement, recherchez ce qu'est la réserve civique et quelles sont ses missions.

1 — Phase de cohésion
- 2 semaines dans une brigade de 200 jeunes
- dans une autre région
- l'année qui suit la classe de 3e
- obligatoire

2 — Mission d'intérêt général
- 2 semaines
- près de chez soi
- dans les mois qui suivent le séjour de cohésion
- obligatoire

3 — Engagement
- 3 mois minimum
- dans le département de son choix
- entre 16 et 25 ans
- facultatif

4 Les trois étapes du service national universel

Le service national universel comporte une partie obligatoire d'un mois vers 16 ans, et une partie facultative après 18 ans. Il s'adresse aux jeunes qui souhaitent s'engager dans la culture, la défense, l'environnement, l'aide aux personnes ou le tutorat.

Qui pourra avoir accès aux données du système d'entrée/sortie?

Les États membres — Les services répressifs — **Europol**

y auront accès à des fins d'identification et de renseignement en matière criminelle

5 Le système d'information Schengen (SIS) renforcé

Le système sert aux contrôles aux frontières extérieures de l'espace Schengen et améliore la coopération en matière policière et judiciaire entre les pays de l'UE. Les autorités nationales partagent leurs informations dans les affaires liées à des infractions terroristes.

6 L'EUFOR, la force opérationnelle de l'UE

L'Union européenne n'a pas d'armée permanente mais elle peut disposer d'une force opérationnelle, l'EUFOR. Les missions restent rares car un vote à l'unanimité est nécessaire pour les questions ayant des implications militaires ou de défense.

Itinéraire 1

Capacité Rechercher des informations dans les documents

1. Identifiez les responsables institutionnels et les acteurs de terrain de la sécurité nationale. (docs 1 et 2)
2. Qu'est-ce qu'un service national universel ? (doc. 4)
3. Depuis 30 ans, quelles mesures a pris l'État pour faire face aux nouvelles menaces ? (docs 1, 2, 3, 4)
4. L'Union européenne dispose-t-elle d'une armée ? (doc 6)

Capacité Caractériser les enjeux de la situation

5. Comment les citoyens peuvent-ils s'impliquer dans la sécurité intérieure ? (docs 1 et 4)
6. Montrez que la défense et la sécurité s'organisent aussi aujourd'hui à l'échelle européenne. (docs 5 et 6)

Itinéraire 2

Capacité Construire et exprimer une argumentation

La défense nationale et la sécurité intérieure sont l'affaire de tous les citoyens. Un service national universel devrait être obligatoire (vers 2023) pour faire face aux nombreuses menaces.
Faites une recherche sur les raisons de la mise en place de ce service national. Quels sont les arguments des représentants de l'armée, de la police, des autorités publiques et des citoyens ?

EMC

Thème 2 **Préserver la paix et protéger des valeurs communes : défense et sécurité en France et en Europe**

Dossier 4

Itinéraire différencié

La défense et la sécurité en Europe

La construction d'une défense commune est un défi posé à l'Union Européenne. Faire face aux menaces telles que le terrorisme, les réseaux criminels ou les cyberattaques nécessite la mobilisation de moyens qui ne peuvent être efficaces qu'à l'échelle européenne.

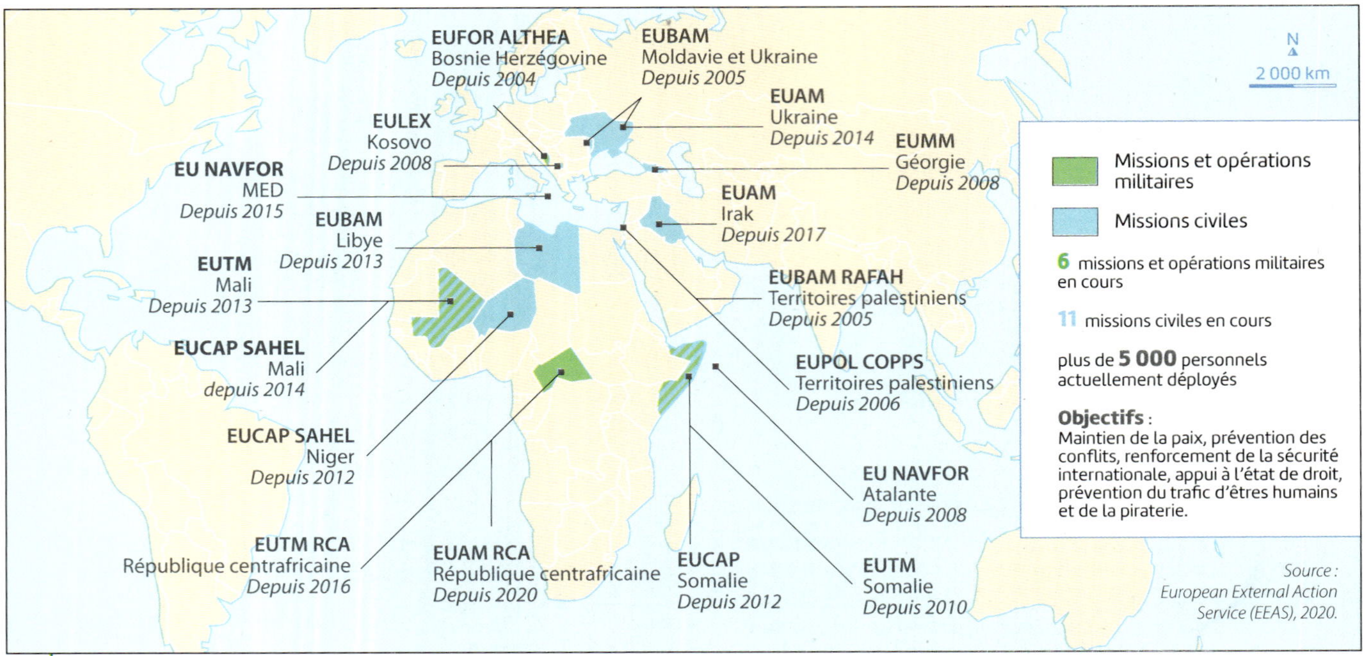

1 Les missions d'intervention dans le cadre de la politique de sécurité et de défense commune

La politique de sécurité et de défense permet à l'Union Européenne d'utiliser des moyens militaires et civils pour répondre aux crises internationales et défendre la paix. Elle vise également à doter l'Europe d'une défense commune.

2 L'action d'Europol

Europol est une agence européenne spécialisée dans la répression de la criminalité. Elle œuvre pour construire une Europe plus sûre.

Plus de mille personnes et une centaine d'experts fournissent leur appui à plus de 40 000 enquêtes internationales par an. Elles assistent les États membres dans leurs investigations et leur lutte contre le terrorisme.

Europol intervient sur les menaces pour la sécurité en Europe, par exemple dans les domaines suivants :
- le trafic de stupéfiants,
- la traite des êtres humains,
- la cybercriminalité,
- la contrefaçon de l'euro,
- le blanchissement d'argent,
- les groupes criminels organisés,
- le terrorisme.

Le siège d'Europol.

Depuis son siège à La Haye, aux Pays-Bas, Europol appuie des actions et des opérations de police dans toute l'Europe et parfois au-delà.

« Construire une Europe plus sûre », Europol, 2020.

AGIR CONTRE LE TERRORISME : LES MOYENS D'ACTION

SYSTÈME D'INFORMATION SCHENGEN

Ce fichier informatique européen permet aux services responsables des contrôles aux frontières, policiers et douaniers, et aux autorités judiciaires d'un État Schengen de disposer de données sur des personnes signalées et des objets et véhicules recherchés.

MANDAT D'ARRÊT EUROPÉEN

A la suite des attentats du 11 septembre 2001, la procédure du mandat d'arrêt européen est adoptée pour faciliter l'extradition, d'un Etat membre à un autre, de personnes condamnées.

SYSTEME ECRIS

Depuis avril 2012, ce système connecte les bases de données contenant les casiers judiciaires permettant ainsi de faciliter, uniformiser et accélérer l'échange d'informations sur les condamnations sous forme électronique entre les pays de l'UE.

FONDS DE SÉCURITÉ INTÉRIEURE

Afin de promouvoir la mise en œuvre de la coopération pour l'application du droit de l'UE, la gestion des risques et des crises et le contrôle des frontières extérieures de l'Union, le FSI a été mis en place pour la période 2014-2020.

ESPACE SCHENGEN

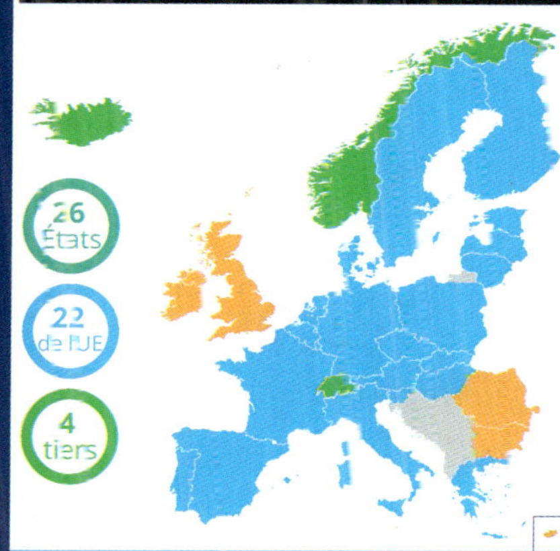

Etats membres de l'UE faisant partie de l'espace Schengen

Etats membres de l'UE ne faisant pas partie de l'espace Schengen

Etats tiers faisant partie de l'espace Schengen

REGISTRE DES PASSAGERS AÉRIENS (PNR)

Le registre des données sur les passagers des vols (Passenger name record) a été créé aux États-Unis à la suite des attentats de 2001. Il s'agit d'un ensemble de données collectées par les compagnies aériennes lors de la réservation d'un vol ou de l'enregistrement. Il permet de mieux détecter puis retracer les itinéraires des terroristes potentiels. Adoptée en avril 2016 par le Parlement européen, la directive sur le PNR européen harmonise la récolte de ces données tout en garantissant leur confidentialité. Les États membres disposent d'un délai de 2 ans pour transposer ce texte dans leur droit national.

AIRPOL

Le réseau Airpol a pour objectif d'augmenter la sécurité générale des aéroports européens ainsi que de l'aéronautique civile grâce à une collaboration plus intensive et plus structurelle entre les Etats membres.

ATLAS

Le réseau Atlas réunit depuis 2001 toutes les forces d'intervention des pays de l'Union européenne, plus la Suisse et la Norvège. Des entraînements conjoints sont régulièrement organisés. Pour la France, il s'agit du GIGN et du RAID.

RAN

Le Réseau de Sensibilisation à la Radicalisation met en relation et soutient les acteurs engagés dans la lutte contre la radicalisation violente et le recrutement de personnes à des fins terroristes. Son budget a été augmenté à 25 millions d'euros sur quatre ans

3 La lutte contre le terrorisme en Europe
Infographie réalisée par touteleurope.eu, mai 2018.

Itinéraire 1

Capacité Rassembler des informations

1. Quelles sont les missions de la politique de sécurité et de défense commune ? **(docs 1 et 3)**
2. À quoi sert Europol ? Identifiez une de ses actions. **(doc. 2)**

Capacité Comprendre une situation

3. Expliquez quels sont les moyens mis en place pour lutter contre les réseaux terroristes en Europe. **(doc. 3)**

Recherche WEB

→ Allez sur le site touteleurope.eu et consultez la rubrique « Diplomatie et défense » pour faire une revue de presse des faits marquant l'actualité dans ce domaine.

Itinéraire 2

Capacité Présenter sa recherche sous forme numérique

Après avoir rassemblé les informations dans les documents et avoir effectué la recherche WEB, vous présenterez sous forme numérique (Powerpoint, Prezi…) les enjeux de la politique de défense et de sécurité européenne.

Thème annuel S'engager et débattre en démocratie autour des défis de société

Dossier 1

Itinéraire différencié

Les enjeux de la bioéthique

Depuis plus de quarante ans, les avancées des sciences et techniques concernent directement l'espèce humaine. Face au développement important des biotechnologies, la société s'interroge régulièrement sur les limites de ce progrès : c'est ce que l'on nomme la bioéthique.

1 Les domaines de la bioéthique

Selon Dominique Thouvenin, professeur à l'École des hautes études en santé publique, trois grandes catégories de pratiques relèvent de la bioéthique.

1. Celles nécessitant un accès au corps humain pour obtenir des éléments (organes, cellules) ou des produits et qui impliquent une atteinte à l'intégrité physique de la personne.
2. Celles nécessitant un accès au corps humain afin de permettre une identification de personnes (filiation, suspect judiciaire) ou bien de maladies, aussi bien au stade prénatal que pour les adultes, et qui risquent de porter atteinte à la vie privée.
3. Celles cliniques et biologiques intervenant dans le processus vital par la création d'embryons in vitro afin de permettre à un couple d'avoir des enfants.

« Questions à Dominique Thouvenin », La documentation française, 2010.

2 Les débats sur la législation sur la bioéthique

Le Comité Consultatif National d'Éthique a pour mission de produire des avis et rapports sur les problèmes éthiques[1] et les questions de société soulevés par les progrès de la connaissance dans les domaines de la biologie, de la médecine et de la santé.

La loi relative à la bioéthique interdit le clonage[2], la recherche sur l'embryon sauf dérogations, l'acharnement thérapeutique, l'euthanasie[3] mais promeut les soins palliatifs[4] et le droit à la sédation[5] profonde pour les malades en phase terminale. En fonction des avancées scientifiques et techniques, cette loi est révisable tous les 5 ans.

1. L'éthique : ce qui concerne la morale, ce qui est bon pour l'homme.
2. Le clonage : la reproduction d'un être vivant à partir d'une seule cellule.
3. L'euthanasie : l'acte qui donne la mort à un malade pour abréger ses souffrances.
4. Les soins palliatifs : ils soulagent un malade qu'on ne peut guérir.
5. La sédation profonde : un traitement qui plonge le patient dans un sommeil profond pour lui éviter des souffrances jugées insupportables.

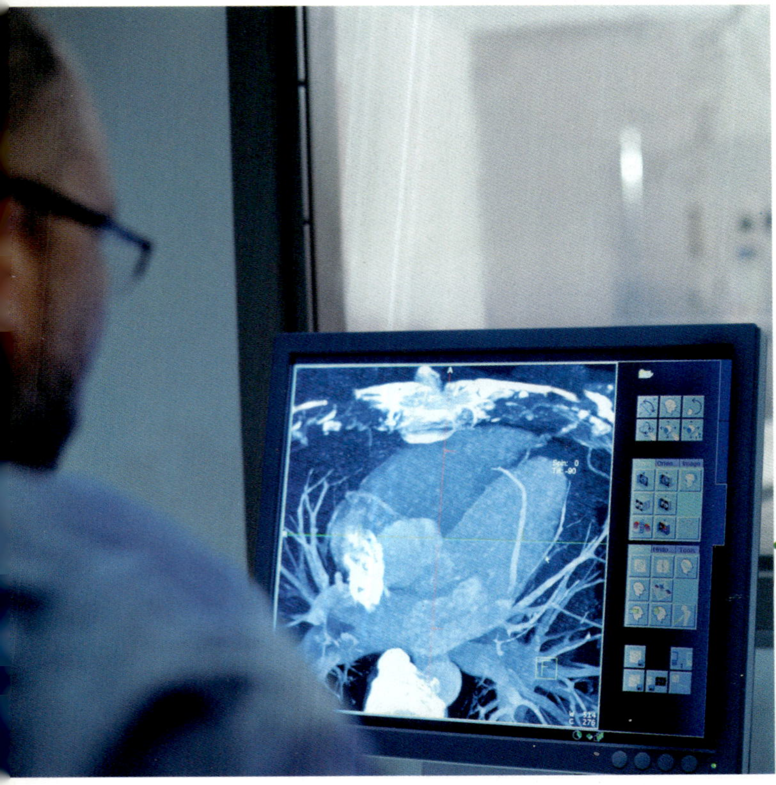

3 Les nouvelles technologies et les normes morales

Les innovations techniques au service de la médecine ont transformé les soins et le diagnostic. C'est le cas avec les scanners, les IRM (imageries par résonnance magnétique), les lasers et les micro-technologies intrusives dans le corps et dans le cerveau. Mais ces nouveaux procédés ont rendu de plus en plus floues les frontières entre la connaissance, le soin, la réparation et l'amélioration des organes.

4 **La fin des « bébés médicaments »**

Proposée à l'issue des États-Généraux, la nouvelle loi bioéthique de 2019 a mis un terme à la technique dite du « bébé médicament », autorisée à titre expérimental en 2004. Grâce à un prélèvement de sang du cordon ombilical, le bébé pouvait sauver un frère ou une sœur atteint d'une maladie génétique. C'est la condition du bébé comme moyen et non comme fin qui posait problème.

6 **Les neurosciences**

Les nouvelles techniques d'exploration du cerveau et l'exploitation des images obtenues posent de nouveaux enjeux éthiques. C'est le cas, par exemple, de la responsabilité individuelle.
Dessin de Renard, 2008.

Recherche WEB

→ Allez sur le site vie-publique.fr et recensez les conditions légales d'accompagnement de fin de vie.

5 **Les manipulations du vivant**

« Les moustiques tuent plus d'humains que tous les autres animaux réunis », affirme l'entreprise Verily, qui a eu l'idée de créer un moustique stérilisant capable de réduire, voire d'éradiquer la population de moustiques Aedes aegypti, porteurs du virus Zika, de la fièvre jaune, de la dengue ou du chikungunya. Les mâles sont contaminés avec une bactérie nommée Wolbachia, inoffensive pour l'homme. Lorsque ces mâles s'accoupleront aux femelles, leurs œufs n'écloront pas. La descendance est non viable. Le moustique ne sera donc pas stérilisé, mais stérilisant. Selon Frédéric Jourdain, chercheur, « l'introduction d'une bactérie dans l'insecte par des techniques humaines constitue une certaine forme de manipulation du vivant, dont il faut mesurer les limites et impacts ».

Marie Raveau, « 20 millions de moustiques stérilisants lâchés en Californie », *Le Point*, 21 juillet 2017.

Itinéraire 1

Capacité **S'informer pour construire son jugement**

1. Quels sont les domaines concernés par la bioéthique ? **(doc. 1)**

2. Quelles innovations techniques ont transformé les sciences de la vie ? **(docs 1, 3, 4, 5 et 6)**

3. Relevez deux progrès de la science sur les êtres vivants **(docs 2, 4, 5 et 6)**

Capacité **Comprendre les enjeux d'une situation**

4. Quelles sont les inquiétudes soulevées par les progrès dans les sciences de la vie ? **(docs 3, 4 et 5)**

5. Comment l'État et la société s'organisent-ils pour réfléchir et encadrer les progrès ? **(docs 2 et 4)**

Itinéraire 2 VERS LE BAC

Capacité **Confronter des points de vue dans le cadre d'un débat**

Répartissez-vous en quatre groupes pour préparer des arguments pour répondre à la question suivante : Peut-on, dans certains cas, permettre le clonage d'êtres vivants ?
Deux groupes préparent des arguments pour, deux autres des arguments contre.

Thème annuel S'engager et débattre en démocratie autour des défis de société

Dossier 2

Itinéraire différencié

La révolution numérique et l'essor d'Internet

Brouillant les frontières entre les domaines public et privé, l'usage quotidien du numérique pose d'importantes questions juridiques, éthiques et politiques. Le citoyen et le consommateur ne peuvent profiter des avantages d'Internet sans développer une nécessaire vigilance.

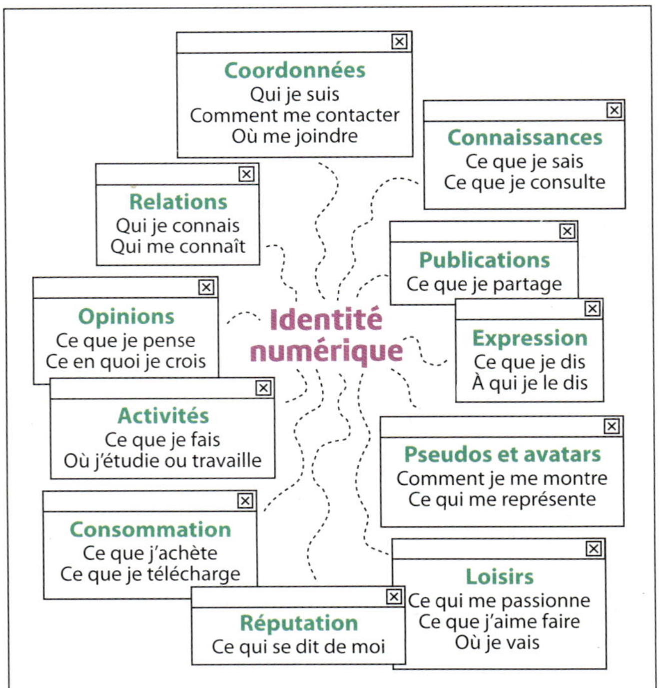

1 Est-ce que je maîtrise mon identité numérique ?

2 La Commission Nationale de l'Informatique et des Libertés (CNIL)

Cet organisme officiel a pour objectif de « protéger les données personnelles, accompagner l'innovation, préserver les libertés individuelles ». Son site donne des conseils pour maîtriser ses données, aider à découvrir et comprendre ses droits.

10 conseils pour rester net sur le Web

1. Réfléchissez avant de publier.
2. Respectez les autres.
3. Ne dites pas tout.
4. Sécurisez vos comptes.
5. Créez plusieurs adresses e-mail.
6. Attention aux photos et aux vidéos.
7. Utilisez un pseudonyme.
8. Attention aux mots de passe.
9. Faites le ménage dans vos historiques.
10. Vérifiez vos traces.

CNIL, 7 mars 2016.

3 Droits de l'homme et droit à la vie privée

Article 8. *Droit au respect de la vie privée et familiale*

1. Toute personne a droit au respect de sa vie privée et familiale, de son domicile et de sa correspondance.

2. Il ne peut y avoir ingérence d'une autorité publique dans l'exercice de ce droit que pour autant que cette ingérence est prévue par la loi et qu'elle constitue une mesure qui, dans une société démocratique, est nécessaire à la sécurité nationale, à la sûreté publique, au bien-être économique du pays, à la défense de l'ordre et à la prévention des infractions pénales, à la protection de la santé ou de la morale, ou à la protection des droits et libertés d'autrui.

Convention de sauvegarde des droits de l'homme et des libertés fondamentales, souvent appelée Convention européenne des droits de l'homme

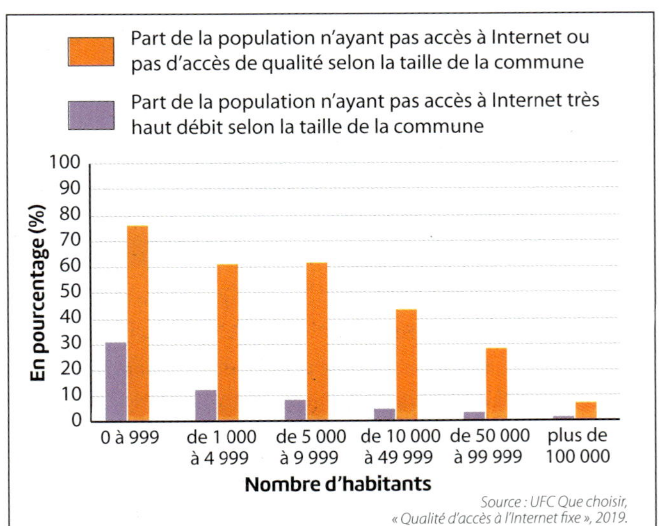

4 La fracture numérique

Le très haut débit est un débit supérieur à 30 Mbit/s. UFC Que choisir : « Qualité d'accès à l'Internet fixe », 2019.

5 **Les inquiétudes des citoyens**

Dessin de Chappatte dans la *Nouvelle Gazette de Zurich*, 17 juin 2013.

6 **Google et le droit à l'oubli**

Dans un arrêt du 13 mai 2014, la Cour de justice de l'Union européenne considère qu'un moteur de recherche est responsable du traitement des données personnelles apparaissant sur ses pages.

Question posée à l'entreprise Google : Comment appliquez-vous la récente décision de la Cour de justice de l'Union européenne concernant le droit à l'oubli ?

Réponse : Le récent arrêt de la Cour de justice de l'Union européenne a de profondes répercussions pour les moteurs de recherche en Europe. La Cour a estimé que certains utilisateurs ont le droit de demander aux moteurs de recherche tels que Google de supprimer les résultats de recherche qui incluent leur nom. Pour que cette décision soit applicable, les résultats affichés doivent être inadéquats, pas ou plus pertinents ou excessifs. [...] Si vous souhaitez soumettre une demande de suppression, veuillez remplir ce formulaire en ligne. Vous recevrez une réponse automatique confirmant que nous avons reçu votre demande. Celle-ci sera ensuite examinée.

Extrait de la foire aux questions (FAQ) de Google, disponible en ligne, consulté le 6 décembre 2019.

Itinéraire 1

Capacité **Mener une étude documentaire**

1. Quels sont, selon vous, les deux principaux risques d'une mauvaise maîtrise de son identité numérique ? **(doc. 1)**

2. Pourquoi un organisme comme la CNIL est utile dans une société démocratique ? **(doc. 2)**

Capacité **Faire preuve d'esprit critique**

3. De quels droits dispose un Européen dans sa vie privée ? **(docs 1 et 3)**

4. Expliquez et commentez ce dessin de Chappatte : en quoi l'attitude du personnage central est-elle contradictoire ? **(doc. 5)**

5. À quoi le moteur de recherche Google s'engage-t-il ? Est-ce suffisant ? **(doc. 6)**

6. Qu'appelle-t-on la fracture numérique ? Êtes-vous concerné ? Comment ? **(doc. 4)**

Itinéraire 2 VERS LE BAC

Capacité **Confronter des points de vue dans le cadre d'un débat**

Publier en ligne, par exemple sur un réseau social, des photos de ses enfants ou de ses amis, est-ce un droit légitime ? Interdire une publication, est-ce une entrave à la liberté ?
À partir de l'ensemble des documents et, éventuellement, d'une recherche complémentaire, menez un débat sur les atteintes à la liberté et à la dignité de la personne.

Dossier 3
Itinéraire différencié

Changements et risques environnementaux

Le changement climatique, la réduction de la biodiversité ont des effets sur les territoires. Ils interrogent l'avenir de la société. C'est dans ce contexte que les citoyens prennent part aux diverses formes de débat sur le choix de nouveaux modes de développement, plus durables.

1 Le débat scientifique sur les causes du changement climatique

Le premier rapport du GIEC (Groupe intergouvernemental d'experts sur l'évolution du climat), publié en 1990, a servi de base à la Convention des Nations unies sur les changements climatiques de 1992. Au terme de six années de travaux menés par un réseau de 2 500 scientifiques, le GIEC a établi la responsabilité humaine dans le réchauffement climatique dans son rapport de 2007. Les experts du GIEC confirmaient le rôle des émissions de gaz à effet de serre. Puis un débat scientifique a émergé en 2009 au sujet de la réalité du changement climatique. Les scientifiques du GIEC ont été accusés de surestimer toutes les informations allant dans le sens d'une accélération des températures moyennes de la Terre depuis le début de la Révolution industrielle.

« Changement climatique : les fondements scientifiques », vie-publique.fr, 7 mars 2019.

2 L'Accord de Paris pour le climat

Les 195 États signataires se sont engagés à contenir le réchauffement climatique en-dessous de 2 degrés par rapport aux niveaux antérieurs à l'industrialisation. Sur la photographie, on voit Ban Ki-Moon, secrétaire général des Nations unies ; Laurent Fabius, ministre français des Affaires étrangères ; François Hollande, président de la République française.

3 Marche pour le climat à Paris, octobre 2018

Recherche WEB

→ Recherchez des informations sur la loi relative à la protection de la nature (1976), sur la Charte de l'environnement (2005) et sur les Accords de Paris sur le climat (2015).

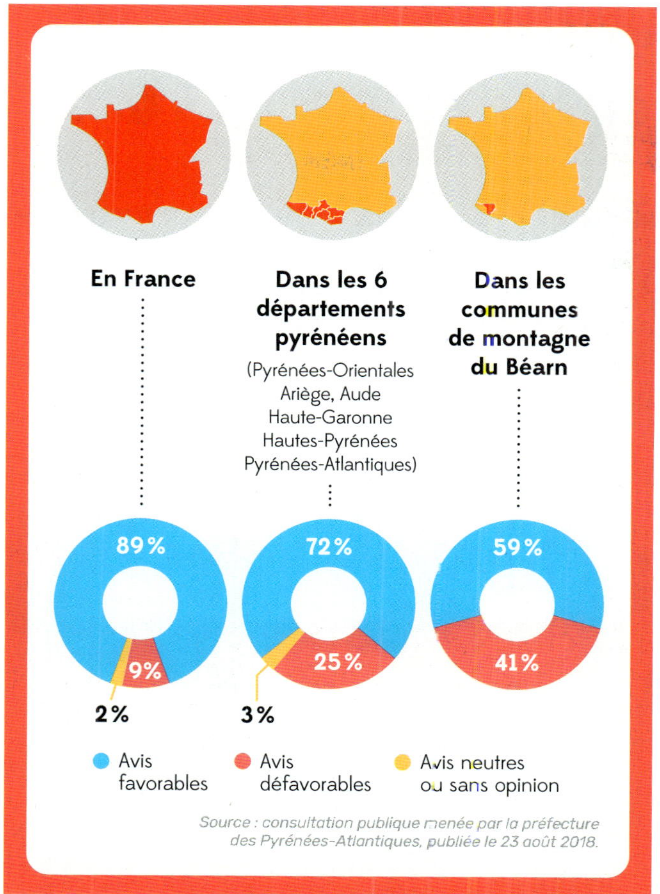

4 **Résultat d'une consultation publique sur la réintroduction de l'ours dans les Pyrénées**

Les éleveurs sont fortement opposés à cette mesure défendue par les écologistes.

5 **Manifestation pour l'interdiction des pesticides**

Les trois quarts des insectes volants ont disparu depuis les années 1990. En 2018, l'Union européenne a interdit trois insecticides néonicotinoïdes.

6 **Affiche pour un projet de réhabilitation d'une voie ferrée désaffectée à Paris**

Le programme « Paris budget participatif » permet aux citoyens de choisir ces projets d'investissement correspondant à 5 % du budget de la ville.

Itinéraire 1

Capacité **Questionner les documents**

1. Quel débat scientifique a établi le rôle des activités humaines dans le changement climatique ? **(doc. 1)**

2. Identifiez les différentes formes de débats et d'engagements citoyens. **(docs 3, 4, 5, 6)**

Capacité **Construire son jugement**

3. Comment la communauté internationale et les États peuvent-ils limiter le changement climatique ? **(doc. 2)**

4. Comment les citoyens peuvent-ils peser sur l'action publique ? **(docs 3, 5 et 6)**

5. Expliquez les différentes opinions sur la réintroduction de l'ours dans les Pyrénées **(doc. 4)**

6. Quels effets positifs sont attendus de l'interdiction des insecticides et quelles oppositions cette mesure peut-elle susciter ? **(doc. 5)**

Itinéraire 2 VERS LE BAC

Capacité **Confronter des points de vue dans le cadre d'un débat**

À l'aide des documents du dossier et d'informations trouvées sur Internet, préparez un argumentaire sur la question suivante : « Faut-il interdire les pesticides ? ».
Par groupe, réunissez des arguments favorables et des arguments opposés. Chaque groupe présente ensuite ses arguments.

Sujet bilan Vers le BAC

La transition énergétique en France

+4,5% Consommation finale d'énergie En 2018	**+2,5%** Part du nucléaire dans la production d'électricité En 2018	**-19,5%** Part d'énergie renouvelable dans la consommation d'énergie En 2018
+0,6% Consommation énergétique primaire d'énergies fossiles (gaz, charbon, pétrole) En 2018	**+4,5%** Emissions globales de gaz à effet de serre En 2018	**+12,6%** Emissions de gaz à effet de serre des transports En 2018
+14,5% Emissions de gaz à effet de serre des bâtiments En 2018	**+2,5%** Emissions de gaz à effet de serre de l'agriculture En 2018	**+0,6%** Emissions de gaz à effet de serre de l'industrie En 2018

1 Le tableau de bord bilan de la période 2015-2018 de l'Observatoire Énergie-climat sur les engagements de la France dans l'accord de Paris

L'Observatoire Énergie-climat est un observatoire indépendant créé par les pouvoirs publics pour mesurer l'évolution de la transition énergétique et faire le bilan de la réduction des gaz à effet de serre.

2 | Deux points de vue sur le rôle du nucléaire dans la transition énergétique en France

La France doit préserver son parc nucléaire et élargir sa production d'électricité propre. Lancé dans les années 70 et 80, le programme nucléaire français a démontré qu'il était possible de décarboner la production d'électricité d'un pays industrialisé. Pour lutter contre le changement climatique et améliorer la qualité de l'air, la France devra réduire massivement l'utilisation de combustibles fossiles dans le transport et le chauffage en utilisant l'ensemble des énergies bas carbone. L'énergie nucléaire doit jouer un rôle central dans l'atteinte de cet objectif.

Lettre ouverte envoyée le 4 juillet 2017 au Président de la République par des scientifiques. L'un des signataires est François-Marie Bréon, contributeur du 5e rapport du GIEC.

L'Agence de l'environnement et de la maîtrise de l'énergie (Ademe) a fait appel à des chercheurs de l'École des mines et à des ingénieurs d'Artelys, un bureau d'études exerçant auprès d'Edf, pour analyser les cartes de puissance des vents et d'irradiation solaire. Ils ont aussi évalué la force des marées et de la houle, avant de convertir ces données en capacité de production d'électricité. La conclusion est sans ambiguïté : « Vers un mix électrique 100 % renouvelable en 2050 ». En clair, fin de la dizaine de centrales à gaz, au fioul et au charbon dans l'Hexagone. Fin surtout des 58 réacteurs tricolores et, avec eux, du risque d'accident nucléaire et du problème de nouveaux déchets hautement radioactifs.

Vincent Nouyrigat, « La France sans nucléaire, c'est possible ! », 7 novembre 2018, *Science & Vie*.

1 Je mobilise des connaissances (4 points)

a. Qu'est-ce que l'Accord de Paris sur le climat de 2015 ?

b. Qu'appelle-t-on « transition énergétique » ?

2 J'explicite le sens et les enjeux des documents (6 points)

a. En 2018, la France n'a pas répondu à ses engagements de 2015. Dans quels domaine est-elle la plus éloignée des objectifs ? **(doc. 1)**

b. Après l'avoir recopié, remplissez le tableau à l'aide du document. **(doc. 2)**

Arguments pour le maintien du nucléaire dans le mix énergétique français	Arguments contre le maintien du nucléaire dans le mix énergétique français

3 Je formule une position personnelle argumentée (10 points)

À l'aide des documents et de vos connaissances, rédigez un paragraphe argumenté expliquant votre position personnelle sur la transition énergétique en France. Vous présenterez d'abord le contexte global et les engagements de l'Accord de Paris. Vous exposerez ensuite le bilan de la France. Vous développerez enfin votre point de vue sur les moyens de parvenir à respecter ces engagements. Vous donnerez au moins deux arguments à l'appui de votre thèse.

Dictionnaire des notions

Histoire Première

Agriculture : ensemble des travaux destinés à produire des végétaux et à élever des animaux, utiles à l'alimentation humaine, ou à produire des matières premières industrielles.

Anticolonialisme : doctrine qui condamne la colonisation, au nom du respect des droits de l'homme et du principe d'égalité.

Antisémitisme : doctrine raciste fondée sur la haine envers les Juifs.

Artisanat : transformation de produits ou prestation de services, grâce à un savoir-faire particulier et hors contexte industriel.

Déportation : transfert forcé d'un individu ou d'une population.

Diktat : mot utilisé par les Allemands pour désigner les clauses très dures du traité de paix de Versailles (1919).

Droits sociaux : ensemble des droits dont bénéficie un citoyen dans ses relations avec les autres individus, avec des groupes ou avec l'État.

Exode rural : départ massif de ruraux vers la ville pour y trouver un emploi ou une vie meilleure.

Féminisation des emplois : croissance du nombre de femmes dans une activité jusqu'alors identifiée comme masculine.

France libre : régime de résistance extérieure fondé à Londres par le général de Gaulle en juin 1940. Il s'oppose au régime de Vichy, mené par le maréchal Pétain.

Génocide : destruction physique, intentionnelle, systématique et programmée d'un groupe, en raison de ses origines ethniques ou religieuses.

Guerre mondiale : guerre dans laquelle sont impliqués des pays de plusieurs continents.

Guerre totale : guerre dans laquelle tous les moyens humains, militaires et économiques sont mobilisés.

Industrialisation : processus long qui fait passer d'une économie reposant sur l'agriculture et l'artisanat à une économie reposant sur la production industrielle de masse.

Instruction publique : système d'enseignement dispensé par l'État à l'ensemble du public, en grande partie obligatoire et gratuit. Il s'oppose à l'enseignement privé.

Plantation : exploitation agricole dans laquelle travaillent et vivent des esclaves, sous l'autorité d'un propriétaire.

Propagande : terme désignant les moyens utilisés par un État pour diffuser son idéologie en façonnant les esprits.

Question sociale : terme utilisé pour désigner l'interrogation face aux problèmes sociaux, liés à la transformation radicale du travail, à la suite de la révolution industrielle.

Société des Nations (SDN) : organisation fondée en 1919 à Genève. Intégrant progressivement les vaincus de la Grande Guerre, elle favorise un rapprochement entre les États.

Sécurité collective : organisation des relations internationales visant à maintenir la paix par l'arbitrage et non par des accords secrets.

Solution finale : terme utilisé par les nazis pour désigner l'extermination systématique des Juifs d'Europe.

Syndicat : association professionnelle ayant pour but de défendre les droits et les intérêts de ses membres.

Taylorisme : organisation du travail qui divise une tâche en différentes opérations simples. Chaque ouvrier réalise le même geste.

Usine : bâtiment ou ensemble de bâtiments destiné(s) à la production industrielle.

Histoire Terminale

Arme nucléaire : arme qui utilise l'énergie nucléaire, obtenue à partir de la fission d'atomes. On parle aussi d'arme atomique.

Communauté économique européenne (CEE) : nom donné à la construction européenne depuis le Traité de Rome (1957) jusqu'au Traité de Maastricht (1992). La CEE a compté 6 États en 1957 jusqu'à 12 en 1992.

Communisme : doctrine fondée sur une organisation sociale reposant sur la propriété collective.

Constitution : texte qui précise le fonctionnement des institutions d'un État.

Démocratie libérale : système politique des démocraties occidentales, qui garantit avant tout les libertés individuelles et est caractérisé par une économie capitaliste. Elle s'oppose à la démocratie populaire.

Démocratie sociale : courant politique et économique qui tend à incorporer certains éléments du socialisme dans une économie capitaliste et libérale.

État-providence : État qui intervient pour renforcer la protection sociale des citoyens.

Guerre froide : conflit indirect, à la fois idéologique, politique, économique et militaire.

Libéralisme : doctrine fondée sur les libertés individuelles et une intervention limitée de l'État.

Non-alignement : mouvement qui regroupe des États refusant la bipolarisation du monde en deux blocs.

Organisation des Nations unies (ONU) : organisation fondée en 1945 par les vainqueurs de la Seconde Guerre mondiale, chargée d'assurer la paix entre les nations. Elle regroupe aujourd'hui 193 États.

Plan Marshall : le plan élaboré en 1947 par le général George C. Marshall, secrétaire d'État américain, pour aider la reconstruction de l'Europe après la Seconde Guerre mondiale. Plus de 13 milliards de dollars ont été donnés ou prêtés à la Grande-Bretagne, la France, l'Allemagne de l'Ouest et d'autres pays européens.

Puissance régionale : État qui détient un certain pouvoir et une influence inégalée sur une région donnée en matière d'économie et de forces armées.

Société de consommation : société où l'on est conduit à acheter, indépendamment de ses besoins réels.

Superpuissance : nation dont le rayonnement économique, culturel, politique et militaire est prééminent à travers le monde. Elle est capable d'influencer des événements à l'échelle mondiale. Pendant la période de la guerre froide, les États-Unis et l'Union soviétique étaient considérés comme des superpuissances.

Trente Glorieuses : période de trente ans après la Seconde Guerre mondiale, de croissance et d'amélioration des conditions de vie.

Géographie Terminale

Aire urbaine : ensemble formé par un pôle urbain (une ville-centre et sa banlieue) qui concentre la majorité des emplois et sa couronne périurbaine, où réside une partie des actifs.

Aménagement : action volontaire d'une collectivité (État, région, département, commune…) sur l'organisation de son territoire (répartition de la population, distribution des activités économiques, équipements, environnement…).

Conflits d'usage : rivalités entre les différents usagers d'un même territoire ou d'une même ressource, pour son appropriation, son exploitation ou sa gestion.

Corridors de développement : axes de transport multimodaux (routiers, ferroviaires, aériens) connectant des zones enclavées à un accès portuaire, aménagés dans le but d'attirer des activités susceptibles d'entraîner un processus de développement.

Développement : amélioration des conditions de vie de la population.

Espace périurbain : espace qui s'urbanise progressivement autour des villes et qui s'étale de plus en plus loin.

Espace rural : espace modifié par les sociétés sans être entièrement artificialisé. Il se distingue des espaces dits « naturels », c'est-à-dire peu modifiés, et des espaces urbains.

Gouvernance : ensemble des règles, des organes de décision, d'information et de surveillance qui permettent d'assurer le bon fonctionnement et le contrôle d'un Etat, d'une institution ou d'une organisation, qu'elle soit publique ou privée, régionale, nationale ou internationale.

Métropole : ville dotée de sièges sociaux, d'un potentiel de recherche et d'innovation, d'emplois qualifiés qui lui confèrent une influence, sur un territoire plus ou moins vaste.

Objectifs de développement durable : programme des Nations unies pour le développement. Au nombre de 17, les objectifs visent à éradiquer la pauvreté, protéger la planète et faire en sorte que tous les êtres humains vivent dans la paix et la prospérité.

Périurbanisation : extension des surfaces bâties à la périphérie des agglomérations (lotissements, zones d'activités, centres commerciaux).

Pôle urbain : unité urbaine offrant au moins 10 000 emplois et qui n'est pas située dans la couronne d'un autre pôle urbain.

Recomposition territoriale : modification d'un espace liée à des facteurs et dynamiques internes ou externes à cet espace.

Ressource : élément naturel utile pour une société humaine, exploité dans le but de satisfaire des besoins ou de créer des richesses.

Zones franches (ou zones économiques spéciales) : zones d'activités bénéficiant d'exemptions fiscales ou douanières afin d'attirer des investissements directs étrangers.

Géographie Terminale

Accessibilité : plus ou moins grande facilité avec laquelle un lieu peut être atteint, par des individus susceptibles de se déplacer à l'aide des moyens de transport existants.

Adaptation : capacité d'un système, d'une région ou d'une communauté à ajuster sa structure pour tenir compte des changements.

Aléa : événement qui a une probabilité plus ou moins forte de se produire.

Aménagement des territoires : ensemble des actions menées par des acteurs publics qui interviennent sur un territoire donné et en façonnent son paysage (routes, ponts, usines, etc.).

Changements globaux : modifications liées aujourd'hui aux activités humaines (changement climatique, réduction de la biodiversité).

Collectivités territoriales : structure administrative exerçant des compétences sur son territoire. Ce sont les régions, les départements et les communes.

Disponibilité : partie des ressources d'un pays à la disposition des habitants.

Gestion de crise : ensemble des modes d'organisation, des techniques et des moyens qui permettent à une organisation de se préparer et de faire face à l'arrivée d'une crise

Prévention : démarche pour empêcher un risque de se réaliser ou pour en limiter les effets.

Ressources disponibles : ressources exploitables à un coût acceptable avec les techniques actuelles.

Risque : danger ou menace pouvant affecter une population et bouleverser une société.

Risque climatique : risque lié à la vulnérabilité accrue aux variations des indices climatiques, tels que la température, le vent, la neige ou les précipitations.

Systémique : adjectif relatif aux produits phytosanitaires véhiculés par la sève d'une plante.

Territoire : portion d'espace terrestre géré et aménagé par les sociétés humaines.

Crédits

Couverture © Foster + Partners/Photo Nigel Young ; **12-13** PHOTO12.COM / Archives Snark ; **14 ht** ROGER-VIOLLET/ Albert Harlingue **14 bas** KHARBINE-TAPABOR/Collection Jonas ; **15 g** BIS / Ph. © Archives Nathan ; **16 ht** Collection Mairie de Noisiel ; **16 bas** Collection Mairie de Noisiel ; **17 d** Collection Mairie de Noisiel/Photo Louis Logre, vers 1920 ; **17 g** BIS / Ph. Coll. Archives Nathan © DR ; **18** BRIDGEMAN IMAGES/Leemage/Selva ; **19 g** AKG-Images/Collection Dupondt ; **19 d** PHOTO12/L'illustration ; **20 ht** Collection KHARBINE-TAPABOR ; **20 bas** ROGER-VIOLLET ; **21 bas** ICONOVOX/ Deligne ; **21 ht** WIKIMEDIA/André Payan-Passeron ; **22 d (et 15 d)** ROGER-VIOLLET/Jacques Boyer ; **24 ht** KHARBINE-TAPABOR/Collection Dixmier ; **24 bas** ROGER-VIOLLET/CAP ; **26 g** HARBINE-TAPABOR/Collection Dixmier ; **26 d** AKG-Images ; **28-29** © Stiftung Stadmuseum, Berlin ; **32** BRIDGEMAN IMAGES ; **33 ht** Collection KHARBINE-TAPABOR ; **34 ht** KHARBINE-TAPABOR/Collection IM ; **34 bas d** BRIDGEMAN IMAGES/Leemage/Selva ; **34 bas g** KHARBINE-TAPABOR/ Collection Dixmier ; **35 ht** ARCHIVES NATHAN ; **35 bas** GAMMA RAPHO/Keystone ; **36 ht g** KHARBINE-TAPABOR ; **36 bas** © Société d'Histoire et d'archéologie – Le Vieux Montmartre ; **36 ht d** AURIMAGES /World History Archive ; **37 ht d** GAMMA RAPHO/Keystone ; **37 ht g** © Australian War Museum ; **37 bas** ADOC-PHOTOS/Collection O. Calonge ; **39** ADOC-PHOTOS/Collection O. Calonge ; **40 (et 33 bas)** BIS / Ph. Collection Archives Nathan © ADAGP, Paris 2020 ; **42** Archives de Paris D1R7 398 ; **46-47** BRIDGEMAN IMAGES/Leemage/Image Broker ; **50 bas** KHARBINE-TAPABOR/ Collection Grob ; **50 ht** © Musée royal de l'armée et d'histoire militaire, Bruxelles ; **51 ht** CIRIP/Alain Gesgon ; **51 bas** GAMMA RAPHO/Zigmund Bomze ; **52** BDIC ; **54 bas** GAMMA RAPHO/Keystone ; **55 ht g** CIRIP/Alain Gesgon ; **55 ht d** Courtesy China Central Television/DR ; **56 ht** COMMISSION EUROPENNE ; **56 bas** CIRIP/Alain Gesgon ; **57** HEMIS/ Alamy/Lindsay Lipscombe ; **58 bas** GETTY IMAGES France/Hulton Archive/Paula Bronstein ; **62** SCOOP/Paris Match ; **64-65** GAMMA RAPHO/Keystone ; **66** AFP ; **67 g** BRIDGEMAN IMAGES/Leemage/Bianchetti ; **67 d** BRIDGEMAN IMAGES/ Gerald Bloncourt ; **68 bas d** KHARBINE-TAPABOR/Jean Vigne ; **68 g** BRIDGEMAN IMAGES/Leemage/Collection Michael Lellouche ; **68 ht** GAMMA RAPHO/API ; **69** SYNDICATION Le Figaro ; **70** GAMMA RAPHO/Keystone ; **71 ht** GAMMA RAPHO ; **72** GAMMA RAPHO/Keystone ; **73** SHUTTERSTOCK/Pressmaster ; **76** ICONOVOX/Catherine Beaunez ; **80-81** HEMIS/Photo Pierre Jacques/ © Jakob + MacFarlane ADAGP, Paris 2020 ; **85** ISTOCK/Gwengoat ; **86** PHOTONONSTOP/ Nicolas Thibaut ; **87 ht** JONCHERAY Valery ; **87 bas** William Beaucardet © Ile-de-France Mobilités/Tous droits réservés ; **89** Euroméditerranée/Golem Image ; **90 (et 84)** REA/Laurent Grandguillot ; **92** ENTRE CIEL TERRE ET MER ; **96-97** FITTE-DUVAL Elise ; **101 g** HEMIS/Alamy/Charles O. Cecil ; **101 d** COURRIER INTERNATIONAL ; **102** HEMIS/Alamy/Eye Ubiquitous ; **103** HEMIS/Alamy/Jordi Clave Garsot ; **104** AFP/Jenny Vaughan ; **105 ht g** AFP/Xinhua/li Qihua ; **105 ht d** GAJEWSKI Pierre dit PieR ; **108** HEMIS/Alamy Stock Photo/Media Drum World ; **112-113** HEMIS/Alamy Stock Media/EFE News Agency ; **116** GREENPEACE FRANCE/Daniel Beltrá ; **118 d** HEMIS/Alamy/Bill Bachmann ; **119 ht** AGE FOTOSTOCK/ Age Stock USA/Debra Ferguson ; **119 bas** The Metropolitan Water, District of Southern California ; **120** BIOSPHOTO/ Jean-Michel Lencir ; **121 bas** BIOSPHOTO/Jean-Luc et Françoise Ziegler ; **126-127** BIOSPHOTO/NHPA/Photoshot/Anna Henly ; **130** © Municipalidad Provincial de Sullana ; **131 bas** © Conception graphique Epoxi Lille ; **132 bas** SIPA PRESS/ EFE/Roberto Guzman ; **133 ht** AFP/Lionel Chamoiseau ; **133 bas** SECOURS POPULAIRE FRANCAIS ; **135 bas** HEMIS/ Alamy/Zuma Press ; **135 ht** © Practical Action ; **136 (et 134 bas) g** SCIENCE ET VIE JUNIOR n° 357/Grégoire Cirade ; **136 bas** EDD ; **142** © CAF ; **143 g** © Collectif des Associations unies/DR ; **143 d** AFP/Christophe Archambault ; **144** © Le Défenseur des Droits ; **145 ht** © Ministère du Travail ; **145 bas** CHEREAU Antoine ; **146** LANTU ; **147 m** COMMISSION EUROPENNE ; **147 bas** AFP/Issouf Sanogo ; **148** AFP/Belga Mag/Nicolas Maeterlinck ; **149** © touteleurope.eu ; **150 bas g** BSIP/SPL ; **150 m** © Bioéthique ; **150 ht** © Comité Consultatif national d'éthique ; **151 ht** DELUCQ Xavier ; **151 bas** RENARD Jean-Marie ; **153** © CHAPPATTE dans NZZ am Sontag, Zurich ; **154 ht** HEMIS/Alamy/COP21 ; **154 bas** AFP/Nur Photo/Julien Mattia ; **155 ht d** GAMMA RAPHO/Robert Deyrail ; **155 bas** Atelier Nous et école Pierre Larousse, Paris 14.

Édition : Anaëlle Féret
Conception maquette : ADN
Conception couverture : Laurence Durandau
Mise en page : Alinéa
Iconographie : Maryse Hubert
Cartographie : Légendes cartographie et Bernard Sullerot
Fabrication : Christine Aubert

ISBN : 978-2-09-167111-6

N° de projet : 10261453
Dépôt legal : Avril 2020
Imprimé en Italie par Rotolito S.p.A.

Régalez-vous !
COLLECTION
DIRIGÉE PAR
LAURENT
MARIOTTE

C'est l'heure de L'APÉRO !

LES MEILLEURES RECETTES

SOLAR
EDITIONS

C'est l'heure de L'APÉRO !

Parce que l'apéritif est un moment aussi convivial que gourmand, j'ai tenu à sélectionner pour vous les meilleures recettes pour régaler vos invités !

Entre amis, en famille, réjouissez-vous avec des mets à déguster en bouchées, en verrines, en brochettes ou à tartiner.

Ouvrez l'appétit de vos convives en les faisant voyager ! Pour cela j'ai choisi des apéritifs du monde entier : Brésil, Argentine, Grande-Bretagne, France, Thaïlande, Japon, Italie et bien sûr, des classiques de la cuisine française, revisités avec une touche d'originalité.

Rillettes de lapin, crostinis de sardines, scones salés, beignets de poisson thaïs… vous aurez de quoi varier les plaisirs et surprendre vos invités ! Et grâce à quelques délices sucrés vous aurez la possibilité de réaliser un véritable apéritif dinatoire.

Au fil de l'ouvrage vous trouverez quelques idées pour donner du « peps » à vos recettes, ou encore quelques-uns de mes astuces et tours de main.

Avec ces apéros « faits maison », recevez en toutes saisons, profitez de ce moment de partage et d'échange… et régalez-vous !

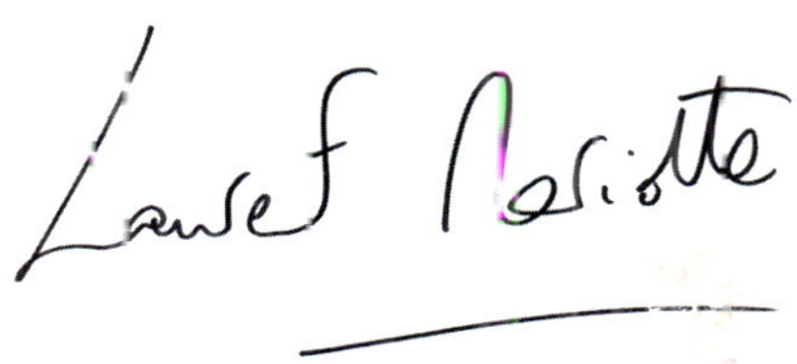

SOMMAIRE

À TARTINER

★★★

TAPENADE

Pour 2 pots de 250 g chacun

Préparation : 25 min

INGRÉDIENTS

350 g d'olives noires
100 g d'anchois à l'huile
100 g de miettes de thon
100 g de câpres
2 gousses d'ail
2 pincées de thym frais
10 cl d'huile d'olive
poivre du moulin

1 Pelez et hachez les gousses d'ail. Dénoyautez les olives et hachez-les grossièrement. Égouttez et épongez les anchois, coupez-les en petits morceaux. Égouttez les miettes de thon et les câpres.

2 Réunissez ces ingrédients dans un mortier ou, à défaut, dans le bol d'un mixeur (en procédant en plusieurs fois) et réduisez-les en purée un peu grossière. Incorporez le thym, puis ajoutez l'huile d'olive en filet, en mélangeant toujours dans le même sens. Poivrez à votre goût mais ne salez pas.

3 Répartissez la préparation dans 2 pots de conserve. Fermez-les et conservez-les dans un endroit frais, mais servez toujours la tapenade à température ambiante.

MON ASTUCE

Privilégiez les olives non dénoyautées car elles ont plus de goût !

DIP
d'oignons caramélisés

Pour 4 personnes
Préparation : 30 min
Cuisson : 15 à 20 min
Réfrigération : 1 h

INGRÉDIENTS

400 g d'oignons

100 g de feta

65 g de yaourt brassé

3 cuil. à soupe de sirop d'érable

1 cuil. à café de thym séché

2 cuil. à soupe d'huile d'olive

sel, poivre du moulin

1 Épluchez et émincez finement les oignons. Faites-les revenir de 10 à 15 minutes dans une sauteuse avec l'huile d'olive, un peu de sel et du poivre. Quand ils sont bien dorés, ajoutez le sirop d'érable et laissez caraméliser 2 ou 3 minutes afin d'obtenir un confit d'oignons.

2 Émiettez la feta en surface, mélangez bien et retirez du feu dès qu'elle est fondue. Mixez le tout en crème lisse, puis ajoutez le yaourt. Réservez au moins 1 heure au frais.

3 Au moment de servir, incorporez le thym, mélangez et versez le dip dans un bol. Accompagnez de mouillettes taillées dans des pains à hamburger grillés, de gressins ou d'allumettes de gouda et de mimolette.

DIP
smoothie à l'avocat

Pour 4 personnes
Préparation : 10 min
Réfrigération : 1 h

INGRÉDIENTS

1 yaourt nature en pot de verre et couvercle

1 avocat mûr à point

1 bouquet de menthe

100 g de roquette

½ citron

sel, poivre

1 Épluchez l'avocat, dénoyautez-le et coupez-le en dés. Rincez la menthe et la roquette, essorez-les délicatement. Effeuillez la menthe, pressez le citron.

2 Réunissez le yaourt, les dés d'avocat, les feuilles de menthe, la roquette et le jus de citron dans le bol d'un blender et mixez 3 minutes. Salez et poivrez.

3 Versez ce dip smoothie dans le pot du yaourt préalablement lavé. Fermez le couvercle et réservez 1 heure au réfrigérateur. Servez accompagné de radis, carottes et concombres coupés en bâtonnets.

MON ASTUCE

À diper avec des morceaux de pita grillée, du pain toasté, des tortillas… ou trempez-y des beignets de légumes (aubergine, oignon…).

RILLETTES
aux deux saumons et à la ciboulette

Pour 6 à 8 personnes
Préparation : 30 min
Cuisson : 6 min
Réfrigération : 2 h

INGRÉDIENTS

300 g de filet de saumon frais, sans arêtes

150 g de saumon fumé

150 g de fromage blanc

1 citron

1 échalote

quelques brins de ciboulette

1 tablette de concentré de court-bouillon

sel, poivre du moulin

1 Ciselez la valeur de 1 cuillerée à soupe de ciboulette et réservez quelques brins pour le décor. Épluchez et hachez finement l'échalote pour en conserver 1 cuillerée à café. Préparez 50 cl de court-bouillon avec la tablette de concentré.

2 Taillez le saumon fumé en tout petits dés avec un couteau tranchant, réservez au frais. Rincez le saumon frais et mettez-le dans une casserole. Couvrez de court-bouillon, portez à frémissements à feu doux et faites cuire 6 minutes. Égouttez le poisson et laissez-le refroidir sur du papier absorbant, couvert d'un film alimentaire.

3 Retirez la peau du saumon refroidi et, s'il en reste, les dernières arêtes. Émiettez la chair dans un bol, ajoutez le saumon fumé et le fromage blanc. Mélangez bien à la fourchette, jusqu'à ce que la préparation soit homogène. Salez et poivrez, ajoutez la ciboulette ciselée et l'échalote, mélangez.

4 Mettez dans une terrine en porcelaine. Égalisez la surface et réservez au moins 2 heures au réfrigérateur. Au moment de servir, décorez de brins de ciboulette et accompagnez de quartiers de citron.

DIP
artichaut, épinards et fromages

Pour 12 personnes
Préparation : 15 min
Cuisson : 20 min

INGRÉDIENTS

300 g d'épinards surgelés

200 g de cœurs d'artichaut en boîte, égouttés

250 g de cheddar orange

250 g de tomme des Pyrénées

3 cuil. à soupe de parmesan râpé

2 cuil. à soupe de crème fraîche épaisse

1 gros paquet de tortillas (ou 2 petits)

½ cuil. à café de piment de Cayenne

sel, poivre du moulin

1 Décongelez les épinards, essorez-les et épongez l'excédent d'eau avec du papier absorbant. Égouttez, séchez et coupez les cœurs d'artichaut en petits morceaux. Râpez les fromages. Préchauffez le four à 180 °C (th. 6).

2 Dans un saladier, mélangez les épinards, les cœurs d'artichaut, les trois fromages, la crème fraîche, ajoutez une pincée de sel, le piment de Cayenne et donnez 2 tours de moulin à poivre.

3 Répartissez la préparation dans 3 petits plats en porcelaine (ou équivalent) et lissez la surface. Enfournez pour 20 minutes : le fromage doit être complètement fondu.

4 Laissez refroidir 2 ou 3 minutes à la sortie du four, puis proposez à vos invités de « diper » avec les tortillas.

MON ASTUCE

Variez les fromages : mozzarella, comté, emmental… Il y en a pour tous les goûts ! En version italienne, à diper avec des gressins !

RILLETTES
de lapin maison

Pour 10 à 12 personnes
Préparation : 30 min
Cuisson : 2 h 30
Réfrigération : une nuit

INGRÉDIENTS

800 g de lapin (cuisses ou « gigolettes »)

500 g de graisse d'oie ou de saindoux

3 branches de thym

2 feuilles de laurier

4 gousses d'ail

sel, poivre du moulin

1 Pelez les gousses d'ail, écrasez-les avec le plat d'une lame de couteau.

2 Faites fondre 2 cuillerées à soupe de graisse dans une cocotte à feu moyen, ajoutez les morceaux de lapin et laissez-les légèrement dorer, en les retournant plusieurs fois. Ajoutez le thym, le laurier et les gousses d'ail, puis le reste de la graisse d'oie et laissez-la fondre complètement. Salez et poivrez. Baissez le feu, couvrez la cocotte et faites cuire 2 h 30 environ, très doucement, en remuant de temps en temps, jusqu'à ce que la chair se sépare aisément des os.

3 Retirez les morceaux de lapin à l'aide d'une écumoire et posez-les dans un plat. Détachez la chair des os et mettez-la dans un grand bol. Versez une petite louche de la graisse de cuisson encore chaude sur la viande et travaillez vivement le mélange à la fourchette pour effilocher la chair et homogénéiser l'ensemble. Goûtez et rectifiez l'assaisonnement.

4 Mettez les rillettes dans une terrine, tassez légèrement et égalisez la surface. Laissez refroidir, puis recouvrez d'une fine couche de graisse fondue. Réservez 12 heures au minimum au réfrigérateur.

MON ASTUCE

Revisitez cette recette traditionnelle : incorporez une poignée de noisettes décortiquées ou des petits dés de pruneaux à la viande effilochée.

COULOMMIERS campagnards

Pour 16 personnes
Préparation : 20 min
Réfrigération : 12 h

INGRÉDIENTS

2 coulommiers à point

125 g de mascarpone

4 tranches de jambon cru

125 g de champignons de Paris émincés, en boîte

1 botte de ciboulette

sel, poivre du moulin

1 Coupez les coulommiers en deux dans l'épaisseur. Lavez, égouttez et séchez les champignons avec du papier absorbant, puis coupez-les en petits morceaux. Détaillez le jambon cru en petits dés. Ciselez la ciboulette.

2 Réunissez les champignons, le jambon cru et la ciboulette dans un grand saladier, puis incorporez le mascarpone et mélangez de façon à homogénéiser l'ensemble. Goûtez, ajoutez du sel et du poivre selon votre goût.

3 Tartinez cette préparation sur 2 cm d'épaisseur sur deux moitiés de coulommiers. Refermez avec les deux autres moitiés, lissez les bords, ôtez l'excédent avec une spatule ou la lame d'un couteau et enveloppez de film alimentaire. Laissez reposer une nuit au réfrigérateur.

4 Déposez les coulommiers dans une assiette, découpez 8 à 10 parts, piquez un bâtonnet dans chaque part, et servez aussitôt.

MON ASTUCE

Garnissez
des petits chapeaux
de champignons frais
de Paris avec la farce.
Succès assuré !

EN BOUCHÉES

★★★

MÉLANGE SALÉ *pour l'apéro*

Pour un grand bocal
Préparation : 10 min
Cuisson : 12 min

INGRÉDIENTS

200 g de graines de courge

200 g de noix de pécan

200 g d'amandes entières émondées

200 g de noisettes entières émondées

200 g de pistaches nature

250 g de canneberges séchées

½ cuil. à café de graines de piment séchées (ou piment doux) (facultatif)

1 cuil. à soupe d'herbes de Provence séchées (ou origan)

1 cuil. à soupe de sucre roux

1 cuil. à soupe d'huile d'olive

1 ½ cuil. à café de sel

4 tours de poivre du moulin

1 Préchauffez le four à 180 °C (th. 6). Dans un bol, mélangez le sucre roux avec les graines de piment (si vous le souhaitez), le sel, le poivre et les herbes séchées. Dans un sac en plastique, réunissez la moitié de ce mélange avec tous les autres ingrédients, à l'exception des canneberges. Secouez pour bien mélanger.

2 Versez la préparation sur une plaque à pâtisserie. Faites cuire 12 minutes au four, jusqu'à ce que les fruits secs soient dorés. N'hésitez pas à les mélanger une ou deux fois pendant la cuisson.

3 Sortez la plaque du four, ajoutez les canneberges et le reste des herbes séchées, mélangez et laissez refroidir. À l'heure de l'apéritif, répartissez le mélange dans des bols et servez.

MON ASTUCE

Pour accompagner une salade verte ou un plateau de fromages et leur donner du croquant, concassez ce mélange.

CROSTINIS
de sardines

Pour 4 personnes
Préparation : 30 min
Réfrigération : 1 h

INGRÉDIENTS

8 belles sardines fraîches

50 g de beurre frais ou demi-sel

4 grandes tranches de pain de campagne

1 poignée de jeunes pousses d'épinards

le jus de ½ citron

1 cuil. à soupe de moutarde douce

gros sel

1 Faites vider et étêter les sardines par le poissonnier. Incisez-les tout le long de l'arête dorsale avec la pointe d'un petit couteau et tirez la peau pour l'enlever complètement. Rincez-les à l'eau fraîche, puis épongez-les.

2 Rangez les sardines dans un plat creux en parsemant régulièrement un peu de gros sel. Réservez 1 heure au réfrigérateur.

3 Essuyez soigneusement les sardines l'une après l'autre avec du papier absorbant pour enlever tout le sel. Ouvrez-les et retirez l'arête centrale.

4 Faites légèrement griller les tranches de pain. Tartinez-les de beurre, puis d'une fine pellicule de moutarde douce et posez quelques feuilles d'épinards dessus. Déposez les filets de sardine sur les tartines. Arrosez-les de quelques gouttes de jus de citron juste avant de servir.

PALMIERS olives-tomate séchée

Pour 30 biscuits
Préparation : 30 min
Cuisson : 8 à 10 min

INGRÉDIENTS

1 rouleau de pâte feuilletée rectangulaire pur beurre

100 g d'olives noires dénoyautées

5 morceaux de tomates séchées

4 filets d'anchois à l'huile

2 pincées de fleur de thym

poivre noir

1 Dans le bol d'un mixeur, réunissez les olives et les filets d'anchois. Mixez quelques instants, sans chercher à obtenir une pâte trop lisse. Hachez finement les tomates séchées. Préchauffez le four à 180 °C (th. 6).

2 Coupez la pâte feuilletée en deux dans le sens de la longueur. Parsemez de morceaux de tomates séchées et pressez-les avec le plat de la main pour les faire adhérer. Retournez les morceaux de pâte et badigeonnez l'autre face du mélange olives-anchois, poivrez. Roulez les deux bords de la pâte vers le centre, en serrant bien. Taillez ensuite les rouleaux en fines tranches à l'aide d'un couteau bien aiguisé.

3 Déposez les palmiers sur une plaque à pâtisserie recouverte de papier sulfurisé, sans trop les serrer, car ils gonflent à la cuisson. Poudrez-les de fleur de thym et faites-les cuire au four de 8 à 10 minutes. Servez tiède.

MON ASTUCE

À la place des tomates séchées, des olives et des anchois, garnissez la pâte de jambon fumé dégraissé et haché (80 g) et de beaufort râpé (40 g). Dégustez tiède avec un apremont bien frais.

FRITES
de patate douce, pesto aux noix

Pour 6 personnes
Préparation : 20 min
Cuisson : 5 min

INGRÉDIENTS

1 patate douce

6 feuilles de basilic

100 g de noix décortiquées

1 cuil. à soupe de parmesan râpé

6 cuil. à soupe d'huile d'olive

20 g de beurre ou 3 cuil. à soupe d'huile d'olive

1 pincée de sel

2 tours de poivre du moulin

1 Lavez et séchez le basilic. Épluchez la patate douce, puis tranchez-la en rondelles épaisses de 1 cm dans lesquelles vous découperez des bâtonnets de 1 cm de large (grosses frites).

2 Dans le bol d'un robot, réunissez le basilic, les noix, le parmesan, l'huile d'olive, le sel et le poivre, et mixez jusqu'à l'obtention d'une pâte granuleuse et irrégulière. Réservez.

3 Faites chauffer la matière grasse (beurre ou huile) dans une poêle, puis déposez les bâtonnets de patate douce. Faites-les dorer sur toutes les faces 5 minutes environ : les frites doivent être légèrement fermes mais cuites à cœur. Posez-les ensuite sur du papier absorbant.

4 Servez les frites dans une assiette accompagnées du pesto. Dipez !

COMMENTS...
of Nature"

SABLÉS
sésame-parmesan

Pour 40 biscuits
Préparation : 40 min
Cuisson : 10 min
Repos : 1 h

INGRÉDIENTS

150 g de farine de blé + un peu pour le plan de travail

50 g de farine de quinoa

25 g de flocons d'avoine

90 g de beurre

50 g de parmesan râpé

15 g de graines de sésame doré

15 g de graines de lin

1 pincée de noix de muscade

sel, poivre

1 Mélangez les farines et les flocons d'avoine dans un saladier. Salez légèrement et poivrez. Ajoutez la noix de muscade, les graines de sésame et le parmesan. Mélangez, puis ajoutez le beurre coupé en dés. Travaillez du bout des doigts pour obtenir un mélange sableux. Liez la pâte avec 4 cuillerées à soupe d'eau froide, formez une boule et couvrez de film alimentaire. Réservez 1 heure au frais.

2 Préchauffez le four à 150 °C (th. 5). Sur un plan de travail fariné, étalez la pâte en une abaisse de 3 mm d'épaisseur. À l'aide d'un emporte-pièce, découpez les biscuits. Disposez-les sur une plaque à pâtisserie recouverte de papier sulfurisé et décorez-les avec quelques graines de lin. Faites cuire 10 minutes au four.

3 Posez les biscuits sur une grille pour les faire refroidir. Servez-les tièdes ou froids. Rangez-les dans une boîte hermétique si vous souhaitez les conserver.

MON ASTUCE

Vous obtiendrez des biscuits salés en les garnissant, une fois refroidis, d'une tapenade maison (page 8). Vous pouvez aussi les couvrir d'un biscuit nature pour une présentation en sandwich.

MUFFINS à la saucisse aux herbes et au cumin

Pour 12 muffins
Préparation : 30 min
Cuisson : 25 min

INGRÉDIENTS

4 chipolatas aux herbes
2 œufs
180 g de cheddar
100 g de beurre
1 yaourt nature
50 g d'oignons nouveaux
1 botte de ciboulette
1 gousse d'ail
200 g de farine
1 sachet de levure chimique
½ cuil. à café de piment de Cayenne
½ cuil. à café de cumin en poudre
1 cuil. à soupe d'huile d'olive
sel, poivre

1 Préchauffez le four à 180 °C (th. 6). Râpez le cheddar. Ciselez la ciboulette. Épluchez et émincez les oignons, y compris la moitié des tiges. Pelez et hachez l'ail. Ôtez les boyaux des chipolatas. Faites fondre le beurre. Réservez tous les ingrédients.

2 Dans une sauteuse, versez l'huile d'olive et faites dorer la chair des chipolatas 2 ou 3 minutes à feu vif, avec l'ail, le cumin et le piment. Laissez refroidir.

3 Dans un saladier, mélangez la farine et la levure, puis ajoutez les œufs, le yaourt et le beurre fondu, en remuant jusqu'à l'obtention d'une pâte lisse. Incorporez les chipolatas, le cheddar, la moitié de la ciboulette, les oignons, salez et poivrez. Remplissez des moules à muffins aux trois quarts, puis décorez avec le reste de ciboulette ciselée. Faites cuire 20 minutes au four jusqu'à ce que les muffins soient dorés et cuits à l'intérieur. Servez sur un joli plat.

MON ASTUCE

Si vous réalisez cette recette à l'avance, faites-les tiédir 10 minutes dans un four à 140 °C (th. 4-5) avant de servir. À défaut de chipolatas, utilisez du poulet ou des merguez.

SCONES
au bacon, fromage et chutney

Pour 8 scones de 5 cm de ⌀
Préparation : 30 min
Cuisson : 20 min

INGRÉDIENTS

4 tranches de bacon fumé

200 g de comté ou beaufort

15 cl de lait

75 g de beurre

1 jaune d'œuf pour la dorure

250 g de farine + un peu pour le plan de travail

1 cuil. à café de levure chimique

3 cuil. à café de chutney de figues

1 poignée de graines germées

1 cuil. à café de piment d'Espelette

½ cuil. à café de sel

poivre du moulin

1 Tranchez finement le fromage. Dans un bol, mélangez le jaune d'œuf avec 1 cuillerée à café d'eau pour la dorure. Dans une poêle, faites cuire le bacon jusqu'à ce qu'il devienne doré et croustillant, puis déposez-le sur du papier absorbant et hachez-le.

2 Préchauffez le four à 180 °C (th. 6).

3 Dans le bol d'un robot, réunissez la farine, le sel, la levure, le piment d'Espelette, 60 g de beurre coupé en petits morceaux et le bacon, puis mélangez en versant doucement le lait jusqu'à ce que la pâte soit souple. Sur un plan de travail fariné, étalez la pâte sur 2,5 cm d'épaisseur à l'aide d'un rouleau à pâtisserie. Avec un verre ou un emporte-pièce, découpez des disques de 5 cm de diamètre. Déposez-les sur une plaque à pâtisserie recouverte de papier sulfurisé et dorez-les à l'œuf à l'aide d'un pinceau. Faites cuire 15 minutes au four, jusqu'à ce qu'ils soient dorés.

4 À la sortie du four, laissez les scones refroidir avant de les couper en deux. Tartinez la base avec le reste de beurre, déposez quelques tranches de fromage, poivrez, ajoutez un peu de chutney et quelques graines germées, puis refermez avec les chapeaux et dégustez.

EMPANADAS

Pour 4 personnes
Préparation : 30 min
Cuisson : 15 à 20 min

INGRÉDIENTS

300 g de viande d'agneau (ou de bœuf) hachée

300 g de pâte brisée salée

1 jaune d'œuf

1 oignon

1 petit poivron vert ou rouge

1 cuil. à café de cumin

1 cuil. à café de piment doux

1 cuil. à café de coriandre moulue

1 ou 2 pincées de piment de Cayenne

2 cuil. à soupe d'huile d'olive

farine pour le plan de travail

sel

1 Épluchez et hachez finement l'oignon. Retirez le pédoncule et les graines du poivron, puis taillez-le en tout petits dés. Faites-les fondre ensemble de 10 à 15 minutes à feu très doux avec l'huile d'olive, jusqu'à ce qu'ils soient bien tendres. Laissez tiédir, puis réunissez la viande, les légumes et les épices dans un petit saladier, salez, et mélangez jusqu'à l'obtention d'une farce bien homogène.

2 Préchauffez le four à 180 °C (th. 6). Sur un plan de travail légèrement fariné, étalez la pâte sur une épaisseur de 2 ou 3 mm. Avec un emporte-pièce ou un bol, découpez 8 disques de 12 cm de diamètre environ. Posez 1 cuillerée de farce au centre, humidifiez le bord au pinceau et repliez en demi-lune. Soudez bien avec le bout des doigts et découpez le tour à la roulette crantée. Procédez ainsi jusqu'à épuisement des ingrédients.

3 Posez les chaussons sur une plaque recouverte de papier sulfurisé et badigeonnez-les de jaune d'œuf délayé dans un peu d'eau. Faites cuire au four de 15 à 20 minutes, jusqu'à ce qu'ils soient bien dorés.

PAINS
au saumon gravlax, sauce moutarde et cumin

Pour 8 petits pains
Préparation : 40 min
Macération : 2 jours

INGRÉDIENTS

600 g de filet de saumon avec la peau

8 tranches de pain de mie brun aux céréales ou de pain de seigle

150 g de crème fraîche épaisse

1 avocat

½ oignon rouge

1 poignée de roquette

1 bouquet d'aneth

1 citron

3 cuil. à café de moutarde forte

½ cuil. à café de cumin en poudre

2 cuil. à café de graines de fenouil

150 g de sucre roux + 1 cuil. à café

2 cuil. à café de baies roses

180 g de gros sel

sel et poivre 5 baies

1 Deux jours à l'avance, mélangez 150 g de sucre roux avec le gros sel, les zestes du citron râpé, les graines de fenouil, du poivre concassé et ½ bouquet d'aneth ciselé.

2 Rincez le saumon, séchez-le dans un linge et ôtez les arêtes éventuelles. Versez la moitié du mélange sel-sucre sur du film alimentaire et placez dessus le saumon, côté peau. Recouvrez-le du mélange sel-sucre restant en frottant bien la chair. Serrez bien le film, déposez le tout dans un plat, couvrez de poids (boîtes de conserve) toute la surface et réservez 2 jours au réfrigérateur en éliminant régulièrement l'eau qui se forme.

3 Juste avant de servir, mélangez la crème fraîche, la moutarde, le cumin, 1 cuillerée à soupe de jus de citron, 1 cuillerée à café de sucre roux et 1 cuillerée à soupe d'aneth ciselé. Salez et poivrez.

4 Rincez le saumon sous l'eau et séchez-le dans un linge. Poivrez-le, parsemez d'un peu d'aneth ciselé, de baies roses concassées, et coupez-le en fines tranches. Tartinez les tranches de pain de sauce moutarde. Ajoutez sur la moitié d'entre elles de fines tranches d'avocat, quelques feuilles de roquette, des tranches de saumon et quelques rondelles d'oignon. Recouvrez des autres tranches de pain, coupez en deux rectangles et dégustez bien frais.

MON ASTUCE

Modulez le temps de repos du saumon selon l'épaisseur du filet. Après macération, il se conserve 5 jours au réfrigérateur enveloppé dans du film alimentaire.

PETITES TARTES fines aux tomates et oignons rouges

Pour 12 tartelettes
Préparation : 45 min
Cuisson : 1 h 40

INGRÉDIENTS

1 rouleau de pâte feuilletée

12 petites tomates bien mûres ou 36 tomates cerises

20 feuilles de basilic

3 oignons rouges

3 gousses d'ail

125 g de coulis ou purée de tomates

1 cuil. à café de sucre en poudre

8 cuil. à soupe d'huile d'olive + 1 filet

2 pincées de sel

2 tours de poivre du moulin

1 Pelez et hachez l'ail. Épluchez et détaillez les oignons rouges en rondelles. Ciselez le basilic. Préchauffez le four à 180 °C (th. 6).

2 Coupez les tomates en deux (sauf si vous utilisez des tomates cerises). Déposez-les dans un grand plat, face bombée vers le haut, puis ajoutez 4 cuillerées à soupe d'huile d'olive, le sucre, le sel et le poivre. Faites cuire 40 minutes au four (25 minutes pour des tomates cerises).

3 Dans une poêle, faites chauffer 4 cuillerées à soupe d'huile, ajoutez les oignons, l'ail et les deux tiers du basilic. Faites cuire à feu doux 30 minutes environ, en remuant régulièrement, jusqu'à ce que les oignons soient confits.

4 À l'aide d'un emporte-pièce ou d'un verre, découpez des ronds de 7 ou 7,5 cm de diamètre dans la pâte feuilletée, posez-les sur une plaque à pâtisserie recouverte de papier sulfurisé, puis étalez dessus un peu de purée de tomates. Recouvrez de compotée d'oignons et déposez 2 moitiés de tomate rôties, salez et poivrez légèrement. Faites cuire de 20 à 30 minutes au four jusqu'à ce que la pâte feuilletée soit dorée. Agrémentez chaque tartelette d'une pincée de basilic et d'un filet d'huile d'olive. Dégustez froid ou chaud.

BEIGNETS de poisson thaïs

Pour 4 personnes (soit 20 beignets environ)

Préparation et cuisson : 35 min

INGRÉDIENTS

500 g de filets de poisson blanc (cabillaud, bar, flétan), sans la peau

1 œuf

60 g de haricots verts

4 feuilles de lime kaffir (combava)

2 cuil. à soupe de nuoc-mâm

½ ou 1 cuil. à soupe de pâte de curry rouge

20 g de farine

1 l d'huile de friture

1 Effilez et hachez finement les haricots verts. Ciselez les feuilles de lime kaffir. Rincez les filets de poisson à l'eau fraîche, épongez-les et coupez-les en cubes. Mettez-les dans le bol d'un robot et broyez jusqu'à l'obtention d'une pâte épaisse, en procédant par petites impulsions successives pour éviter qu'elle ne colle.

2 Dans un saladier, réunissez le poisson, la pâte de curry, le nuoc-mâm, l'œuf battu, les haricots et les feuilles de lime. Malaxez avec une spatule en bois jusqu'à ce que l'ensemble soit bien homogène. Farinez légèrement le plan de travail et façonnez des boulettes de 5 ou 6 cm de diamètre. Aplatissez-les légèrement.

3 Faites chauffer l'huile de friture dans un grand wok ou une sauteuse. Plongez les beignets par petites quantités et faites-les frire 3 ou 4 minutes, en les retournant une ou deux fois, jusqu'à ce qu'ils soient bien dorés. Sortez-les au fur et à mesure à l'aide d'une écumoire, égouttez-les quelques instants sur du papier absorbant et servez aussitôt.

MON ASTUCE

Vous pouvez servir ces beignets agrémentés de taro râpé ou de basilic thaï émincé.

TARTELETTES
aux herbes et aux deux fromages

Pour 10 tartelettes de 10 cm de ⌀

Préparation : 30 min

Cuisson : 15 min

Réfrigération : 1 h

INGRÉDIENTS

2 rouleaux de pâte brisée pur beurre

200 g de fromage de chèvre frais

100 g de fromage de brebis frais

2 œufs + 2 jaunes

18 cl de lait

180 g de crème fraîche

50 g d'un mélange d'herbes aromatiques fraîches

30 g de graines germées

sel, poivre du moulin

1 À l'aide d'un emporte-pièce, découpez des disques de pâte à la dimension des moules à tartelette. Pressez légèrement, ôtez l'excédent de pâte avec un couteau et réservez au réfrigérateur.

2 Préchauffez le four à 180 °C (th. 6). Lavez, séchez et hachez les herbes dans le bol d'un robot. Dans un saladier, mélangez les œufs, le lait et la crème. Salez, poivrez, puis incorporez les herbes et les fromages émiettés. Remplissez cette préparation dans les moules et faites cuire de 15 à 20 minutes au four.

3 Démoulez les tartelettes, coupez-les en quatre et présentez-les sur un plat de service décorées de graines germées.

MON ASTUCE

S'il vous reste plus de 300 g d'herbes, faites-les cuire dans une casserole avec 200 g de pommes de terre pelées, salez, poivrez, mixez et ajoutez 10 cl de crème : vous obtenez ainsi un délicieux velouté.

BISCUITS
aux graines d'anis

Pour 60 biscuits
Préparation : 1 h
Cuisson : 20 à 25 min

INGRÉDIENTS

150 g de farine de blé

100 g de farine d'épeautre

5 g de graines d'anis

10 cl de vin blanc sec

6 cl d'huile d'olive

1 cuil. à café rase de sel de Guérande

poivre

1 Mélangez les farines de blé et d'épeautre dans le bol d'un robot. Ajoutez le sel de Guérande, le poivre et les graines d'anis. Versez l'huile d'olive et le vin blanc, puis mixez la pâte 5 minutes.

2 Sur la boule obtenue, prélevez des petites boulettes de 5 g environ et formez des mini-rouleaux bien réguliers. Tournez chaque extrémité pour tordre les rouleaux et déposez-les au fur et à mesure sur un torchon propre.

3 Préchauffez le four à 180 °C (th. 6). Portez à ébullition une grande quantité d'eau salée dans une large cocotte. Ajoutez les biscuits par petites quantités et laissez cuire à feu moyen jusqu'à ce qu'ils remontent à la surface (5 minutes environ). Égouttez-les au fur et à mesure sur un torchon propre. Disposez-les ensuite sur une plaque à pâtisserie recouverte de papier sulfurisé et faites-les dorer de 15 à 20 minutes au four. Laissez-les refroidir sur une grille, puis rangez-les dans une boîte hermétique.

MON ASTUCE

Remplacez l'anis par 2 bonnes pincées de piment italien (*peperoncino*) ou de piment pili-pili et formez des anneaux avec les petits rouleaux pour obtenir les traditionnels *taralli* italiens. La cuisson est identique.

EN BROCHETTES

★★★

BOULETTES de fromage

Pour 18 pièces
Préparation : 15 min
Cuisson : 15 min

INGRÉDIENTS

100 g de gruyère
100 g de parmesan
1 blanc d'œuf
1 cuil. à soupe de farine
1 pincée de sel
50 cl d'huile d'olive
chapelure

1 Râpez le parmesan et le gruyère. Battez le blanc d'œuf en neige, en ajoutant le sel à la fin. Dans un saladier, mélangez la farine et les fromages râpés. Ajoutez le blanc en neige et mélangez délicatement.

2 Huilez légèrement vos paumes de main et façonnez des petites boules de pâte, puis roulez-les dans la chapelure.

3 Faites chauffer l'huile dans une poêle à feu vif. Ajoutez les boulettes et faites-les frire jusqu'à ce qu'elles soient bien dorées. Égouttez-les sur du papier absorbant. Disposez les boulettes de fromage sur un plateau de service et servez chaud.

MON ASTUCE

Ces *bolinhas de queijo* sont souvent servies au Brésil à l'occasion des repas d'anniversaire.

SUCETTES
de foie gras à la mangue

Pour 10 sucettes
Préparation : 30 min
Cuisson : 10 min
Réfrigération : 2 h 15

INGRÉDIENTS

1 tranche de foie gras de canard en terrine, de 2 cm d'épaisseur

200 g de smoothie mangue-fruit de la Passion

6 g de gélatine

½ tranche de pain d'épice rassis

1 Préchauffez le four à 190 °C (th. 6-7). Mettez la gélatine à ramollir dans un bol d'eau froide. Mixez le pain d'épice et déposez la poudre sur la plaque du four recouverte de papier sulfurisé. Passez un moule carré de 10 cm sous l'eau et faites adhérer du film alimentaire au fond.

2 Faites cuire la poudre de pain d'épice de 10 à 12 minutes au four. Faites chauffer le smoothie dans une casserole, incorporez la gélatine préalablement essorée et laissez-la fondre. Versez la moitié de ce mélange dans le moule et réservez 15 minutes au réfrigérateur, le temps que la gelée prenne. Posez dessus la tranche de foie gras et recouvrez-la du reste du mélange au smoothie. S'il n'est plus assez malléable, réchauffez-le à nouveau à feu doux. Réservez 2 heures au réfrigérateur.

3 Sortez le moule du réfrigérateur, démoulez la préparation en vous aidant du film alimentaire. Plongez la lame d'un couteau dans de l'eau chaude et détaillez des cubes de foie gras-mangue de 2 cm. Piquez un bâtonnet dans chaque cube et parsemez de poudre de pain d'épice. Dégustez aussitôt.

MON ASTUCE

Cette préparation peut aussi être réalisée avec 200 g de coulis de mangues fraîches.

BOULETTES
de fromage de chèvre

Pour 6 personnes
Préparation : 10 min

INGRÉDIENTS

400 g de fromage de chèvre frais

8 abricots moelleux

100 g de graines de pavot

1 Mettez le fromage frais dans un saladier. Coupez les abricots moelleux en tout petits dés. Ajoutez-les au fromage et mélangez. Versez les graines de pavot dans un bol.

2 Humidifiez vos mains et façonnez des petites boulettes au fromage. Déposez une boulette dans le bol de graines de pavot et remuez délicatement afin qu'elle roule dedans et soit parfaitement enrobée de pavot. Procédez ainsi pour toutes les boulettes.

MON ASTUCE

Vous pouvez remplacer les abricots par des figues, des dattes ou des pruneaux, et le pavot par du sésame grillé.

CAKE POPS
aux olives et au chorizo

Pour 30 cake pops
Préparation : 15 min
Cuisson : 50 min
Repos : 30 min

INGRÉDIENTS

70 g de chorizo en tranches
15 olives noires dénoyautées
100 g de parmesan
3 œufs
20 cl de lait
100 g de beurre + 5 g pour le moule
150 g de farine
1 sachet de levure chimique
sel, poivre du moulin

1 Préchauffez le four à 180 °C (th. 6). Hachez les olives et le chorizo. Faites fondre le beurre.

2 Mélangez les œufs, le beurre fondu, la farine, la levure, le lait et le parmesan, salez et poivrez. Divisez la pâte obtenue en deux. Dans la première pâte, incorporez les olives hachées et dans la seconde le chorizo. Laissez reposer 30 minutes, puis transférez chaque pâte dans une poche à douille.

3 Beurrez le moule à cake pops et posez-le sur une plaque à pâtisserie. Remplissez les alvéoles de la partie inférieure jusqu'au bord en tapotant délicatement pour bien répartir la pâte. Recouvrez avec la partie supérieure du moule (du côté du « petit trou ») et fermez hermétiquement en appuyant bien. Faites cuire 20 minutes au four. Sortez la plaque du four, démoulez délicatement les cakes et, à l'aide de ciseaux, coupez l'excédent de pâte pour leur donner une jolie forme ronde.

4 Renouvelez l'opération jusqu'à épuisement de la pâte. Piquez un bâtonnet dans tous les cakes, et juste avant de servir passez 10 minutes au four à 160 °C (th. 5-6).

MON ASTUCE

Si vous n'avez pas de moule à cake pops, utilisez des moules à muffins : vous obtiendrez des portions plus gourmandes !

KEFTAS
à la coriandre

Pour 4 personnes
Préparation : 15 min
Cuisson : 15 min

INGRÉDIENTS

450 g de viande d'agneau hachée

1 œuf

50 g de faisselle

1 oignon

4 gousses d'ail

1 noix de gingembre

1 piment

2 cuil. à soupe de coriandre ciselée

6 feuilles de menthe

4 cuil. à soupe d'huile

1 cuil. à café de graines de cumin

2 cuil. à café de graines de coriandre

1 cuil. à café de garam masala

curcuma, sel et poivre du moulin

1 Épluchez et hachez finement l'oignon et l'ail. Pelez et râpez le gingembre. Épépinez et émincez délicatement le piment. Ciselez la menthe.

2 Faites chauffer une poêle à feu moyen, ajoutez les graines de cumin et de coriandre, et laissez roussir 20 secondes pour exhaler leurs saveurs. Mettez-les dans un saladier avec l'agneau haché, l'oignon, l'ail, le gingembre, le piment, la coriandre et la menthe, la faisselle, une pincée de curcuma, le garam masala et l'œuf. Salez, poivrez, et mélangez intimement à la main. Humidifiez vos mains et façonnez des petits cylindres. Enfilez-les sur des brochettes.

3 Faites chauffer l'huile dans une sauteuse, posez les keftas côte à côte, en plusieurs fois si nécessaire, et faites-les cuire 4 ou 5 minutes à feu moyen, en les retournant plusieurs fois délicatement. Égouttez-les sur du papier absorbant. Servez immédiatement.

SAUMON Passion

Pour 12 brochettes
Préparation : 15 min
Cuisson : 6 min

INGRÉDIENTS

500 g de darnes de saumon

6 fruits de la Passion (*maracujá*)

15 g de beurre

2 pincées de sel

2 pincées de poivre noir

1 Préchauffez le four à 210 °C (th. 7). Coupez les fruits de la Passion en deux et évidez-les à l'aide d'une petite cuillère.

2 Coupez le saumon en morceaux de 4 x 2 cm et épais de 1,5 cm, chacun devant peser 20 g environ. Enfilez-les sur 12 brochettes et faites-les cuire 6 minutes au four en position gril. Surveillez la fin de la cuisson. Piquez une fourchette à dessert dans l'épaisseur pour vérifier si le saumon est encore tendre à cœur (cuit trop longtemps, il devient sec et beaucoup moins savoureux).

3 Faites fondre le beurre dans une petite casserole à feu vif, ajoutez la pulpe des fruits de la Passion et faites cuire 1 minute environ. Sortez les brochettes du four, déposez-les sur un plat et arrosez-les de la sauce. Salez, poivrez et servez aussitôt.

CROQUES moelleux

Pour 16 croques
Préparation : 15 min
Cuisson : 12 min

INGRÉDIENTS

4 fines tranches de jambon blanc

4 fines tranches de comté

4 fines tranches de mimolette

50 g de parmesan râpé

50 g de gruyère râpé le plus finement possible

15 g de beurre

4 cuil. à soupe de crème fraîche épaisse

1 jaune d'œuf

8 tranches de pain de mie sans croûte

sel et poivre du moulin

1 Préchauffez le four à 180 °C (th. 5-6). Dans un saladier, mélangez la crème fraîche, le gruyère, le parmesan et le jaune d'œuf, poivrez et salez.

2 Tartinez de beurre les deux faces d'une première tranche de pain, sur laquelle vous déposerez et intercalerez les ingrédients suivants : 1 tranche de comté, ½ tranche de jambon, 1 tranche de mimolette, puis de nouveau ½ tranche de jambon. Tartinez les faces intérieure et extérieure d'une seconde tranche de pain avec le mélange à la crème, refermez le croque-monsieur et appuyez légèrement. Répétez l'opération autant de fois que nécessaire.

3 Faites dorer les croque-monsieur de 10 à 12 minutes au four. À la sortie du four, placez une pique à chaque angle pour maintenir le montage. À l'aide d'un grand couteau bien affûté, coupez chaque croque-monsieur en 2 rectangles ou 4 carrés, et servez aussitôt.

MON ASTUCE

Préparez tous les ingrédients avant le dressage. Pour obtenir une jolie présentation, prédécoupez le jambon et le fromage à la taille du pain. Si vous réalisez les croque-monsieur à l'avance, conservez-les au frais et enfournez-les à la dernière minute.

MILLE-FEUILLES de saint-jacques et de betterave

Pour 6 personnes
Préparation : 20 min
Cuisson : 2 min
Macération : 30 min

INGRÉDIENTS

6 noix de saint-jacques

2 petites betteraves rouges crues

15 g de beurre

20 g de graines de chou rouge germées (ou autres pousses)

1 cuil. à café de vinaigre balsamique

2 cuil. à café d'huile parfumée à la truffe

fleur de sel et poivre du moulin

1 Épluchez, lavez, puis tranchez les betteraves à la mandoline en très fines lamelles (18 tranches environ presque transparentes). Laissez-les mariner 30 minutes dans l'huile parfumée à la truffe.

2 Pendant ce temps, rincez les noix de saint-jacques, essuyez-les délicatement, salez et poivrez. Faites fondre le beurre dans une sauteuse. Lorsqu'il crépite, déposez les saint-jacques et laissez dorer 1 minute de chaque côté (la chair intérieure doit être nacrée). Coupez chaque noix en trois dans l'épaisseur.

3 Sur 6 petites assiettes de dégustation, montez un mille-feuille en alternant 3 tranches de betterave et 3 tranches de noix de saint-jacques. Terminez par quelques graines germées de chou rouge, puis piquez avec une brochette de bambou pour maintenir le mille-feuille. Mélangez la marinade et le vinaigre balsamique, et versez quelques gouttelettes de cette préparation sur les mille-feuilles.

MON ASTUCE

Montez les mille-feuilles à la dernière minute et conservez tous les ingrédients au frais en attendant le dressage.

APÉRO burgers

Pour 8 personnes
Préparation : 15 min
Cuisson : 1 min

INGRÉDIENTS

4 tranches fines de jambon cru

8 pains à burger

6 à 8 Apéricube®

50 g de fromage de brebis à pâte ferme

1 petit pot de pesto

1 gousse d'ail

2 pincées de piment d'Espelette, de Cayenne ou paprika (facultatif)

6 pimientos del piquillo

3 cuil. à soupe d'huile d'olive

Sel et poivre

1 À l'aide d'un couteau économe, réalisez une vingtaine de copeaux de fromage. Épluchez et dégermez la gousse d'ail. Égouttez les pimientos, séchez-les et coupez-les en cubes. Tranchez les pains en deux. Retirez le papier des Apéricube®.

2 Toastez 4 pains à burger (4 bases et 4 chapeaux). Étalez une couche épaisse de pesto sur chacune des bases, couvrez de pimientos et de copeaux de fromage de brebis, puis versez un filet d'huile d'olive et poudrez de piment d'Espelette. Remettez les chapeaux. Coupez les pains en 4 ou 6 parts (selon leur diamètre) et maintenez-les avec des piques.

3 Toastez les 4 pains à burger restants. Frottez chaque moitié avec la gousse d'ail et versez un filet d'huile d'olive. Déposez 1 tranche de jambon sur chaque base et recouvrez du chapeau. Coupez les pains en 6 ou 8 parts (selon leur taille). Soulevez chaque chapeau et glissez 1 Apéricube®, salez, poivrez et refermez. Maintenez les pains avec des piques.

MON ASTUCE

Vous pouvez remplacer les piquillos par des poivrons grillés marinés, en saumure ou faits maison.

EN VERRINES

★★★

ŒUFS surprise

Pour 18 pièces
Préparation : 1 h
Cuisson : 10 min

INGRÉDIENTS

18 gros œufs

15 g de beurre

1 cuil. à soupe de crème fraîche épaisse

sel et poivre du moulin

La garniture à la tomate

1 petite tomate

1 branche de cerfeuil

1 cuil. à café d'huile d'olive

sel et poivre du moulin

La garniture au saumon fumé

1 belle tranche de saumon fumé

1 branche d'aneth

1 À l'aide de ciseaux à œufs ou d'un couteau d'office, décalottez les œufs et videz-les dans un saladier, battez-les légèrement, salez et poivrez. Lavez les coquilles et séchez-les.

2 Beurrez une casserole, versez les œufs battus et, tout en fouettant, incorporez le beurre coupé en petits cubes. Faites cuire à feu très doux, sans cesser de fouetter. Dès que la préparation devient crémeuse, retirez du feu immédiatement, ajoutez la crème fraîche, puis répartissez les œufs brouillés dans les coquilles vides en en remplissant 6 aux trois quarts, les 12 autres œufs seront complétés par les autres garnitures. Réservez-les au frais dans l'attente de les garnir.

3 Pour la garniture à la tomate, pelez et coupez la tomate en deux, épépinez-la, taillez la chair en petits cubes ; mettez-les dans un bol avec du sel, du poivre et de l'huile d'olive. Mélangez, remplissez aux trois quarts 6 œufs de dés de tomate et décorez de feuilles de cerfeuil.

4 Pour la garniture au saumon, taillez le saumon en petites lanières très fines et déposez-les délicatement dans les 6 derniers œufs, en les remplissant aux trois quarts ; décorez de pluches d'aneth.

MON ASTUCE

Conservez des boîtes à œufs en carton, elles vous serviront de support de présentation. Décorez de quelques œufs de truite.

MOUSSE
de stilton aux noix

Pour 4 personnes
Préparation : 25 min
Repos : 1 h

INGRÉDIENTS

3 œufs
125 g de stilton (sans croûte)
15 cl de crème fleurette
60 g de beurre mou
125 g de cerneaux de noix
1 cuil. à café de jus de citron
4 beaux grains de raisin muscat blanc
sel fin et poivre noir du moulin

1 Émiettez le fromage dans une petite terrine. Incorporez le beurre ramolli en parcelles et malaxez le tout à la fourchette jusqu'à l'obtention d'une consistance parfaitement homogène.

2 Broyez rapidement les cerneaux de noix au mixeur ou dans un moulin à épices. Cassez les œufs et séparez les blancs des jaunes. Incorporez 1 jaune d'œuf au mélange à base de stilton (gardez les 2 autres jaunes au réfrigérateur, pour un autre emploi), puis les noix broyées et mélangez intimement. Fouettez vivement la crème avec le jus de citron avant de l'incorporer également, le plus rapidement possible. Réservez ½ h au réfrigérateur.

3 Battez les blancs d'œufs en neige très ferme avec une pincée de sel, poivrez, et incorporez-les à la préparation. Répartissez celle-ci dans 4 jolis verres. Réservez ½ h au réfrigérateur. Au moment de servir, posez un grain de raisin sur le dessus pour décorer.

MON ASTUCE

Si vous ne trouvez pas de stilton, prenez un fromage français à pâte persillée, de préférence de la fourme d'Ambert ou un autre bleu, plutôt que du roquefort.

MINI-PARMENTIERS
de panais et viande des Grisons

Pour 10 mini-parmentiers

Préparation : 1 h

Cuisson : 35 min

INGRÉDIENTS

400 g de viande des Grisons

600 g de pommes de terre

500 g de panais

2 branches de persil plat pour décorer

10 cl de lait

300 g de beurre + un peu pour les verrines

1 cuil. à soupe de gros sel

sel et poivre du moulin

1 Épluchez les pommes de terre et les panais, lavez-les et coupez-les en dés. Faites-les cuire de 30 à 35 minutes dans un grand récipient rempli d'eau froide et d'un peu de gros sel.

2 Pendant ce temps, hachez la viande des Grisons. Beurrez légèrement les verrines et répartissez le hachis dedans (conservez un peu de viande pour la décoration). Égouttez les légumes, passez-les au moulin à purée équipé du tamis le plus fin. Mélangez au fouet la pulpe des pommes de terre et des panais avec le beurre froid coupé en dés et le lait tiède, salez et poivrez. Répartissez cette purée dans les verrines. Couvrez et réservez au réfrigérateur si vous ne dégustez pas aussitôt.

3 Préchauffez le four à 160 °C (th. 5-6). Déposez les verrines dans un plat à rôtir, versez de l'eau chaude à mi-hauteur, couvrez les verrines de papier d'aluminium et réchauffez-les 20 minutes au four. Juste avant de servir, décorez chacune d'un peu de viande des Grisons hachée et d'une feuille de persil plat.

MON ASTUCE

Il est important, pour obtenir un maximum de saveurs, de bien respecter les proportions : un tiers de viande pour deux tiers de purée.

TIRAMISU
de tomates, crème de basilic et lard fumé

Pour 4 personnes

Préparation : 10 min

Cuisson : 3 min

INGRÉDIENTS

8 fines tranches de lard de poitrine maigre fumé

450 g de tomates pelées au naturel

1 bouquet de basilic frais

2 gousses d'ail

100 g de ricotta

10 cl de crème fleurette

4 tranches de pain de mie blanc

2 cuil. à soupe d'huile d'olive

sel et poivre

1 Faites griller les tranches de pain de mie, puis coupez-les en très petits dés ; arrosez-les d'huile d'olive, ajoutez l'ail pelé et pressé, poivrez. Égouttez les tomates et coupez-les en petits dés, salez et poivrez. Ciselez les feuilles de basilic.

2 Faites chauffer une poêle à sec, ajoutez les tranches de lard et laissez cuire jusqu'à ce qu'elles deviennent croustillantes, puis hachez-les grossièrement.

3 Répartissez les dés de pain dans les verrines, ajoutez les dés de tomate et la moitié du basilic. Fouettez vivement la ricotta et la crème en incorporant le reste de basilic. Ajoutez cette préparation sur les tomates et garnissez de lard haché. Servez frais avec une petite fourchette.

MON ASTUCE

Choisissez du lard de poitrine maigre déjà découenné. Vous pouvez aussi le remplacer par du bacon en fines tranches ou du lard de poitrine maigre non fumé.

méditerranée

VELOUTÉ
aux olives

Pour 4 verrines
Préparation : 20 min
Réfrigération : 1 h

INGRÉDIENTS

100 g d'olives vertes
et d'olives noires dénoyautées

12 filets d'anchois à l'huile

15 cl de lait

4 cuil. à soupe de mascarpone

1 concombre

1 poivron vert

1 poivron rouge

le jus de 1 citron

4 feuilles de basilic

1 branche de thym

1 branche de romarin

10 cl d'huile d'olive
+ un peu pour le service

60 g de pain rassis

poivre du moulin

1 Égouttez les filets d'anchois et épongez-les dans du papier absorbant. Faites tremper le pain 30 secondes dans le lait, égouttez-le. Pelez le concombre, coupez-le en deux dans la longueur et ôtez le cœur, puis coupez-le en gros tronçons. Nettoyez les poivrons, coupez-les en deux et épépinez-les, puis coupez-les en dés.

2 Dans le bol d'un robot, réunissez les olives, les anchois, le concombre, le pain, le mascarpone, le jus de citron, le basilic, le thym et le romarin. Mixez. Ajoutez de l'huile d'olive jusqu'à l'obtention de la consistance souhaitée. Poivrez, mélangez vivement avec un fouet et réservez 1 heure au réfrigérateur.

3 Servez très frais dans des verrines avec les dés de poivron et quelques gouttes d'huile d'olive, le tout ajouté à la dernière minute.

GASPACHO melon-pastèque-concombre

Pour 6 personnes
Préparation : 20 min
Réfrigération : 1 h

INGRÉDIENTS

1 belle tranche de pastèque (800 g de chair en poids net)

1 melon de taille moyenne

1/3 concombre (180 g)

1 cuil. à soupe de menthe ciselée

1 cuil. à soupe de coriandre ciselée

1 cuil. à soupe de vinaigre de Xérès

2 cuil. à soupe d'huile d'olive

2 pincées de piment d'Espelette

1 pincée de sel

1 Lavez le concombre, essuyez-le et coupez-le en gros morceaux (en conservant la peau et les pépins). Réservez-en 50 g que vous recouperez en petits dés. Réservez aussi 50 g de chair de pastèque et 50 g de chair de melon, également coupées en petits dés.

2 Mixez le reste de la pastèque et du melon avec le concombre en ajoutant le sel, le piment d'Espelette, le vinaigre et l'huile. Rectifiez l'assaisonnement si besoin, ajoutez la moitié de la menthe et de la coriandre, puis mélangez. Réservez au moins 1 heure au frais.

3 Au moment de servir, versez le gaspacho dans des verrines et répartissez les dés de fruits réservés. Parsemez du reste de menthe et de coriandre ciselées.

CRUMBLE
de potimarron

Pour 4 verrines
Préparation : 20 min
Cuisson : 20 min

INGRÉDIENTS

500 g de potimarron
200 g de farine
150 g de beurre
2 cuil. à soupe d'huile d'olive
sel et poivre du moulin

1 Préchauffez le four à 180 °C (th. 6). Taillez le potimarron en 4 gros morceaux, épluchez-les et coupez-les en petits dés. Dans une cocotte, faites chauffer l'huile d'olive, ajoutez les dés de potimarron, salez et poivrez. Mélangez et laissez cuire à feu moyen jusqu'à ce qu'ils soient bien tendres.

2 Versez la farine dans un saladier, ajoutez le beurre coupé en petits morceaux et malaxez jusqu'à l'obtention de grosses miettes. Salez et poivrez.

3 Déposez les dés de potimarron dans un plat allant au four, recouvrez-les de crumble et faites cuire 20 minutes au four.

MON ASTUCE

Pour un crumble plus gourmand, remplacez un tiers de la farine par de la poudre de noisette et 1 pincée de noix de muscade en poudre.

BOUCHÉES
sucrées

★★★

SABLÉS exotiques à la fraise

Pour 12 sablés
Préparation : 20 min
Infusion : 1 h
Cuisson : 5 min

INGRÉDIENTS

500 g de fraises
25 cl de lait
2 jaunes d'œufs
8 cl de crème liquide à 30 % de MG
25 g de beurre doux
50 g de sucre semoule
25 g de fécule de maïs
30 g de gingembre frais épluché
12 petits sablés bretons
quelques pistaches

1 Faites bouillir le lait, ajoutez le gingembre et laissez infuser au moins 1 heure.

2 Ôtez le gingembre et réchauffez le lait. Mettez les jaunes d'œufs dans un saladier, ajoutez le sucre et la fécule de maïs, puis fouettez. Versez le lait chaud dessus et fouettez énergiquement. Portez le mélange à ébullition et laissez cuire 3 minutes sans cesser de remuer. Puis incorporez le beurre et laissez refroidir.

3 Lavez et équeutez les fraises. Séchez-les rapidement avec du papier absorbant. Coupez les plus grosses en deux ou quatre. Concassez les pistaches. Fouettez la crème liquide en chantilly et incorporez-la à la crème au gingembre. Déposez un peu de cette crème sur chaque sablé, couvrez de fraises et parsemez de pistaches concassées.

MON ASTUCE

Il est important d'utiliser une crème à 30 % de matière grasse, sinon elle ne monte pas en chantilly !

MINI-COULANTS au chocolat, cœur de gingembre

Pour 16 coulants
Préparation : 15 min
Cuisson : 10 min

INGRÉDIENTS

6 œufs
120 g de beurre demi-sel
200 g de chocolat à 70 % de cacao
160 g de sucre
60 g de farine
20 g de poudre d'amande
90 g de gingembre confit

1 Faites fondre le chocolat avec le beurre au bain-marie. Versez les œufs et le sucre dans le bol du mixeur et mélangez jusqu'à l'obtention d'une mousse claire. Préchauffez le four à 200 °C (th. 6-7).

2 Mélangez le chocolat fondu avec les œufs fouettés. Tamisez la farine et la poudre d'amande sur le mélange œufs-chocolat et remuez délicatement.

3 Remplissez des ramequins à mi-hauteur, posez un morceau de gingembre confit au milieu de chaque ramequin, puis finissez de remplir. Enfournez pour 10 minutes. Dégustez chaud.

MON ASTUCE

Vous pouvez préparer les coulants la veille et les garder au réfrigérateur jusqu'au moment de les passer au four.

MOELLEUX
à la vanille, cœur de café

Pour 4 personnes
Préparation : 10 min
Cuisson : 20 min

INGRÉDIENTS

3 œufs

2 yaourts brassés

20 cl de crème glacée au café

1 gousse de vanille

2 pots de yaourt de sucre en poudre

20 g de beurre pour le moule

3 pots de yaourt de farine + 20 g pour les moules

½ sachet de levure chimique

1 pincée de sel

1 Préchauffez le four à 180 °C (th. 6). Versez les yaourts dans un saladier (conservez un des pots comme verre doseur). Ajoutez le sucre, le sel, la farine et la levure, mélangez vigoureusement. Incorporez les œufs un par un. Fendez en deux la gousse de vanille et grattez l'intérieur avec la pointe d'un couteau pour récupérer les graines. Ajoutez-les dans la préparation.

2 Beurrez et farinez 6 moules individuels, répartissez la moitié de la pâte. Détaillez la crème glacée en 6 portions et déposez-les au centre des moules. Recouvrez avec le reste de pâte : attention, ne remplissez pas les moules plus qu'aux deux tiers de leur hauteur. Faites cuire 20 minutes au four.

3 Sortez du four et démoulez immédiatement dans les assiettes de service.

MON ASTUCE

C'est une recette idéale pour cuisiner avec un enfant : comme pour le gâteau au yaourt, c'est le pot vide qui fait office de verre doseur.

POPS d'amour

Pour 16 cake pops
Préparation : 30 min
Cuisson : 15 min

INGRÉDIENTS

3 ou 4 pommes golden

300 g de sucre semoule

1 cuil. à soupe d'huile

quelques gouttes de colorant alimentaire rouge

des brochettes en bois

1 Épluchez et évidez les pommes en les conservant entières. À l'aide d'une cuillère parisienne, réalisez des billes bien rondes de 2,5 ou 3 cm de diamètre. Piquez-les sur un bâton. Répétez l'opération jusqu'à atteindre le nombre de billes souhaitées.

2 Préparez une feuille de papier cuisson légèrement huilée ou une feuille de Silpat®. Dans une casserole, préparez un caramel avec 20 cl d'eau et le sucre. Faites-le cuire à feu vif et, lorsqu'il commence à prendre une jolie couleur ambrée, ajoutez le colorant. Mélangez en faisant tourner la casserole sur elle-même, puis éteignez le feu. Plongez les billes de pomme dans le caramel, les unes après les autres, et enrobez-les rapidement. Posez-les à l'envers sur la feuille de papier cuisson ou le Silpat®, et laissez refroidir de 10 à 15 minutes.

3 Décollez délicatement les pommes d'amour refroidies et [illegible]s sur un présentoir.

MON ASTUCE

Avec les restes de pomme, préparez une compote express : coupez les chutes en gros dés, mettez-les dans une casserole avec 5 cl d'eau, faites-les cuire de 15 à 20 minutes et passez-les au presse-purée.

SORBET
à la pastèque

Pour 4 personnes
Préparation : 10 min
Cuisson : 10 min
Congélation : 2 h

INGRÉDIENTS

1,2 kg de chair de pastèque rouge

1 orange non traitée

1 noix de gingembre frais

50 g de sucre en poudre

1 Pelez et hachez le gingembre le plus finement possible ou râpez-le. Brossez l'orange sous l'eau froide, essuyez-la, puis frottez-la contre une râpe fine et récupérez le zeste. Pressez-la et gardez le jus.

2 Préparez un sirop en faisant bouillir le jus d'orange et le sucre avec le zeste d'orange et le gingembre. Retirez du feu et laissez refroidir complètement.

3 Épépinez la pastèque. Coupez la chair en cubes et mixez-la en fine purée avec le sirop. Mettez en sorbetière et laissez prendre au moins 2 heures au congélateur.

MON ASTUCE

Si vous n'avez pas de sorbetière, commencez par couper et épépiner la pastèque et laissez-la 8 heures au minimum au congélateur. Réalisez ensuite la recette en ajoutant, pour terminer, la pastèque. Réservez de nouveau 1 heure au congélateur.

TIRAMISU

Pour 4 verrines
Préparation : 20 min
Cuisson : 15 min
Réfrigération : 6 h

INGRÉDIENTS

2 œufs

200 g de mascarpone

65 g de sucre semoule

20 biscuits à la cuillère pâtissiers

50 cl de café très fort

4 cuil. à soupe de liqueur de café

cacao amer en poudre

1 Faites chauffer un peu d'eau dans une casserole. Cassez les œufs en séparant les blancs des jaunes. Fouettez les jaunes avec le sucre et la liqueur de café dans un saladier, posez-le sur la casserole et continuez à fouetter jusqu'à ce que le mélange double de volume.

2 Retirez le saladier du bain-marie et continuez à fouetter le mélange jusqu'à ce qu'il soit presque froid. Ajoutez peu à peu le mascarpone en l'incorporant délicatement.

3 Montez les blancs d'œufs en neige ferme et ajoutez-les en trois fois dans le saladier. Incorporez-les délicatement à l'aide d'une cuillère en bois jusqu'à l'obtention d'une crème lisse.

4 Versez le café dans une assiette creuse. Trempez rapidement les biscuits dans le café pour les imbiber et déposez-les dans les verrines. Versez une couche de crème, ajoutez une couche de biscuits et recouvrez du reste de la crème. Réservez au moins 6 heures au réfrigérateur. Au moment de servir, saupoudrez de cacao en poudre.

FRUITS en tempura

Pour 4 personnes
Préparation : 15 min
Cuisson : 2 min

INGRÉDIENTS

1 pomme

1 poire

1 banane

2 tranches d'ananas (frais ou au sirop léger)

le jus de 1 citron

huile de friture

farine

La pâte

175 g de farine

1 jaune d'œuf

35 cl d'eau glacée

1 Épluchez les fruits. Coupez la pomme et la poire en huit, retirez le cœur et les pépins, et recoupez chaque quartier en tranches. Pelez la banane et coupez-la en rondelles épaisses. Citronnez-les aussitôt à l'aide d'un pinceau. Égouttez l'ananas et recoupez les tranches en petits triangles.

2 Préparez la pâte : battez très légèrement le jaune d'œuf à la fourchette dans un grand bol, versez l'eau glacée et fouettez deux ou trois fois. Saupoudrez de farine et mélangez à nouveau rapidement, sans chercher à supprimer les grumeaux.

3 Faites chauffer un bain de friture à 180 °C. Étalez de la farine dans une assiette. Farinez légèrement les morceaux de fruits, l'un après l'autre, puis trempez-les dans la pâte et plongez-les dans l'huile chaude, par petites quantités à la fois. Faites-les frire 1 ou 2 minutes, jusqu'à ce que la pâte boursoufle sans dorer.

4 Retirez les beignets au fur et à mesure à l'aide d'une écumoire et égouttez-les sur du papier absorbant. Servez aussitôt.

PETITS MUFFINS
au cœur de caramel

Pour 6 personnes
Préparation : 10 min
Cuisson : 22 min

INGRÉDIENTS

6 gros caramels mous au beurre salé (ou 12 petits)

1 œuf

12 cl de lait demi-écrémé

40 g de beurre fondu

150 g de farine

1/2 sachet de levure chimique

70 g de sucre en poudre

1 pincée de sel

1 Préchauffez le four à 180 °C (th. 6). Tamisez la farine et la levure dans une jatte, ajoutez le sucre et le sel, mélangez.

2 Dans une deuxième jatte, battez rapidement l'œuf en omelette, incorporez le beurre et délayez avec le lait. Versez cette préparation sur la précédente, mélangez rapidement : la préparation doit être encore grumeleuse (ne travaillez surtout pas pour obtenir une pâte lisse).

3 Déposez 6 caissettes en papier dans 6 empreintes d'un moule à muffins (de préférence en silicone) et répartissez-y la moitié de la pâte. Déposez un gros caramel (ou deux petits) au centre des moules. Recouvrez avec le reste de pâte. Ne remplissez pas les moules davantage qu'aux deux tiers de leur hauteur. Enfournez sans attendre, pour 22 minutes.

4 Sortez du four, laissez légèrement tiédir avant de démouler dans les assiettes de service. Décorez si vous le souhaitez d'un filet de caramel au lait.

TARTELETTES
aux œufs

Pour 4 personnes (soit 8 à 12 tartelettes)

Préparation : 20 min

Cuisson : 20 min

INGRÉDIENTS

1 pâte brisée préétalée pur beurre

200 g de sucre en poudre

2 œufs + 3 jaunes

12,5 cl de lait

1 Mélangez le sucre et 12,5 cl d'eau et portez doucement à ébullition en remuant. Réunissez les œufs entiers et les jaunes dans un saladier, fouettez doucement, sans faire de bulles, puis, toujours en remuant, versez alternativement la moitié de l'eau bouillante sucrée et la moitié du lait. Sans cesser de remuer, ajoutez le reste d'eau et de lait. Laissez reposer 10 minutes, puis écumez pour éliminer la mousse et obtenir une consistance bien lisse.

2 Préchauffez le four à 160 °C (th. 5-6). Garnissez de caissettes en papier 8 alvéoles d'une plaque à tartelettes ou des moules à tartelette individuels.

3 Étalez la pâte au rouleau, découpez à l'aide d'un emporte-pièce 8 disques un peu plus grands et garnissez les moules. Plissez le tour. Répartissez ensuite le flan dans les tartelettes et faites cuire 20 minutes environ au four, en couvrant avec une feuille de papier d'aluminium pour que la surface ne dore pas. Servez tiède.

MON ASTUCE

À la sortie du four, parsemez les tartelettes de cannelle en poudre, à la façon des *pasteis de nata* !

INDEX

Toutes les photos de Laurent Mariotte ont été réalisées par Pierre Monetta.

RECETTES

S. Girard-Lagorce : 8, 74, 78 / M. Lizambard : 14, 16, 26, 38, 96, 100, 102, 104 / F. Coimbra Bueno et F. Gambrelle : 52, 62 / V. Cauvin : 12, 18, 20, 24, 30, 34, 36, 42, 46, 64, 66, 68, 72, 76 / S. Bulteau : 10, 54, 58, 94 / S.Thaï : 44 / V. Acharya : 60 / V. Liégeois : 28, 32, 48 / S. Bulteau : 40 / D. Batty : 80, 84, 88, 98 / Yann Leclerc : 92 / S. Darrigo-Dartinet : 82 / K. Fingerhut-O. Rouault : 56.

PHOTOGRAPHES

P. Chivoret : 9, 19, 21, 25, 31, 35, 37, 43, 47 / G. Czerw : 15, 17 / V. Guedes : 53, 45, 63, 93 / B. Radvaner : 11, 27, 39, 57, 61, 97, 101, 102, 105 / N. Carnet : 13, 29, 33, 49 / A. Roche : 41, 55, 59, 95, 69, 91 / E. Fénot : 65, 67, 73, 77, 79, 83 / L. Bastille : 81, 85, 89, 99 / J. Bono : 75.

STYLISTES

A. Janny : 9, 19, 21, 25, 31, 35, 37, 43, 47, 91 / S. Dupuis-Gaulier : 15, 17 / A. Cosson : 53, 63, 69 / M. Okuno : 13, 27, 39, 61, 97, 101, 105, 93 / N. Arnoult : 45, 102 / M. Chantepie : 29, 33, 49, 75 / D. Brunet : 65, 67, 73, 77, 79, 83 / S. Schumann : 41, 55, 59, 95 / B. Abraham : 81, 85, 89, 99 / A.A. Lhomme : 11 / B. Radvaner : 57.15 / S. Dupuis-Gaulier : 31 / A. Causson : 71.

Directeur de collection : Laurent Mariotte
Directeur éditorial : Didier Férat
Directrice éditoriale adjointe : Corinne Cesano
Édition : Marjorie Goussu
Collaboration éditoriale : Sophie Muraccioli
Graphisme : Julia Philipps
Révision : Sylvie Gauthier
Fabrication : Laurence Duboscq

Solar | un département place des éditeurs

ISBN : 978-2-263-06819-5
Code éditeur : S06819/03
Dépôt légal : mars 2015
Imprimé en Espagne chez Macrolibros

FSC
www.fsc.org
MIXTE
Issu de sources responsables
FSC® C003309